행동**경제학**

행동경제학

경 제 를 움 직 이 는 인 간 심 리 의 모 든 것

Behavioral
Economics

도모노 노리오 지음 | 이명희 옮김

지형

경제학, 심리학을 만나다

물리학자, 화학자, 그리고 경제학자, 이렇게 세 명이 무인도에 표류하게 되었다. 아무런 먹을거리도 없던 그들 앞에 파도를 타고 캔 수프 하나가 떠밀려왔다.

　이것을 본 물리학자,

　"어서 돌멩이로 내려쳐서 이 캔을 땁시다."

　이 말을 들은 화학자,

　"그렇게 하면 안 되지요. 불을 지펴서 캔을 가열하면 될 걸 가지고……."

　마지막으로 경제학자는 어떻게 말하였을까?

　"음, 여기 캔 따개가 있다고 가정해봅시다……."

　그날 밤 경제학자는 수프를 먹었다고 가정하고 잠을 자야 했다.

이것은 유명한 경제학자 폴 새뮤얼슨(Paul Anthony Samuelson, 소비자 선택이론을 발전시킨 공로로 1970년 노벨 경제학상을 수상한 미국의 경제학자)이 경제학의 특성을 잘 집어내어 표현한 이야기다.

　사람의 선택에 대해서 경제학은 몇 가지 가정을 한다. 어떠한 대상에 대해서도 사람들은 명확하게 좋고 싫다는 태도를 취하고 있다고 보며, 이러한 선호 순위에서도 숫자들 간의 관계에서 나타나는 것과 같은 질서 정연한 서열 관계가 성립된다고 본다. 즉 a보다 b가 좋고 b보다 c가 좋으면, a보다 c를 좋아한다는 것이다. 그런데 사람들의 실제 행동을 보면, a, b, c가 무엇이냐에 따라 a보다 b를 좋아하고 b보다 c를 좋아하더라도, a와 c 사이의 선택에서는 오히려 a를 더 좋아하기도 한다.

　이것이 인간의 선택에 대한 심리학과 경제학의 차이다. 경제학은 합리적이고 이성적이고 계산이 빠른, 그래서 자신의 선택에서 고려하는 모든 대상이 얼마나 가치가 있는지 계산하여 가장 가치(효용)가 큰 대상을 선택하는 인간을 가정한다. 다시 말하면, 자신의 효용을 극대화하는 완벽한 선택을 한다고 보는 것이다. 이에 반해 심리학에서는 실제적인 인간을 연구한다. 때로는 무엇이 좋은지도 명확하지 않고, 가끔은 일관되지 않은 선택을 하기도 하는, 계산도 그리 정확하지 않고, 게다가 한 번에 많은 정보를 처리하지 못하는 인간의 모습 그대로를…….

　인간의 '선택'에 대한 문제는 경제학에서 먼저 다루어졌다. 1950년대에 이론물리학자 폰 노이만과 경제학자 모르겐슈테른은, 행동의 결과가 불확실한 상황에서 경제주체의 합리적 판단은 결과에 관한 효용 기대치에 입각하여 이루어진다는 '기대효용이론'(Expected Utility Theory)의 근거를 공리 체계로써 보여주어 신고전주의 경제학의 기틀을 마련하였다. 이 이론은, 한 대안의 기대효용은 그 대안을 이루고 있는 가능한 사건의 효용과 확률의 곱의 합으로 결정된다고 설명한다. 예를 들어, 10만 원을 딸 수 있는 확률이 50%, 5만 원을 잃을 수 있는 확률이 50%인 게임이 있다고 해보자. 이 게임의 기대효용은 'u(10만 원)×0.5 + u(-5만 원)×0.5'인 것이다.

이 이론은 경제학 내에서뿐 아니라 다른 사회과학자들의 관심을 끌게 되었는데, 특히 심리학자들은 이 이론이 실제 인간의 행동을 설명할 수 있는지에 관심을 갖게 되었고, 이에 효용이론이 예측하는 바와 실제 행동이 일치하는지를 연구하게 된다. 이런 연구에 주도적인 역할을 한 사람이 지금은 세상을 떠난 심리학자 워드 에드워드다. 에드워드는 선택의 문제가 심리학의 한 연구 주제가 될 수 있음을 보여주었고, 그의 이러한 생각은 카너먼과 그의 동료 연구자인 트버스키에게 직접적으로 영향을 주게 된다. 이들은 실제 인간의 행동은 기대효용이론이 예측하는 바와 다르게 나타남을 실험을 통하여 입증함으로써 인간의 선택을 실질적으로 설명할 수 있는 '프로스펙트 이론'(Prospect Theory)을 제시하였다. 이 기념비적인 이론은 주류 경제학계에 큰 충격을 주었고 '행동경제학'(Behavioral Economics)이라는 새로운 분야의 출발점이 되었다. 이 이론의 구체적인 내용은 이 책의 본문에서 두 장에 걸쳐 자세히 소개하고 있다.

이상에서와 같이 '선택'이라는 한 가지 문제에 대하여 서로 다른 두 가지 이론이 존재한다. 경제학의 이론은 '규범적(normative) 이론'이라 불리고, 심리학의 이론은 '기술적(descriptive) 이론'이라고 불린다. 규범적 이론이란, 말 그대로 행동의 규범을 제시하는 이론이다. 쉽게 말해 이 이론이 제시하는 방식으로 행동하면 합리적이라는 것이지 실제로 사람들이 그런 방식으로 행동함을 의미하지는 않는다. 첫머리에서 소개한 이야기에서 볼 수 있듯이, 경제학은 학문의 특성상 실제 인간의 행동에 큰 비중을 두지는 않는 것이다. 인간의 선택 행동에 대해 몇 가지 가정을 하고, 그 가정이 옳다는 전제하에서 이론을 전개하는 것이다.

마치 '화성에서 온 남자'와 '금성에서 온 여자'처럼 기본 관점이 판이하게 다른 두 분야가 만나서 새롭게 이루어진 분야가 바로 이 책에서 소개하는 행동경제학이라 할 수 있다. 실제 인간의 행동을 고려하지 않는 기존 경제학에 대한 대안으로 선택과 판단에 대한 심리학의 연구 결과를 접목해 더욱 현실적인 경제학으로 재탄생한 분야인 것이다. 서로 장르가 다른 음악을 혼합한 하이브리드(hybrid) 음악이 인기를 얻고, 퓨전 요리가 각광을 받는 요즘 세태처럼 시대의 흐름을 반영하여 나타난 퓨전 학문인 것이다.

행동경제학의 탄생에 결정적인 구실을 한 연구자로 사이먼과 카너먼을 들 수 있다. 둘 다 경제학자가 아니면서 노벨 경제학상을 받았다는 점에서 경제학에 대한 그들의 영향력을 가늠할 수 있을 것이다. 사이먼은 선택에 대한 심리학 연구의 기본 관점을 제시하였다. 즉 경제학적 합리성은 현실적으로 가능하지 않다는 것이다. 효용을 극대화하기 위해 필요한 모든 정보를 인간은 모을 수 없으며, 정보를 처리하는 데서도 사람으로서 한계를 지니고 있으므로 인간의 합리성은 '제한'되었다고 보는 것이다. 카너먼과 지금은 고인이 된 그의 동료 연구자 트버스키는 이러한 기본 관점에 입각하여 기대효용이론에 대한 대안으로 심리학적인 선택이론인 프로스펙트 이론을 제시하였고, 선택에서 중요한 불확실성의 판단에 대해서도 꾸준히 연구를 하였다.

거의 모든 선택은 아직 나타나지 않은 미래에 대한 것이다. 그러므로 많은 선택은 불확실한 상황에서 이루어진다. 그렇다면 사람들은 이런 불확실성을 어떻게 판단할까? 판단에 대한 심리학 연구에서도 기존의 확률 이론이 규범적 이론이 되었고, 이에서 벗어난 인간의 판단이 설명되어야 할 행동으로 다루어졌다. 예를 들면, 확률 이론에서는 p(A), p(B)가 p(A∩B)보다 당연히 크다. 그런데 사건 A, B에 구체적인 내용이 담기고 사람들에게 직관적으로 판단을 하게 하면, p(A∩B)가 p(A), p(B)보다 크다고 판단한다. 이는 사람들이 확률 이론에 따라 논리적으로 판단하기보다는 간단한 주먹구구식 방법, 즉 휴리스틱(heuristic)한 방식으로 판단하기 때문에 나타나는 편향(bias)인 것이다. 이러한 '휴리스틱'과 '편향'이 카너먼과 트버스키가 수행온 판단 연구의 핵심이다.

인간의 선택과 판단에 대한 카너먼과 트버스키의 연구는 심리학과 경제학 이외의 분야에도 널리 알려지게 되었는데, 특히 휴리스틱의 사용으로 나타나는 판단의 편향은 인간이 이성적이고 합리적 존재라는 철학적 전제와 전통적인 인간관에 새로운 화두를 던져주었다. 바로 그러한 이유에서, 행동경제학의 등장은 20세기 후반에 일어난 가장 중요한 학문적 사건이며 과학적 변혁이라 일컬어진다.

자, 이쯤 되면 과연 카너먼과 트버스키의 선택이론과 판단이론이 구체적으로 어떤 내용인지 궁금하지 않은가? 이 책은 행동경제학의 모태가 된 이들의 '프로스펙트 이론', '휴리스틱'과 '편향' 연구를 자세하고

도 알기 쉽게, 실생활에 적용한 여러 가지 예를 들어가면서 설명하고 있다. 또한 행동경제학의 기본 개념뿐 아니라 최근의 연구 동향도 두루 소개하고 있어 행동경제학의 입문서로서 손색이 없다. 아무쪼록 많은 독자들이 이 책을 읽고 경제학의 새로운 패러다임인 행동경제학의 세계로 시야를 넓혔으면 하는 바람이다. 그리하여 자신과 다른 사람의 '선택', 그리고 선택과 관련된 사회현상을 실제적인 인간의 심리에 근거하여 이해하는 기회로 삼았으면 한다.

저자가 서두와 맺음말에서 반복하여 언급했듯이, 이 책을 재미있게 읽고 행동경제학과 그 기반이 되는 선택과 판단의 심리학에 관심이 생기는 사람이 늘어난다면 이 글을 쓰는 사람 또한 행복하겠다.

안서원(고려 대학교 의과대학 의학교육학교실 연구강사)

행동경제학을 통해 경영의 본질을 되새기다

모든 경영자들의 염원은 지속적인 성과를 만들어내는 것이다. 그것을 지원해주기 위해서 다양한 경영 기법이 동원된다. 최근의 '블루오션 전략', '균형성과 기록표'(BSC)를 비롯하여 '전사적 품질경영'(TQM), '업무프로세스 재설계'(BPR), '적시배송 시스템'(JIT), '전사적 자원관리'(ERP), '지식 경영', '6 시그마' 등 각종 경영 이론과 기법들이 대두되고 있다.

주먹구구식 경영에서 벗어나 이렇듯 새로운 경영 기법을 적용하면 나름대로 뚜렷한 성과를 창출해야 하는데 실제로 결과는 그렇지 못한 실정이다. 어느 컨설팅 회사가 보고한 바로는, '업무프로세스 재설계'의 경우, 이를 도입한 기업들의 85%가 실패로 끝나고 말았다고 할 정도다. 이름만으로도 매력적인 갖가지 경영 기법들이 과연 공들인 만큼 효과가 있는 것일까? 이해하기도 어렵고, 따라서 적용하기도 힘든 화려하고 세련된(혹은 번지르르한) 경영 기법보다는, 진정으로 고객을 사랑하는 '마음'으로 접근한다면 오히려 그들이 목표하는 바를 더 쉽게 얻을 수 있을 것이다. '가치 혁신'(Value Innovation)의 출발점도 결국은 '고객이 원하는 것을 파악하고, 그것을 제공하는 것'이 아니던가.

경영의 세계에서도 모든 것을 합리적이고 논리적인 시각으로 해석하고 풀어낼 수는 없다. 왜냐하면 그 대상이 되는 것은 인간과 그 인간을 둘러싸고 있는 사회, 문화이기 때문이다. 인간이 중요한 의사 결정을 할 때, 본능이나 감정을 최대한 억제하고 이성적인 판단에 의존한다는 생각은 오래 전의 것이다. 주류 경제학에서는 사람들이 자신의 이익을 극대화하려는 합리적인 계산에 따라 경제활동을 한다고 믿었다. 하지만 심리학자 다니엘 카너먼 교수는 경제주체의 의사 결정이 반드시 합리적으로 이루어지는 것은 아니라는 '준합리적 경제 이론'을 내세워 그간의 통념을 무너뜨렸다. 심리학과 다양한 실험 방법을 동원하여 기존의 기대효용이론을 뛰어넘는 '행동경제학' 이론으로 경제학의 새로운 지평을 열었고, 그 공로로 2002년 노벨 경제학상을 받았다.

2003년 6월 미국 연방준비제도이사회(FRB) 산하 지역 연방은행 중 하나인 보스턴 연방은행이 '인간은 어떻게 행동하는가─경제학과 정책에 주는 시사점'을 주제로 연례 컨퍼런스를 열었다. 그동안 주류 경제학자들 사이에서 큰 관심을 끌지 못했던 행동경제학이 FRB의 토론 주제로 선정된 것은 놀라운 일이었다. 이것은 행동경제학이 주류에 진입하기 시작했음을 보여주는 확실한 사건이 되었다. 도널드 콘 FRB 이사는 '행동경제학이 정책 집행의 효율성을 높이는 데 크게 기여할 것'이라고 언급했다. 또한, 하버드를 비롯하여 MIT, 스탠퍼드, 예일, 프린스턴, 시카고, UC 버클리 등 미국의 명문 대학들이 행동경제학을 정규 과목으로 채택하였을 뿐 아니라, 심지어 유능한 교수를 영입하기 위한 쟁탈전까지 벌이고 있다고 한다. 젊고 창의적인 인재들이 행동경제학에 몰리는 것은 말할 것도 없다.

행동경제학이란 인간이 실제로 어떻게 '선택'하고 행동하는지, 그 결과로 어떠한 사회현상이 발생하는지를 고찰하는 학문이다. 즉 인간 행동의 실제와 그 원인, 그것이 경제사회에 미치는 영향, 사람들의 행동을 조절하기 위한 정책에 관해서 심층적으로 규명하는 것을 목표로 한 경제학이다. 저자가 서문에서 밝힌 대로, 빈틈없는 사람들의 합리적인 손익계산보다 감정을 더 비중 있게 다루는 것이 요즘 경제학계의 흐름이다. 어느 학자는 "인간의 행동이 '이성과 감정이라는 두 마리 말에 이끌리는 쌍두마차'라는 비유는 옳지만, 이성은 작은 조랑말일 뿐이고 감정은 커다란 코끼리만 하다"고 주장한다. 마음이 인간 행동을 결정하고, 인간 행동이 경제를 움직이기 때문에 결과적으로 경제는 마음이 움직인다고 할 수 있다.

경영에서도 고객의 마음을 읽는 것이 가장 중요하다. 일본 기업 도시바가 세계 전기밥솥 시장을 석권할 당시, 비결은 간단했다. 복잡하게 달려 있는 표시등과 버튼 같은 각종 장치를 단 3개로 줄인 것이다. 도시바가 장치를 3개로 줄여 시장을 석권할 때까지 다른 전기밥솥 업체들은 누가 더 다양한 부가 기능을 추가하느냐 하는 소모적인 경쟁에 빠져 있었다. 가장 심한 것은 버튼과 표시등이 무려 23개나 부착된 것까지 있었다. 23개 장치가 달린 전기밥솥의 출현은, 업체들이 제품을 사용할 실제 고객들의 '마음'을 도외시하고, '합리'적 전략이란 미명 아래 라이벌 업체들과 경쟁을 벌이는 데만 몰두했다는 것을 단적으로 보여주는 사례다. 업체들끼리의 경쟁에 관심이 있는 고객은 극소수에 불과하다. 사람들은 보통 자신에게 필요하고, 그 가치가 느껴져야 제품을 구입한다. 도시바가 승리한 비결은 바로 고객의 '마음'을 정확하게 읽고, 그것을 경영에 반영했다는 데 있다.

얼마 전에 휴대폰을 새로 구입하려고 한 적이 있었는데 여간 고민스러운 것이 아니었다. 내가 원하는 휴대폰은, 쓰지도 않을 고기능을 제외한 기본적인 기능만 있는 것인데, 그런 제품을 찾기란 여간 어렵지 않았다. 과연 천만 화소 카메라폰은 대다수 고객들이 정말 원하는 것일까? 최근에 신문에 난 기사를 보니, 국내 4개 중소 휴대폰 업체가 공동으로 세계 최저가인 30달러짜리 CDMA 휴대폰을 만들어 인도 등지에 1억 달러 이상을 수출할 예정이라고 한다. 음성 통화와 문자 메시지 그리고 전화번호를 저장할 수 있는 메모리 기능을 제외한 나머지 기능을 과감히 없애버리고 기본에 충실하게 만든 것이다. 주변 지인들은 이구동성으로 사용하지 않는 불필요한 기능을 삭제한 단순하고 튼튼한 제품이 출시되면 즉시 구입하겠다고 말한다. 국내에 이런 제품이 출시되지 않는 것은 고가·고마진 전략 때문일 테지만, 기업의 사회적 책임이라는 관점에서 보자면 고객이 소외되었다는 쓸쓸한 기분을 떨칠 수가 없다.

'간절히 원하면 이루어진다'는 말이 있다. 최근 필자가 주최한 경영전략 컨퍼런스에서 강사들이 공통적으로 하는 말은 바로 '기업이 고객을 외면하고 있다'는 것이다. 거꾸로 보면 기업이 고객을 잘 알고 있다고 착각하고 있다는 말도 된다. 결국 기업이 절대 놓치지 말아야 할 기본과 본질을 간과하고 있는 셈이다. 기업들이 기도하는 심정으로, 고객의 마음을 알기 위해 진심으로 노력했는지 스스로 반문해 볼 일이다. 고객을 따돌리고 오히려 외부에서 해답을 찾으려고 한 것은 아닌지 반성해야 한다.

이 책은 행동경제학을 이해하기 위한 탁월한 입문서다. 경제활동의 겉이 아닌 배후에 초점을 맞춰 심리적, 사회적 원인을 충분히 실증하고 있다. 경영으로 지속 가능한 성장을 이루기 위해서는 반드시 고객의 마음을 얻어야 한다는 것이 불변의 진리다. 행동경제학은 경제를 움직이는 소비자의 심리를 실제적으로 고찰한 학문이라는 점에서 이미 기업이 간과할 수 없는 거대한 흐름이 되어버렸다. 경영자들은 행동경제학을 통해 경영의 기본과 본질을 다시 한 번 되새길 수 있을 뿐만 아니라 그 과정에서 창조적인 영감을 얻을 수 있을 것이다.

《행동경제학》일독을 권한다.

강경태(한국CEO연구소 소장)

경제는 감성으로 움직인다.

　유행에 뒤처진다는 말을 듣지 않으려고 유행하는 양복, 유행하는 음악, 유행하는 레스토랑, 유행하는 책을 찾는다. 광우병이 무서워 소고기는 가능한 한 먹지 않는다. 주식 투자도 마지막 결정은 직감에 따른다. 경기가 좋고 나쁨도 경제지표가 아니라 피부로 느낀다.

　계획적으로 저축을 하면 굳이 연금에 기대지 않고도 멋진 노후를 즐길 수 있건만, 막상 마음에 드는 물건을 보면 충동구매를 해버리고 만다. 다이어트가 건강에 좋다는 걸 알지만 단맛의 유혹을 도저히 떨쳐버릴 수가 없다. 청소도 다른 사람에게 맡기면 몸이야 편하겠지만 기분이 개운치 않아서 직접 한다. 설령 보는 사람이 없더라도 양심 때문에 휴지를 함부로 버리지 않는다.

　이러한 행위처럼 경제 행동도 감정에 따라 움직이고, 경제 상황도 직감으로 파악하는 예는 수없이 많다. 그렇다고 경제가 오로지 감정에 의해서만 움직인다는 뜻은 아니다.

경제는 마음으로 움직인다.

여기서 마음이란 동정심이나 상냥함, 또는 인간성 따위를 뜻하는 것도, 도덕성을 가리키는 것도 아니다. 인간의 마음은 지각, 인지, 기억, 판단, 결정, 감정, 의지, 동기 등을 포괄한다. 따라서 여기서 말하는 마음은 '하트'(heart)라기보다는 '마인드'(mind)가 더 정확한 표현이다. 마음은 합리적인 추론은 물론 계산을 하며, 감정이나 직감도 낳는다. 마음이 인간 행동을 결정하고, 인간 행동이 경제를 움직이기 때문에 결과적으로 경제는 마음으로 움직인다고 할 수 있다.

주류 경제학에서는 사람은 합리적인 계산이나 추론에 따라 행동을 결정한다고 본다. 그러나 감정이나 직감도 중요한 역할을 담당하고 있다는 사실이 새롭게 밝혀지고 있다. 이에 따라 오늘날의 경제학은, 빈틈없는 사람들의 합리적 손익계산일지라도 감정의 비중을 중시하는 방향으로 변화하고 있다. 이른바 '계산에서 감정으로'의 전환이 일어나고 있는 것이다.

2002년 10월 노벨 물리학상에 고시바 마사토시(小柴昌俊) 씨, 노벨 화학상에 다나카 코이치(田中耕一) 씨가 수상자로 발표되면서 일본 열도가 떠들썩해질 무렵, 노벨 경제학상 수상자에 대한 기사가 신문 한쪽에 실렸다. 수상자는 두 명 모두 미국인이었는데, 그 중 한 사람이 프린스턴대학의 다니엘 카너먼(Daniel Kahneman) 교수였다.

그는 공동 연구자이자 친구였던 고(故) 에이모스 트버스키(Amos

Tversky)와 함께 이 책의 테마인 행동경제학의 최고 권위자다. 그러나 일본 국내에는 별로 알려지지 않아 경제학자들조차 '카너먼이 누구야?'라고 질문하곤 한다. 그로부터 3년 반이란 세월이 흘렀지만 여전히 일본에서는 별로 변한 게 없고, 행동경제학은 아직 시민권을 획득했다고 말하기 어렵다.

이 책의 목적은 '계산에서 감정으로'라는 테마를 염두에 두고 행동경제학이라는 새로운 경제학의 기반에 대해 두루 소개하고, 검토하는 것이다. '기반'이라고 하는 것은 단순한 입문의 의미가 아니라, 구축물의 토대·근원이라는 뜻도 있다. 따라서 이 책은 행동경제학의 입문서인 동시에 경제 행동의 배후에 있는 심리적·사회적·생물적 기반을 탐구하는 데 초점을 맞추고 있다. 나아가서는 행동경제학의 기반을 공고히 하는 것을 목표로 한다.

행동경제학은 무엇보다도 현재진행형인 학문으로서 지금 이 순간에도 새롭고 중요한 요소가 생겨나고 있기 때문에 이 책 한 권만으로는 행동경제학 전반을 망라할 수는 없다. 그러나 이 책을 읽고 행동경제학에 관심이 생기는 사람이 조금이라도 늘어난다면 더할 나위 없이 행복하겠다.

도모노 노리오

차례

제3장 휴리스틱과 바이어스 – '직감'의 기능

제4장 프로스펙트 이론(1) : 이론 – 리스크 상황하에서의 판단

제5장 프로스펙트 이론(2) : 응용 – '소유하고 있는 물건'에 구속됨

제9장 이성과 감정의 댄스─ 행동경제학의 최전선

제 1 장

경제학과 심리학의 만남

행동경제학의 탄생

'이 세상에는 현실의 햄릿, 맥베스, 리어 왕, 오셀로가 있다.
교과서에 나오는 것은 모두 냉철하고 합리적인 타입이지만
이 세상에는 더 다양한 타입의 사람이 있다.'

—

아마르티아 센(Amartya Sen) 《경제학의 재생 : 도덕철학으로의 회귀》

'뼈를 깎는 듯한 체험을 통해 우리들은 배웠습니다.
아무리 합리적으로 생각한다고 해도
사회생활에서 발생하는 문제가 모두 해결되는 것은 아니라는 것을.'

—

알베르트 아인슈타인

경제적 인간 · 신과 같은 인물

'경제적 인간'(호모 이코노미쿠스, homo economicus)이라는 특별한 사람을 아는가?

경제적 인간이라는 말은, 극히 합리적으로 행동할 뿐만 아니라, 타인을 전혀 배려하지 않고 오로지 자신의 이익만을 추구하는 사람들을 가리킨다. 이들은 이익을 위해서 자신을 적절히 조절하고, 단기적으로뿐만 아니라 장기적으로도 자신에게 불이익이 될 일은 결코 하지 않는다. 특히 자신에게 이익이 될 기회가 생기면 주저하지 않고 다른 사람들을 따돌리고, 이익이 될 행동이라면 어떤 일이라도 서슴지 않고 해치워버린다.

금주, 금연, 다이어트 같은 결심도 작심삼일로 끝나고, 툭하면 전철 안에 우산을 두고 내리거나, 양다리를 걸쳐서 애인의 마음을 상하게 하거나, 당첨은 꿈도 꾸지 않는 편이 나은 복권에 꽤 큰돈을 낭비하는 사람이 우리 주변에서 늘 보는 이들이다. 그렇기 때문에 경제적 인간은 우리가 늘 선망하는 대상이다.

마치 신(神)과 같은 이러한 인물이 주류 경제학에서 전제로 하는 경제인의 모습이다. 이처럼 특별한 인물이 과연 한 사람이라도 있을까 하는 의문이 들기는 하지만, 주류 경제학은 경제활동을 하는 우리 모두를 이와 같은 인물이라는 가정하에서 구축된 경제 이론이다.

호모 이코노미쿠스라는 용어는 호모 사피엔스(homo sapiens)를 비꼬아서 만든 조어다. 호모 사피엔스는 본래 라틴어로 '현명한 사람'이라는 뜻이지만, 호모 이코노미쿠스는 현명함에도 정도가 있다는 뜻을 암시하고 있다.

이왕 비꼴 작정이라면 네덜란드의 역사학자 요한 호이징가(Johan Huizinga)가 만든 '호모 루덴스'(homo ludens, 놀이하는 인간)라든지, 아리스토텔레스의 '호모 파베르'(homo faber, 만드는 인간) 쪽이 훨씬 매력적인 사람들이다.

합리적으로 판단할 수 있을까?

경제적 인간이라는 아주 합리적인 인간상을 좀더 자세히 들여다보기 위해 우선 다음 문제를 풀어보기 바란다. 정답은 제2장에서 살펴본다.

■ 문제 1 │ 지금 여러분은 TV 퀴즈 프로그램에 출연했다고 가정한다.

몇 문제를 풀고 마지막으로 상금을 획득할 기회가 찾아왔다. 문이 3개 있고, 자기가 선택한 문을 열면 그 뒤에 있는 상품을 받을 수 있다. 오직 1개 문 뒤에만 자동차가 놓여 있고, 나머지 문 뒤에는 염소가 있다.

문 A, B, C 3개 중에서 추측으로 A문을 선택했다고 하자. 아직 문은 열리지 않은 상태다. 이때 자동차가 놓인 문을 알고 있는 사회자가 C문을 열었다. 물론 거기에는 염소가 있을 뿐이다. 바로 이 장면에서 사회자가 여러분에게 물었다.

'A문으로 결정하셨습니까? B문으로 바꿔도 괜찮습니다. 어떻게 하시겠습니까?'

자, 여러분이라면 어떻게 할 것인가? 처음 선택대로 A문으로 할 것인지, 아직 열리지 않은 B문으로 바꿀 것인지 어느 쪽을 선택할 것인가?

확률에 관한 문제를 더 풀어보자.

■ 문제 2 │ 어떤 치명적인 감염증에 걸릴 확률은 1만분의 1이다. 과연 이 병에 걸렸는지 여부를 검사했더니 양성이었다. 이 검사의 신뢰성은 99%이다. 실제 이 감염증에 걸릴 확률은 어느 정도일까?

다음은 논리에 관한 문제다.

■ 문제 3 │ 다음과 같은 카드 4장이 있고 앞에는 알파벳이, 뒤에는 숫자가 적혀 있다. 현재 '모음이 적혀 있는 카드 뒤에는 짝수가 적혀 있어야 한다'는 규칙이 성립하는 것을 확인하기 위해서 어느 카드의 반대쪽 면을 확인해야 할까?

다음 두 문제는 타인의 행동을 헤아리는 문제다.

■ 문제 4 │ 이 문제는 100명에게 출제되었다고 가정한다. 1부터 100까지 각자 좋아하는 수를 하나씩 선택하게 하고, 선택된 수의 평균의 2/3배에 가장 가까운 수를 선택한 사람이 승자가 되는 게임이다. 여러분은 승리하기 위해 어떤 숫자를 선택할 것인가?

■ 문제 5 │ 여러분은 10,000원을 받고 다른 사람과 나눠 가지라는 지

시를 받았다. 자신의 몫으로 전액을 다 가져도 좋고, 일부를 자신이 가지고 나머지를 상대방에게 줘도 된다. 단 상대방에게는 거부권이 있다. 또한 상대방이 그 금액을 수락하면 당신의 제안대로 분배되지만, 상대방이 당신의 제안을 거부한다면 두 사람 모두 한 푼도 받을 수 없다. 여러분이라면 상대방에게 얼마를 주겠다고 제안할 것인가?

합리적이며 이기적인 경제인

주류 경제학이 전제로 하는 인간상인 경제적 인간은 인지나 판단에 관해 완전히 합리적이며, 의지가 굳고, 오직 자신의 물질적 이익만을 추구하는 사람이다.

인지나 판단의 합리성이라는 개념과 물질적 이익 추구라는 개념을 합친 의미로 단순히 '합리성'이라는 용어를 사용하는 저술이나 연구자도 있다. 하지만 이 책에서는 양자에 대해 각각 개별적인 내용을 지닌 것으로 취급한다. 왜냐하면 사익 추구란 행동의 목적이며, 합리성은 그를 위한 수단 · 방법이므로 개념으로서는 각각 다른 것으로 다뤄야 하기 때문이다.

물론 '합리적이며 사익 추구' 뿐만 아니라 '합리적인 동시에 이타적', '비합리적인 동시에 사익 추구', '비합리적인 동시에 이타적'이라는 구조도 가능하다.

예를 들면 이타적으로 행동하려는 사람이 비합리적이지만, 타인의 행동을 잘못 파악함으로써 그 반대 결과를 낳는 경우도 있을 수 있다. 따지고 보면 이타적으로 보이는 행동도 실은 합리적인 판단을 할 수 없기

행동경제학

때문에 사익 추구에 실패한 것일지도 모른다.

경제적 인간의 조건

경제적 인간이란 도대체 어떤 사람인가를 좀더 자세히 살펴보자.

우선 '합리적'이란 말부터 따져보자. 도대체 이 말은 무슨 뜻일까? 일상적인 또는 사전적인 사용법으로 합리적이란 말은 이성적, 논리적, 손익계산의 교묘함 등을 뜻하지만, 경제학에서는 합리성이라는 말에 상당히 한정적인 의미를 부여한다.

우선 자신의 기호(취향)가 명확하며, 거기에는 모순이 없고 항상 불변해야 한다. 그리고 그 기호를 토대로 자신의 효용(만족)이 가장 커질 수 있는 선택 대안(예를 들면 상품)을 선택하는 것이다.

언뜻 보면 타당하고 납득이 가는 가정이라고 생각되지만 실은 상당히 엄격한 조건이다.

쇼핑을 한다고 가정해보자. 합리적이기 위해서는 모든 상품에 관한 정보를 알고 있고, 진열된 상품이 어떻게 편성되어 있는지를 고려해야 하고, 그 상품을 소비했을 때 얻을 수 있는 효용을 재빨리 계산하고, 효용을 최대화할 수 있는 상품 편성까지 알 수 있어야 한다는 뜻이다.

그러나 의사 결정에 필요한 모든 정보를 입수하는 일은 비용으로나 물리적으로 불가능한 일이다. 설령 모든 정보를 입수했다 하더라도 그것을 분석하는 일은 더더욱 어렵다.

예를 들면 백화점에는 상품이 20만 점 정도 진열된다고 한다. 모든 상품의 리스트를 손에 넣는 일은 혹 가능할지도 모른다. 그러나 모든 상품 각각에 대해 소비를 했을 때 얻을 수 있는 효용을 계산하는 일은 도저히 상상조차 할 수 없다.

경제학자인 시오자와 요시노리(塩澤由典)가 조사한 바로는, 초고성능 슈퍼컴퓨터를 사용해도 가장 적합한 해답을 찾는 데 상품 수가 10가지일 때에는 0.001초로 끝나지만 30가지일 때에는 17.9분 걸린다고 한다. 상품 수가 40가지면 12.7일로 늘어나고, 50가지일 경우에는 놀랍게도 35.7년을 들이지 않으면 계산이 끝나지 않는다. 슈퍼컴퓨터로도 이 정도니 일반인들이 계산을 한다면 얼마나 걸릴지 미루어 짐작할 수 있다.

그뿐인가. 경제적 인간은 언제라도 커피와 홍차 가운데 어느 쪽이 좋다고 명확히 말할 수 있고, 취향은 시간이나 상황에 따라 변해서도 안 된다. 커피와 홍차에 대한 취향이 아침과 밤에 다르다든지, 어제는 커피만 10잔 마셨으니 오늘은 홍차를 마시겠다는 식은 배제된다.

더욱이 의지가 강해서 금연이나 다이어트에 실패하는 일은 있을 수 없다. 몸에 좋지 않다는 사실을 알고 있기 때문에 젊었을 때부터 담배는 피우지 않고, 다이어트를 하게 만드는 지방이나 당분 같은 것은 과잉 섭취를 하지 않는다. 경제적 인간은 애초부터 금연, 금주, 다이어트라는 단어와는 인연이 없다.

경제적 인간은 지각, 주의, 기억, 지론, 계산, 판단 등 뇌나 마음이 실행하는 인지 작업에 관해서는 무한한 능력을 지니고 있어야 한다. 일단 결심한 것을 반드시 실행하는 초월적 자제력을 갖춘 의지의 소유자이기도 하다. 한마디로 슈퍼맨이지 않는가.

경제적 인간에 대해 소스타인 베블런(Thorstein Veblen)은 '쾌락과 고통의 번개 계산기'라고 말했다. 허버트 사이먼(Herbert Alexander Simon)은 '전지전능한 신과도 같은 존재'라고 정의하면서, '전지전능한 모델은 신의 마음을 표현하는 모델이라면 모를까…… 인간의 마음을 나타내는 모델로는 도움이 되지 않는다' 라고 탄식했다.

경제적 인간에게는 합리적인 측면뿐만 아니라, 다른 중요한 개념이 하나 더 첨가된다. 타인에 대해서는 일절 돌보지 않고 자신의 물질적 이익만을 최대화하려는 이기적 인간이라는 점이다. 오로지 사익만을 추구하는 사람이 만일 이타적 행동을 한다고 해도, 그 행동은 어떤 보답을 기대하는 것으로밖에 여겨지지 않을 것이다. 경제적 인간은 윤리나 도덕이라는 개념을 갖추고 있지 않은 것이다.

이 두 가지 특징만 보더라도 경제적 인간은 사익을 얻을 수 있는 기회가 있으면 어떤 작은 기회라도 놓치지 않으려는 성격이 있음을 충분히 짐작할 수 있다. 이익을 얻을 기회가 있으면 범죄가 아닌 한 그것을 최대한 이용하는 것이 경제적 인간이다. 경제적 인간은 법을 지키지만(물론 처벌을 피하기 위해서다) 법이란 틀을 벗어나는 윤리라는 개념이 있지 않다.

만일 여러분이 경제적 인간이라면 문제 1~5의 정답을 맞출 수 있을 것이다. 정답을 얻는 과정은 설명할 수 없더라도, 직감으로라도 괜찮으니 정답을 찾기 위해 여러분은 어떻게 할 것인가? 정답은 제2장에서 살펴본다.

경제적 인간 가설에 대한 옹호론

앞에서 살펴본 경제적 인간에 대한 전제는 일상 경험에서 또는 수많은 실증 연구에서 거의 모두 현실성이 없는 것으로 간주되었다. 그렇지만 주류 경제학에서는 합리성과 이기심의 가정(假定)을 기초로 유효한 이론을 구축할 수 있다는 옹호론이 뿌리 깊게 자리 잡고 있다. 다음 4가지 옹호론을 살펴보자.

첫째는 경제학자 밀턴 프리드먼(Milton Friedman)이 주장한 '마치 ~ 인 것처럼'(as if) 행동한다는 이론이다.

합리성 가정은 주체가 합리적일 필요는 없고 '마치 ~인 것처럼' 합리적으로 계산하여 선택한 것처럼 간주하면 되므로 주체가 합리적이라는 가정 아래 이론 모델을 수립한다고 해서 문제 될 것은 없다는 주장이다. 이론 모델의 타당성 여부는 그 예측 가능성, 즉 그 이론 모델을 통해 경제나 경제활동에 관한 적절한 예측을 할 수 있으면 되기 때문에 전제 그 자체의 실현 타당성을 논할 필요가 없다는 것이다.

프리드먼은 구체적인 예를 들어 자신의 주장을 설명하고 있다. 즉 나뭇잎이 '마치 각각의 잎이 광합성을 위해 빛을 최대로 받아들일 수 있는 위치에 자리 잡는' 것처럼 나뭇가지에 붙어 있고, 숙련된 당구 선수 자신이 '마치 공이 구르는 코스의 가장 적합한 방향을 결정하는 복잡한 수학적 공식을 알고 있으며, 공의 위치를 가리키는 각도 등을 눈으로 정확하게 측정할 수 있고, 공식을 이용해서 재빠르게 계산할 수 있을 뿐만 아니라 공식에 의한 방향으로 공을 굴러가게 할 수 있는 것처럼 공을 친다'는 것이다.

나뭇잎이 실제로 받아들이는 빛의 양을 최대화하는 계산법이 있을 리 없고, 아무리 숙련된 당구 선수라 하더라도 실제로 공이 구르는 상태에 관한 수학적 계산을 하지는 않는다. 이치로나 마쓰이 같은 야구 선수가 미적분을 풀어가면서 베팅을 하는 것은 아니다.

그럼에도 '마치' 그러한 최적의 계산을 하고 있는 것처럼 행동하고 있다고 간주해도 문제 될 것은 없다. 당구공이 포켓에 들어간다는 예측, 이치로나 마쓰이가 공을 칠 것이라는 예측은 잘 맞기 때문에(7할은 빗나

가지만) 합리성의 전제에 문제는 없다. 요컨대 예측 결과가 좋으면 가정의 현실성은 문제가 되지 않는다는 논리다.

그러면 경제적 인간을 가정한 주류 경제학의 예측은 정확할까? 이것은 실증적 문제이지만 그 반대 사례는 간단하게 발견할 수 있다. 도시 근교에서는 야채나 과일을 무인 판매소에 진열해두고 판매하는 경우가 있는데, 이 시스템이 유지되는 것은 감시자가 없어도 사람들이 나쁜 마음을 먹지 않을 것이라는 판매자의 예측이 있고, 실제로 그런 사례에 의한 확증이 있기 때문이다.

제8장에서 자세히 검토하겠지만, 주류 경제학에서는 무료 봉사자나 헌혈은 있을 수 없는 일이다. 마찬가지로 무인 야채 판매소 역시 성립할 수 없다고 본다. 즉 주류 경제학은 현실에서 일어나고 있는 일을 예측하지 못하고 있다. 그러므로 예측 가능성이 있다는 점에서 비현실적인 가정을 하고 있는 주류 경제학의 'as if' 이론은 현실에서는 실제로 적용될 수 없을 것이다.

둘째 옹호론은 '시장에서의 도태론'이다. 비합리적으로 행동하는 주체는 시장에서 배제되기 때문에 경제에 실질적으로 영향을 끼치는 것은 합리적으로 행동하는 주체뿐이며, 경제나 시장 움직임을 파악하기 위해 합리성을 전제로 하는 것이 별 문제가 없다는 것이 '시장에서의 도태론'이다. 하지만 이에 대해서는 이미 오래 전부터 그렇지 않다는 지적을 받고 있다.

예를 들면 러셀(T. Russell)과 리처드 세일러(Richard Thaler)는 효용의 최대화에서는 벗어나지만 전혀 규칙적이지 않은 행동을 준합리적 행동이라 부르고, 합리적 주체와 준합리적 주체가 공존하는 경제에서는 모든 주체가 합리적일 때 존재하는 균형과는 다른 균형이 존재한다고 보았다. 그러한 시장에서는 완전 합리적인 경우와 같은 균형이 성립하는 조건을 추구하고 있지만 매우 한정적으로만 나타난다. '개인의 비합리성은 시장에 영향을 주지 않는다'(콜린 카머러 C. F. Camerer)고 충실히 믿는 것은 경제학에서 구전되는 주요한 내용일 뿐이다.

그 다음 이론은 경제적 인간에 대한 가정이 너무 심하지만 적당한 다른 이론이 제시되지 않았기 때문에 잠정적으로 합리성 이론에 따라 경제적 인간 가설을 옹호한다는 잠정론이다. 이 주장은 옹호론 중에서 가장 일리가 있다.

초기의 행동경제학은 주류 경제학에 대한 비판으로서는 어느 정도 설득력이 있었지만, 주류 경제학을 대신할 수는 없었다. 현재의 행동경제학도 아직 주류 경제학 이론을 전면적으로 대체할 만큼 이론 체계를 잘 갖추고 있다고는 말할 수 없다. 그러나 많은 경제학자가 행동경제학의 연구에 충분한 자원을 투입한다면 표준적 경제 이론을 대체할 이론 체계가 성립될 것이며, 머지않아 그날이 올 것이라 예상된다.

넷째로는, 경제 이론은 규범(規範) 이론이지 기술(記述) 이론이 아니라는 옹호론이다. 즉 경제 이론이 대상으로 하는 것은 사람들의 실제 행동이 아니라 사람들이 어떻게 행동해야 하는지를 나타내고 있다는 주장이다. 이러한 이론을 규범 이론이라 한다. 이 이론의 핵심은, 사람이 경제적 인간일 경우, 인지나 판단을 내릴 때 합리적이고 순수하게 사익을 추구하는 것이 '행동해야 할 일'의 리스트에 포함되어 있다고 보는 것이다. 그러나 트버스키와 카너먼은 규범적 접근은 실패로 끝났다고 주장한다. 왜냐하면 우월성(두 가지 선택 대안이 있고 한 대안이 다른 대안보다 모든 면에서 우월할 때 우월한 대안을 선택한다)이나 불변성에 반하는 것, 즉 규범적인 것과 동떨어진 선택이 일어나기 때문이다. 실제로 '어떠한지'를 이해하지 못하면서 '어떻게 할 것인가'를 주장하는 것은 유효한 이론이라고 할 수 없을 것이다.

이상 살펴본 바와 같이 표준적 이론을 옹호하는 견해는 붕괴됐다고 말해도 좋다.

행동경제학이란?

행동경제학이 무엇인가에 대해서는 연구자들 사이에서도 일치되는 정의가 있는 것은 아니지만, 사람은 실제로 어떻게 행동하는가, 왜 그렇게 하는가, 행동의 결과로 어떤 현상이 발생하는가를 주제로 토론하는 경제학이라 말해도 좋다. 인간 행동의 실제, 원인, 경제사회에 미치는 영향, 사람들의 행동을 조절하기 위한 정책에 관해 체계적으로 규명할 것을 목표로 한 경제학이다.

새로운 대상이나 영역을 개척하는 것이 아니라 경제에 대한 새로운 시각의 연구, 즉 새로운 연구 프로그램이다. 그런 의미에서 행동경제학은 기존의 경제학과 같은 연구 영역을 취급하는 온고지신(溫故知新)의 성격을 띠고 있다.

행동경제학은 인간의 합리성, 자제심, 이기심을 부정하지만 인간이 완전히 비합리적, 비자제적, 비이기적이라는 것을 의미하지는 않는다. 완전 합리적, 완전 자제적, 완전 이기적이라는 점만을 부정할 뿐이다.

'인간의 합리성은 하나지만 비합리성은 무수히 많아 이론화할 수는 없다'는 반론도 있다. 행동경제학에서 말하는 '비합리성'이란 개념은, 터무니없거나 또는 정형화되지 않은(random) 행동 경향이 아니라 합리성(경제적 인간)의 기준에서 벗어난다는 의미로 사용될 뿐이다. 비합리적이기는 하나 일정한 경향을 띠고 있고 따라서 예측 가능한 행동이다. 그러한 행동이 경제에 미치는 영향은 크다.

2002년 노벨 경제학상 시상식에서 카너먼은 '우리들(카너먼과 트버스키)이 한 일을 인간의 비합리성을 증명한 것이라고 말하는 것은 받아들이지 않겠다. 휴리스틱(heuristic)과 바이어스(bias, 편향)에 대한 연구는 합리성이라는 비현실적인 개념을 부정하고 있을 뿐이다' 라고 말했다.

그가 말한 '휴리스틱'은 합리적이지 못한 의사 결정을 내릴 때 근거로 삼는 간편한 수단이 되는 방법, '바이어스'는 그 결과로 발생하는 판단이나 결정의 편향을 가리킨다. 이에 대해서는 제3장에서 자세히 검토한다. 마찬가지로 인간이 전혀 사익을 추구하지 않고 순수하게 이타적이라고 말하는 것도 아니다. 제8장에서 자세히 검토하겠지만, 오로지 사익만을 추구하는 이기적인 인간과 종종 타인을 배려하는 이타적 인간이 공존한다. 한 인간이 상황에 따라 이기적이 되는 경우도 생각할 수 있다. 이런 경우에 관한 연구는 불충분하지만, 모든 사람이 물질적 사익 추구형 인간이라는 전제는 부정한다.

사람이 실제로 어떻게 행동하는지를 파악하기 위해 다양한 실험 참가자를 동원해 실험을 하기도 하고, 현장 답사(fieldwork)에서부터 컴퓨터 시뮬레이션, 뇌의 화상 분석에 이르기까지 종래 경제학에서는 별로 다루지 않았던 방법이 사용되고 있다. 특히 사람이 왜 그런 행동을 하게 됐는지를 확실히 규명하기 위해서는 진화론적 사고가 강력한 도구가 되기도 한다. 인간도 동물인지라 진화·도태의 영향에서 벗어날 수 없기 때문이며, 그 결과 인간의 다양한 인지적·사회적 성질에 어떤 일정한 경향이 나타나는 것이 밝혀졌다. 이에 따라 경제·사회정책이나 기업 등의 조직에서는 이전까지는 합리적인 인간을 전제로 다양한 정책을 수립하였으나, 인간이 제한적인 합리성을 띤 경우에는 어떻게 할 것인지를 생각할 필요성이 생기게 되었다.

실증·이론·정책이라는, 경제학이 대상으로 삼는 모든 영역에 새로운 초점을 맞추는 것이 행동경제학이다. 행동경제학은 인간을 연구 대상으로 하는 수많은 학문, 특히 인지심리학, 사회심리학, 진화심리학, 사회학, 윤리학, 철학에서부터 인류학, 진화생물학, 행동생태학은 물론, 생리학이나 뇌신경과학에 이르기까지의 광범위한 학문에서 서로 영향과 시사점을 주고받는 전문가 협업 학문이다. 진화생물학이나 뇌신경과학의 영향에 대해서는 제9장에서 소개한다.

경제학과 심리학은 하나였다

행동경제학에 미친 심리학, 특히 인지심리학의 영향력은 측정할 수 없을 정도로 크다. 하지만 현실의 인간 행동을 대상으로 하지 않는, 경제적 인간만을 취급하는 주류 경제학은 심리학적 분석과는 인연이 멀다. 이런 경향은 주류 경제학이 확립된 비교적 최근의 일이다. 경제학은 원래 심리학과 연관성이 깊었다. 경제학이 확립된 18세기 무렵, 심리학은 아직 과학으로서 독립적인 입지를 마련하지 못해 당시의 경제학자는 심리학자를 겸업했다고 할 수 있다.

애덤 스미스(Adam Smith)는 《국부론》(1776)에서 리스크나 불확실성이 인간의 경제활동에 미치는 영향에 대해 '누구나 이익을 얻을 기회는 약간이라도 과대평가하고, 사람들 대부분은 손실을 볼 기회는 조금이라도 과소평가한다'는 합리성에 반하는 심리적 요인의 중요성을 지적하고 있다.

잘 알려져 있듯이 애덤 스미스의 최초 저작물은《도덕감정론》(1759)이며, 이 책에서는 자제심이나 공감, 이타심의 중요성이 강조되고 있다. 그렇지만 후세 사람들은 애덤 스미스가, '이기심'의 추구야말로 인간의 모습이며, 이기심의 추구가 실제로 희망하는 결과를 가져온다고 주장한 것으로 알고 있다.

애덤 스미스가 서술한 다음과 같은 글을 보면 명확히 알 수 있다. '우리들이 식사를 할 수 있는 것은, 정육점이나 술집, 빵집 주인들의 자비심 덕분이 아니고, 그들 자신의 이해(利害)에 대한 관심 때문이다. 우리들이 원하는 것은 그들의 인류애가 아니라 이기심이며, 우리들이 그들에게 말하는 것은 결코 우리의 필요가 아닌 그들의 이익에 대해서다.' 이는 분업과 시장의 활동에 대한 언급으로서, 이기심을 가져야 한다거나, 이기심만이 중요하다고 말하는 것은 아니다. 단지 다른 요소보다 이기심이 강조되어 있는 것이다.

그 원인이 물론 애덤 스미스에게 있는 것은 아니다. 주류 경제학이 수립되어온 역사 속에서 경제학과 심리학이 각기 다른 길을 걸어왔기 때문일 것이다. '동기(動機)와 시장에 대한 스미스의 복잡한 견해가 잘못 해석되고, 감성과 행동에 관한 윤리적 분석이 간과된 것은 현대 경제학의 발전과 함께 발생한 윤리학과 경제학의 괴리라고 말할 수 있다'는 아마르티아 센의 견해는 '윤리학'을 '심리학'으로 바꿔놓아도 그대로 꼭 들어맞는다.

애덤 스미스 이후의 경제학자들 중에서도 인간 심리의 중요성에 대해 통찰한 경제학자는 적지 않다. 앨프리드 마셜(Alfred Marshall)은《경제학 원리》첫머리에서 '경제학은 일상생활을 영위하는 인간에 관해 연구하는 학문이다. 개인적·사회적 행동에서 물질의 획득과 그 사용에 매우 밀접하게 관련된 측면을 다루는 것'이라고 서술하였고, 경제학은 일종의 심리 과학이자 인간 과학이라고 주장하고 있다. 경제학은 어떤 면에서는 부(富)에 관한 연구지만 다른 중요한 측면으로 보면 인간 연구의 일부다.

인간 심리를 경제학에 도입한 점에서 케인즈(John Maynard Keynes)는 걸출한 인물이다. 그는 인간의 비합리성이 경제 행동이나 경제의 운용에 큰 영향을 끼친다는 것을 잘 알고 있었다. 그의 저서 《고용, 이자 및 화폐의 일반 이론》(1937)은 인간 행동에 관한 혜안으로 가득 차 있다. 예를 들면 이 책의 마지막 장에서 일부 검토한 인지 바이어스, 답례성, 공정, 군중행동, 사회적 지위나 감정, 야심 같은 심리학적·사회학적 요소들의 역할이 반복하여 등장할 뿐만 아니라 강조되고 있다. 사이먼은 케인즈의 《일반 이론》을 완벽하게 이해하지 못했지만 기업가에게는 '야성적 충동'(animal spirit)이 있다는 기술(記述)만큼은 매우 감탄했다고 한다.

또한 프리드리히 폰 하이에크(Friedrich August von Hayek), 베블런, 어빙 피셔(Irving Fisher) 등과 같은 경제학자들의 저서에는 심리학에서 가져온 수많은 통찰을 엿볼 수 있다. 베블런은 제도파(制度派) 경제학자로 알려져 있지만, 그 제도란 '개인과 사회의 특정 관계나 특정 기능에 관한 지배적인 사고 습관'을 말한다. 하이에크의 저서 《감각 질서》(1951)는 거의 심리학 영역에 들어가도 좋을 만한 작품이다.

그 후 경제 심리학자라고 자칭한 사람이 바로 미국의 조지 카토너(G. Katona)다. 그의 주요 저서는 《경제 행동의 심리학적 분석》(1951)인데, 이 책에서 그는 '우리들이 알고 싶은 것은 인간 행동—소비자나 경영자의 동기·태도·희망·걱정 등—이 경기상승, 인플레이션, 경기후퇴

등의 출현에 어떻게 반응하는가다. 이런 상태에서 경제 불안을 완화하거나 피하기 위해서는 어떻게 해야 할지를 배울 수 있을 것'이라며 경제적 요인과 심리적 요인의 상호 관계에 많은 관심을 기울이고 있다.

그러나 카토너의 연구는 그다지 영향력을 발휘하지 못했고, 사회학자 닐 스멜서(Neil Smelser)에게 '카토너는 전체적으로 소비 행동의 일반 이론에 대해 제대로 논하고 있지 못하다'는 혹평을 받기에 이르렀다.

재주꾼 허버트 사이먼

그 후 경제학에 심리학의 탁월한 견해를 도입하려는 시도는 몇몇 예외를 제외하면 거의 끊어져버렸다. 이런 조류 속에서 유달리 빛을 발하는 사람이 1978년 노벨 경제학상을 수상한 허버트 사이먼이다.

현대 경제학자 중에서 경제적 인간 가설에 대해 가장 강한 이견을 주창했고, 대체 사고방식을 제창한 사람이 바로 사이먼이다. 사이먼은 다방면에 재주가 뛰어났다. 처음에는 정치학을 배워 박사 학위를 취득했으나, 후에 경영학, 조직학, 컴퓨터 과학, 인공지능, 인지과학, 경제학 등을 연구하여 이 분야에 막대한 영향을 주었다.

그는 주류 경제학이 가정하고 있는 합리성에 대해 인간 인지능력의 한계라는 관점에서부터 체계적인 비판을 가한 최초의 경제학자다. 완전히 합리적일 수 없는 인간을 설명하기 위해 '제한된 합리성'(bounded rationality)이라는 개념을 만들어냈을 뿐만 아니라, 경제학은 제한된 합리성을 지닌 인간을 연구해야 한다고 주장했다. 또한 현실에서 인간의 선택은 최적화된 기준에서 실행되는 것이 아니라 일정 수준 이상이 되면 선택한다는 '만족화'(satisficing) 원리를 비롯해 합리성은 선택의 결과가 아니라 선택의 과정이나 방법에 대해 논해야 한다는 '절차적 합리성'이라는 혁신적인 아이디어를 창조했다.

이처럼 사이먼은 의사 결정에 미친 진화의 영향을 중시했다는 점에서도 선구적이었고, 인간이 의사 결정을 고려할 때에 감정의 중요성을 무시할 수 없다는 주장을 한 점에 있어서도 획기적이었다. 일반적으로 사회과학자는 인간의 합리성이나 의사 결정력 또는 사회 속에서 나타나는 개인의 영향력을 중시하는 경향이 있다. 바로 이런 특성 때문에 사이먼은 사회과학자 중에서 최초로 감정의 중요성까지 주장한 인물이 된 것이 아닐까? 또한 사이먼은 이타성에 대해 고찰하고 있다는 점에서도 매우 혁신적이다.

유감스럽게도 당시 사이먼의 주장은 경제학자들 사이에서는 별로 인정받지 못했다. 사이먼의 업적은 경제학과 심리학이 재결합하는 조짐이었지만 당시에는 열매를 맺지 못했다. 그 즈음은 오늘날의 주류 경제학이 확립되어 힉스(J. R. Hicks), 새뮤얼슨(Paul Samuelson), 애로(K. J. Arrow)가 활약했으며, 물리학을 기본으로 하는 일반 균형이론 등 엄밀한 수학적 분석이 각광받던 시대였다.

사이먼의 논점은 매우 설득력 있는 이론이었지만 극히 개념적·이념적 단계에 머물러 있었고, 조작 가능한 모델화가 어려웠기 때문에 주류 경제학자 사이에서는 널리 보급되지 않았다고 생각된다. 수학적 이론을 선호하는 경제학자에게 '정리 없는 이론'(라인하르트 젤텐, 1990)은 받아들이기 어려운 것이었다. 사이먼이 주장한 이론의 정당성과 중요성은 인식되었지만 비합리성이나 비이기성에 대해 다룬 적합한 이론이나 모델이 존재하지 않았기 때문에 경제학자들로서는 그의 이론을 무시할 수밖에 없었다.

사이먼은 2001년에 사망했지만 그의 연구 성과는 행동경제학 이론 안에 폭넓게 이어지고 있다고 해도 좋을 것이다. 사이먼은 "마음의 성격을 이해하는 일은 사회제도와 사회 행동, 경제학이나 정치학에서 원활한 이론 구축을 이루기 위해서는 빠뜨릴 수 없는 것이다. 경제학은 인간의 이성에 대해 '선험적인' 가정이란 기초 아래 2세기 동안이나 이 문제를 얼버무려왔다. 이런 가정은 이제는 알맹이가 없다. 이성에 대한 선험적인 가정은 인간의 마음에 대한 진실성이 있는 이론으로 바뀌어야 한다"고 서술하고 있다.

현대 경제학자 중에서는 사이먼이나 조지 애컬로프(George Arthur Akerlof, 2001년 노벨 경제학상 수상), 토머스 셸링(Thomas Crombie Schelling, 2005년 노벨 경제학상 수상)과 같은 일부 재주꾼을 제외하면 심리학에 특별한 관심을 배려한 경제학자는 출현하지 않았다.

인지심리학의 탄생

행동경제학은 심리학과 경제학이 재결합하면서 탄생한 연구 분야였기 때문에 심리학적 특징이 강한 경향이 있었다. 그 흐름의 중심에는 1950년께 창시된, 오늘날의 인지심리학이나 인지과학으로 불리는 연구 분야가 자리 잡고 있었다.

놀랍게도 인지심리학은 공식적인 탄생일이 있다고 한다. 1956년 9월 11일이 바로 인지심리학의 탄생일이다. 이날 매사추세츠 공과대학에서 개최된 심포지엄에서 오늘날 인지심리학의 문을 연 세 가지 중요한 논문이 보고되었기 때문이다. 세 가지 중요 논문 중에는 허버트 사이먼과 공동 연구자인 앨런 뉴웰(Allen Newell)이 발표한 '일반 문제 해결법'

(General Problem Solver)이라는 인공지능 프로그램에 대한 논문이 포함되어 있었다. 이 논문은 컴퓨터로 수학의 정리를 증명하는 참신한 내용을 담고 있었다.

인지심리학은 이날 극적으로 탄생했으며, '인지 혁명'(하워드 가드너, 1985)으로 불리게 되었다. 그때까지 인지심리학에 대한 사고의 주류는 '인간은 자극에 대해 반응하는 자극-반응계다'라는 견해였다. 하지만 이날을 계기로 그러한 견해가 완전히 변모해 '인간은 정보처리를 하는 부류'라고 생각했다는 점에서 획기적이었다.

그 후 인지심리학은 진화론의 영향을 받아 진화심리학을 파생시켰고, 뇌(腦) 과학과의 교류로 인지신경심리학이 탄생하게 되었다. 이들 분파도 행동경제학에 커다란 영향을 끼치고 있다.

행동경제학의 성립

이러한 흐름 속에서 심리학의 일파로 간주되는 의사결정이론도 인지 혁명의 영향을 받아왔다. 그것은 행동적 의사결정이론이라 불리는데, 원류는 1950년대 워드 에드워드(Ward Edward)에 이르기까지 거슬러 올라간다. 1970년대에 이르자 판단이나 의사 결정의 문제에 대한 인지심리학자들의 실험과 연구가 활발해졌다. 그 후 트버스키나 카너먼 외에도 폴 슬로빅(Paul Slovic), 바룩 피쇼프(Baruch Fischhoff) 등과 같은 인지심리학자들이 활발한 연구 활동을 펼쳐 점차 경제학에 영향을 끼치게 되었다.

행동경제학의 공식 탄생일이 인정되지는 않지만, 1979년을 '행동경제학 원년'으로 간주해도 좋을 것이다. 그해에 발행된, 이론계량

경제학 분야에서 세계 최고 수준의 잡지로 평가되는 〈이코노메트리카〉(Econometrica)에 카너먼과 트버스키의 기념비적인 논문 〈프로스펙트 이론 : 리스크하에서의 결정〉이 게재됐기 때문이다. 행동경제학은 탄생 이래 현재까지 불과 30년 정도밖에 되지 않은 젊은 학문이다.

이들의 뒤를 이어 인지심리학자들의 연구 흐름에 경제학자 리처드 세일러가 가세해 경제학자와 심리학자가 협동으로 행동경제학이라는 분야를 확립해가게 된다. 주도적 추진자로는 세일러 외에 경제학을 전공하고 행동경제학의 모든 영역에 걸쳐 독창성을 발휘하고 있는 캘리포니아 대학 버클리 캠퍼스의 매튜 라빈(Matthew Rabin), 심리학 전공자로 행동 게임론의 창시자라 할 수 있는 캘리포니아 공과대학의 콜린 카머러(Colin Camerer), 역시 심리학 전공자로 행동경제학 전반을 연구하는 카네기멜론 대학의 조지 로엔스틴(G. Loewenstein), 사회적 행동에 대한 독창적 실험을 끊임없이 연구하고 있는 스위스 취리히 대학의 (전)노동경제학자 에른스트 페르(E. Fehr) 등을 들 수 있다.

또한 행동경제학 진영으로 저명한 산타페 연구소의 새뮤얼 볼스(Samuel Bowles)와 허버트 긴티스(Herbert Gintis)의 이름도 빼놓을 수 없다. 그들은 주로 진화론적 관점을 중시하고, 사람의 사회적 행동에 대한 독창성을 연구하고 있다.

행동경제학이 인지심리학으로부터 받은 지대한 영향력에 대해 강조하자면 '행동경제학은 인지심리학의 일부인가, 단순한 응용에 불과한 것인가' 라는 얘기가 나올 법도 하다. 이에 대해서는 결단코 '아니오' 라고 말할 수 있다.

경제학에서 오랫동안 축적된 이론에 인지심리학의 성과를 도입하여 개량한 것이 행동경제학이 지향하는 방향이다. 주류 경제학을 전면적으로 포기하거나 해체하여 새로운 경제학을 처음부터 다시 만들겠다는 의미는 아니다.

실험경제학과의 차이

2002년 카너먼과 함께 노벨 경제학상을 공동 수상한 사람은 실험경제학자인 버넌 스미스(Vernon Lomax Smith)다. 실험경제학이라는 학문은 연구 대상이 아니라 연구 방법 때문에 붙은 명칭이다. 지금까지의 경제학에서는 별로 익숙지 않았던 실험적 방법을 이용하여 경제 이론을 검증하는 것이 목적이다.

행동경제학도 실험적 방법을 다양하게 이용하지만, 그것은 단지 연구 방법 가운데 하나에 불과하다. 실험적 방법 없이는 행동경제학의 발전을 생각할 수 없기 때문에 실험경제학에 더 크게 의지하고 있지만, 행동경제학과 실험경제학을 별개의 것으로 이해해두는 게 좋다.

제2단계에 돌입한 행동경제학

매튜 라빈은, 행동경제학은 새로운 학문이지만 이미 '제2단계'를 맞고 있다고 말했다. 행동경제학은 이미 이륙을 위한 활주 기간을 마치고, 현재 창공을 향해 상승비행을 하고 있는 최고조 상태에 있다.

일반적으로 확립된 이론이나 패러다임에 반하는 사례를 '이상현상'(anomaly)이라고 한다. 행동경제학의 제1단계는 주류 경제학에 대한 이상현상에 착안해 사람이 경제적 인간과 어떻게 다른지 체계적으로 수집하는 단계였다. 현재 이상현상은 실험적 방법이나 일상의 관찰을 통해 한우충동(汗牛充棟, 수레에 실으면 소가 땀을 흘리고 집에 쌓으면 대들보까지 닿게 된다는 뜻으로 책이 많은 것을 비유한 말 : 역주)이라는 단어가 어울릴 정도로 수많은 자료가 수집되고 쌓여왔다. 제2단계는 행동의 체계화 · 이론화를 도모하여 경제에 미치는 영향을 분석하고 정책 입안을 제언하는 단계다.

행동경제학 연구에서 주목해야 할 것은 이상현상의 축적에 있다. 그것이 단순한 사실의 축적이라면, 그 자체로는 아무런 의미도 없다. 이상현상 자체가 의미를 갖기 위해서는 그것이 새로운 이론 창출의 계기가 되어야만 한다.

사실의 축적으로부터 귀납적 이론이 발생한 것도 있고, 반대로 이론의 검증을 위해 사실이 이용된 것도 있지만, 양쪽 모두 '사람이 사실을 토대로 과학을 만드는 것은 마치 돌을 이용해 집을 짓는 과정과도 같다. 돌을 쌓아올렸다고 다 집인 것은 아니듯 사실을 모아놓았다고 과학인 것은 아니다' (푸앵카레, Jules-Henri Ponicaré, 《과학과 가설》)는 경고문을 항상 마음에 담아둬야 할 것이다.

제 2 장

인간은 제한된 합리성으로 행동한다

|

합리적 결정의 어려움

'인간의 실수야말로 인간을 진실로 사랑해야 할 존재로 만든다.'

—

괴테 '격언과 반성' 《괴테 격언집》

'삶에도 죽음에도 모두 우연의 요소가 들어 있다.
문제는 그것을 어떻게 계산하는가다.'

—

대럴 허프(Darrell Huff) 《확률의 세계》

몬티 홀 딜레마(Monty Hall Dilemma)

마릴린 보스 사반트(Marilyn vos Savant)는 세계에서 아이큐가 가장 높은 사람(IQ 228)으로 《기네스북》에도 실린 유명한 천재다.

마릴린은 〈퍼레이드〉(Parade)라는 잡지에서 '마릴린에게 물어보기'라는 인기 칼럼을 담당하면서 독자들의 다양한 질문에 답변을 했는데, 어느 독자가 질문한 내용이 26쪽에 있는 문제 1이다.

이 문제를 간단히 설명하면 다음과 같다. 문이 세 개 있고, 그 중 하나가 행운(자동차)의 문이다. 문 하나를 선택하면 사회자는 나머지 문 두 개 가운데 염소가 들어 있는 문 하나를 알려준다. 그리고 처음 선택을 변경할 기회를 주고 참여자에게 선택을 바꿀 것인지 묻는다.

이 문제는 미국에서 30년 가까이 계속 방영되고 있는 인기 쇼 프로그램 〈거래를 해봅시다〉와 매우 흡사하여 프로그램 사회자의 이름을 따서 '몬티 홀 딜레마'(Monty Hall Dilemma)라고 부른다.

이 문제에 대한 많은 사람들의 대답은 '자신의 선택을 바꾸지 않는다'였다. 그 근거는 처음에 A문을 선택한 상태에서 C문이 당첨이 아닌 것을 알았을 때, A나 B가 당첨될 확률은 1/2씩이기 때문에 선택을 바꿔도 유리해지지 않는다고 생각하기 때문이다. 당신이라면 어떻게 대답하겠는가? 필자가 학생들에게 질문한 결과, 다수가 똑같은 답변을 했다.

그러나 이 선택은 잘못된 것이다. 정답은 선택을 바꾸면 당첨될 확률은 2/3로 올라간다. 따라서 '선택을 바꾸는' 것이 올바른 행위다. 의외라고 생각할지 모르지만 다음 설명을 들으면 납득할 수 있을 것이다.

우선 A문이 당첨될 확률은 1/3, B문 또는 C문이 당첨될 확률은 2/3이다. 그리고 C문이 당첨(자동차)이 아닌 것을 안다면 B문이 당첨될 확률이 2/3가 되므로 선택을 바꾸는 것이 맞다. 이 설명이 불충분하다면 다음 표를 보면서 생각해보기 바란다.

	A	B	C
①	당첨	비당첨	비당첨
②	비당첨	당첨	비당첨
③	비당첨	비당첨	당첨

발생 가능한 경우의 수는 위에 있는 ①~③ 가운데 하나다. 그리고 당신이 A문을 선택한 경우, 나머지 2개 문 가운데 당첨되지 않을 하나는 알 수 있다(사회자가 알려주므로). ①번 상황에서는 선택을 변경하면 떨어진다. ②번 상황에서는 선택을 변경하면 당첨되고, ③번도 변경하면 당첨된다. 그러므로 3가지 상황 중 2가지는 선택을 변경하면 당첨되기 때문에 당첨 확률이 2/3가 된다.

반대로 변경하지 않는 경우를 생각해보자. ①번 상황에서는 선택을 변경하지 않아야 당첨되고(당첨 확률 1/3), ②번과 ③번의 경우에는 선택을 변경하지 않으면 당첨되지 않는다(당첨 확률 2/3).

그러면 〈퍼레이드〉의 칼럼 '마릴린에게 물어보기'에서 마릴린의 대답은 당연히 '선택을 바꾸세요'가 된다(정답을 설명하는 방식은 위와 달리 훨씬 더 간단했다).

그런데 이 답이 지면에 게재되자마자 미국 전역에서 마릴린의 답이 틀렸다는 항의가 쇄도했다. 그 중에는 돈 에드워드(Don Edward)도 있었고 수학 박사 학위를 받은 연구자나 대학의 수학 교수도 포함돼 있었기 때문에 사회적인 물의를 일으켰다. 항의의 태반은 1/2이 정답이며, 마릴린의 답은 틀렸다는 것이었다. 이 문제는, 일생 동안 논문을 1,500편이나 쓰고 수많은 기행으로 유명한 전설적인 수학자 폴 에르도슈(Paul Erdos)조차 정답을 맞추지 못했을 뿐만 아니라 저명한 경제학자까지 오답을 내고 말았다.

확률 이해의 어려움

우리는 대체로 확률을 이해하기 어려운 골칫거리로 여긴다. 진화심리학자인 로빈 던바(Robin Dunbar)는 《과학을 좋아할 수 없는 이유》에서 '인간은 확률을 주의 깊게 계산하며 진화하고 있지 않다. 그렇게 하지 않으면 안 될 만큼 절박하지 않았기 때문이다'라고 말한다.

다음 문제를 생각해보자.

집 근처에 새로 한 가족이 이사를 왔다. 아이가 2명 있다는 것을 알고 있지만, 아들인지 딸인지는 모른다.

(1) 이웃집 부인에게 '딸이 있습니까'라고 물었더니 대답은 '네'였다. 다른 한 아이도 딸일 확률은 얼마인가?

세상에 남녀는 반반이기 때문에 1/2이라고 대답할 수 있겠지만 정답은 1/3이다. 아이들의 구성은 여여, 여남, 남녀, 남남의 4가지인데, 딸이 1명 있다는 사실을 알고 있으므로 남남은 아니다. 따라서 이 가족의 아이 구성은 여여, 여남, 남녀 3가지 중 하나일 것이며, 다른 1명도 딸일 확률은 이 중 한 가지이므로 확률은 1/3이다.

다음은 조금 다른 문제다.

> **(2) 이웃집 부인에게 '큰아이가 딸입니까?'라고 물었더니 대답은 '네'였다. 다른 한 명도 딸일 확률은 얼마인가?**

(1)과 같은 문제로 보이지만 실상은 그렇지 않다. 정답은 1/2이다. 큰아이가 딸일 경우의 아이 구성은 여여, 여남밖에 없다. 따라서 동생이 딸일 확률은 한 가지밖에 없기 때문에 확률은 1/2이 된다.

다음 문제도 비슷하긴 하지만 역시 조금 다르다.

> **(3) 이웃집 부인이 딸을 1명 데리고 걷고 있는 것을 보았다. 다른 아이도 딸일 확률은 얼마인가?**

정답은 1/2이다. (1)과 거의 비슷한 정보를 지녔지만 왠지 묘하게 모순된 느낌이 드는 대답이다. 그러나 이것도 (2)와 마찬가지로 목격한 1명은 딸이라는 것을 알고 있기 때문에 나머지 1명은 딸이거나 아들 중 어느 한쪽이므로 확률은 1/2이 된다.

사람은 베이스 룰에 따를까?

문제 2 역시 확률에 관한 문제다.

신뢰도가 99%인 감염증 검사에서 양성 판정을 받았다면 사람들 대부분은 이 병에 걸릴 확률이 99%라고 생각할 것이다. 거의 절망적이다.

그러나 이 판단은 잘못된 것이다.

애초에 이 병에 걸릴 확률이 1만 분의 1이기 때문에 100만 명 가운데 100명이 감염자다. 반면에 검사 신뢰도가 99%라는 말은 실제 감염자 100명 중 99명이 양성 판정을 받는다는 뜻이다. 또한 100만 명 중에서 감염되지 않은 999,900명 중 1%는 실수로 양성 판정을 받을 수 있다는 의미다. 즉 999,900명의 비감염자 중 1%인 9,999명은 실수로 양성 판정을 받게 된다.

그러면 양성 판정을 받게 되는 사람은 99명 + 9,999 = 10,098명(100만 명 중에서 실제 감염자를 감염자로 판단한 99명, 비감염자를 감염자로 잘못 판정한 9,999명)이 되는데, 이 중에서 실제로 '감염되어 양성인 사람'은 99명이기 때문에,

(감염되어 양성인 사람/양성이란 판정을 받은 사람) = 99/10098 ≒ 0.0098이고,

실제로 감염될 확률은 거의 1% 정도다.

이는 100분의 1이기 때문에 최초의 감염률 1만분의 1과 비교하면 100배가 된다는 뜻이지만, 감염되지 않을 가능성 쪽이 99배나 큰 것이다. 처음의 절망감과는 반대로 매우 희망적이다. 이것이 품질 검사 결과라면 불량품으로 판정되더라도 바로 폐기할 필요 없이 추가 검사를 하는 게 좋다.

여기서 사용한 확률 계산법을 '베이스 룰'이라 하고, 발생 확률 (probability of occurrence, 출현 확률)에 관한 사전 정보(이 경우는 감염률)가 있을 때 새로운 정보(검사의 신뢰도)를 얻었을 경우에는 사태가 발생할 확률을 어떻게 갱신하면 합리적인지를 나타낸다. 이런 경우에 사람들은 사전 확률을 무시하는 경향이 있다는 것이 카너먼과 트버스키가

내린 결론이다. 경제적 인간은 물론 베이스 룰에 따른 결론을 낼 수가 있으며, 양성 판정을 받더라도 당황하는 일은 없을 것이다.

이 오류는 확률 판단을 할 때 '기저율(base rate)의 무시'로 일컬어지는 실수며, 확률을 판단할 때 어떤 사상(事象, event)에서 전체가 차지하는 비율(기저율)을 무시함으로써 발생하는 오류이기도 하다.

다음 문장을 살펴보자.

'어느 초등학교에서 겨울 동안 감기에 걸린 인원수를 조사했더니 감기에 걸린 사람의 99%가 12세 이하인 어린이였다. 따라서 어린이는 감기에 걸리기 쉽다.'

일반인들은 당연한 결과라고 여길 것이다. 초등학교이기 때문에 원래 어린이밖에 없지 않겠냐고. 그렇다. 이런 표현에서는 기저율은 무시되지 않는다.

그런데 감염증 문제에서는 기저율이 무시된다. 감염증 문제와 같은 확률의 추정 문제는 카너먼과 트버스키가 고안하고 실험한 문제로서 그 이후 다양한 변수(variation)를 추가한 수많은 실험이 실시되고 있다. '기저율의 무시'에 대해서는 제3장에서 다시 살펴보도록 하자.

| 논리적 추론 |

문제 3에 대해 여러분은 어떻게 생각하는가?

E, K, 4, 7이라고 적힌 카드 중에서 '모음이 쓰인 카드 뒷면에는 짝수가 적혀 있어야만 한다'는 규칙이 충족되는지를 확인하려면 어느 카드를 뒤집어서 뒷면을 확인해야 하는지가 문제였다. 이것은 간단한 논리 문제로서 정답은 E와 7이다.

이 문제도 이해하기 어려운 문제 가운데 하나로 전형적인 오답은 E 하나만 선택하는 것이다. 또는 E와 4를 선택하는 것이다. 정답 E는 당연하지만 카드 7의 뒷면도 확인해야 한다. 예를 들어 이 카드에 A라고 적혀 있다면 규칙에 어긋나기 때문이다. 4의 뒷면은 어떤 알파벳이라도 상관없다.

이 문제는 형식논리학에서 나오는 대우(對偶)에 관한 규칙을 적용하면 쉽게 확인할 수 있다. 'P이면 Q'라는 명제가 있을 때 'Q가 아니면 P가 아니다'라는 명제를 대우라 한다. 즉 원래의 명제가 참이면 대우 명제도 반드시 참이다. 반대로 대우가 참이면 원래의 명제도 참이다.

문제 3을 이 규칙에 적용해보자. '한쪽 면이 모음이면 뒷면은 짝수'이므로 그 대우는 '한쪽 면이 짝수가 아니면(즉 홀수) 다른 한쪽 면은 모음이 아니다'가 된다. 따라서 이 조건을 충족하는 카드인지 아닌지는 카드 7의 뒷면을 보고 모음이 아닌 것을 확인할 필요가 있다.

이 문제는 심리학자 웨이슨(Wason)이 고안한 것으로 '4장의 카드 문제'로 불린다. 이 문제에서 다양한 실험 참가자를 대상으로 수많은 실험이 실시되고 있지만 정답률은 대부분 10% 이하다. 필자도 학생들을 대상으로 몇 번인가 이 문제를 제시했는데 정답률은 15% 정도였다. 다만 대학 입시에서 수학을 선택한 학생들의 정답률이 조금 더 높은 편이었는데, 이를 당연하다고 말해야 할지 안심했다고 말해야 할지…….

문제 3에서 사용된 추론은 논리학의 입문 정도 수준이지만, 우리 인간에게는 이 정도의 논리적 추론도 그다지 익숙하지 않은 것 같다. 우리는 일상생활에서 별로 접할 일이 없는 이 같은 문제, 또는 평상시에 별로 사용하지 않는 순수논리학 형식을 기준으로 한 추론에는 능숙하지 못하다. 그러나 일상생활과 관련된 추론에 대해서는 정답률이 훨씬 상승한다는 사실을 알 수 있다. 이에 대해서는 제9장에서 서술한다.

| 미인 투표 게임 |

문제 4의 내용은, 1 이상이며 100 이하인 숫자 중에서 좋아하는 수를 하나 선택했을 때, 그 수가 모든 사람들이 선택한 수의 평균치의 2/3배에 가장 가까운 예상을 한 사람이 승리하는 것이다. 이 문제에서는 다른 사람들이 어떻게 생각하는지를 합리적으로 추측해야 하는 데 어려움이 있다. 이런 추측을 적절히 해나가는 사람이라면 합리적인 사람이라 말할 수 있다.

이 문제에서 참가자 전원이 무작위로 선택했을 때의 평균치는 50이다. 50의 2/3는 33이다. 모든 사람들이 33이라고 판단할 수 있다고 가정한다면, 승리하기 위해서는 33의 2/3, 즉 22가 첫 후보가 된다. 참가자 전원이 동일한 추론을 한다고 가정하면, 다시 22의 2/3에 가장 가까운 수인 15를 선택해야만 승리할 수 있다. 이때도 마찬가지로 전원이 같은 생각을 한다면 15로도 승리할 수 없으므로 다시 15의 2/3인 10을 선택해야 하는데, 그렇게 했다고 해서 과연 승리할 수 있다고 장담할 수 있는가? 이런 식의 사고 과정을 거듭하면 7, 5, 3으로 이어지고, 마지막에는 1이 아니면 승자가 될 수 없다는 사실을 알게 된다.

모든 사람이 합리적이라면 똑같은 추론을 할 수 있기 때문에 모든 사람들이 1이라는 수를 제시하고 전원이 승리하게 될 것이다. 이것이 합리성을 전제로 한 이론의 예측이다. 즉 다른 사람의 사고를 8단계 건너뛰어 생각해야만 정답에 도달할 수 있는데, 여기서 더욱 어려운 일은 다른 사람들도 모두 합리적이라고 생각해도 좋은가 하는 문제다. 따라서 다른 사람들은 몇 단계 정도를 생각하는지를 추측해야만 한다. 독자 여러분은 이 해답에 도달할 수 있을까?

이 문제는 오래됐지만 신선한 문제이며, 유명한 케인즈의 미인 투표 이야기가 바탕이 된다. 케인즈는《고용, 이자 및 화폐의 일반 이론》중에서 주식 투자를 미인 투표에 비교하여 다음과 같이 서술하고 있다. 그의 예리한 통찰력을 엿볼 수 있으므로 소개한다.

어떤 신문사가 아름다운 미인 100명의 사진을 게재하면서 현상 응모를 실시하였다. 미인 100명 중에서 가장 많은 사람이 미인이라고 생각하는 후보자를 선택한 사람에게 상을 준다는 내용이었다. 과연 응모자들은 어떤 행동을 할까.

이 경우에 응모자들은 자신의 판단보다는 다른 사람들이 미인으로 뽑을 것으로 짐작되는 후보에게 표를 던진다고 케인즈는 지적하였다. 즉 자신이 가장 미인이라고 생각하는 후보를 고르지 않고, 다른 사람들이 미인이라고 판단할 것 같은 후보에게 표를 던진다는 것이다.

케인즈의 미인 투표 이론은 주식시장의 투자자 행태를 설명한 사례다. 주식시장의 투자자들은 정말 좋은 기업이라서 주식을 사기보다는 '다른 사람들이 모두 주식을 살 것으로 예상' 하기 때문에(그러므로 주가가 오를 것이기 때문에) 주식을 사는 행위를 설명한 것이다.

이 게임을 실제로 해보면 어떻게 될까? 카머러는 고교생, 대학생, 대학원생, 대학의 이사, 포트폴리오 매니저, 경영자 등을 상대로 이 실험을 실시했다. 세일러나 그 외의 연구자들은 신문〔영국의〈파이넨셜 타임스〉(Financial Times)〕이나 잡지〔스페인의〈엑스판시온〉(Expansion)이라는 경제지〕독자들을 대상으로 우편을 통해 회답을 받았다.

회답의 평균치는 회답자 군별로 25~40 사이였다. 가장 평균치가 작은(15~20) 그룹은 입학시험이 꽤 어렵다는 캘리포니아 공과대학의 학생들과 신문 지면을 이용해 답변을 받은 신문 독자들이었다. 전자는 이공계 대학생들로 분석력이 높은 집단이며, 후자는 신문 독자를 대표하는 그룹이 아니라 이런 문제에 특별히 관심이 많고 지식이 있는 사람들로 추정된다. 한편 대기업 경영자나 이사 등이 포함된 경영자 그룹은 지역경제에 영향력도 높고 '가장 합리적'이라고 생각되는 사람들이었지만, 성적은 가장 나빴다.

필자도 '미시경제학'을 수강하는 전문대(2년제나 3년제 대학) 1년생 201명을 대상으로 이와 비슷한 실험을 실시해봤다. 그 결과 평균치는 24였으며, 24의 2/3에 가장 가까운 수인 16이라고 대답한 4명이 승자가 됐다(상금이 아니라 성적 평가 때에 보너스 점수 5점을 주었다). 16 전후의 수라고 답변한 몇 명을 나중에 인터뷰했더니 3단계 정도 추론을 했다고 대답했다. 1이라는 답변도 3명이나 있었지만 유감스럽게도 답변의 근거는 명확하지 않았다.

최종 제안 게임

문제 5는 10,000원을 자신과 다른 사람이 나누어 가지는 분배 문제다. 이때 상대방은 거부권이 있으며, 여러분의 제안대로 분배되거나, 또는 거부권을 행사할 경우 두 사람 모두 한 푼도 받지 못하게 된다. 상대방에게 얼마를 제안할지 하는 문제이므로 '최종 제안 게임'이라 부른다.

이 문제는 확실한 정답은 없다. 하지만 여러분이나 상대방 모두 경제적 인간이라고 가정한다면, 여러분이 9,990원을 갖고 상대방에게는 10

원만 건네준다면 정답이 된다.

상대방도 경제적 인간이기 때문에 0원보다는 10원이라도 받는 게 나을 것이다. 따라서 당신의 제안이 10원 이상이면 거부하지 않을 것이다. 여러분은 이 사실을 정확히 예측하고 있기 때문에 자신의 몫이 가능한 한 많아지도록 하기 위해 상대방의 몫으로 10원을 제시하고 9,990원을 수중에 넣을 것이다.

이 게임은 단순한 데다 참가자가 문제를 오해할 염려도 없기 때문에 수많은 실험이 실시될 뿐만 아니라, 많은 논문이 발표되고 있다. 초기에는 학생을 대상으로 한 실험이 많았지만 대상자가 점차 다양해졌다. 회사원과 회사 대표로 대상자를 한정한 실험을 비롯해 남녀 차이를 살펴보거나 어린이를 대상으로 한 실험이 이루어지기도 했다. 또 제시 금액이 몇 개월치 월급 정도로 큰 액수라면, 나라별로 비교하면, 선진 자본주의 국가뿐만 아니라 수렵 채집 민족이라면, 개인이 아닌 그룹이라면 각기 어떤 답변이 나올지 등 연구자가 생각할 수 있는 모든 상황에 대해 다양한 실험이 실시되었다.

그 결과, 거의 모든 실험에서 경제적 인간처럼 행동(10원을 제안)하는 사람을 찾기는 쉽지 않았고, 사람들 대부분은 상대방에게 금액의 30~50%를 제안하는 것으로 나타났다.

필자가 학생 40명을 대상으로 한 실험에서도 평균 제안액은 4,820원이었다. 이때 5,000원을 제안한 학생이 가장 많았고, 5,000원 미만을 제안한 사람은 1/4밖에 없었다. 최저액은 2,500원이었다.

일반인들은 주류 경제학 이론이 예상할 법한 이기적인 행동을 하지 않는다. 그렇다고 해서 '사람은 이기적이지 않다'고 단순한 결론을 내릴 수도 없다. 최종 제안 게임에 대해서는 제8장에서 자세히 검토한다.

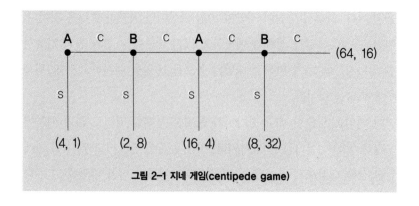

그림 2-1 지네 게임(centipede game)

그림 2-1과 같은 게임을 생각해보자.

게임이론이 예상할 수 있는 합리적 행동을 사람들이 실제로 하는지 안 하는지를 묻는 문제다. 이 게임은 플레이어 두 명이 C(continue)와 S(stop)를 선택한 결과에 따라 두 명의 배분액이 결정되는 게임이다. A가 C(continue)를 선택하면 B가 게임을 계속할 수 있고, S(stop)를 선택하면 A는 4, B는 1을 이익으로 얻고 거기서 게임이 끝난다.

그림 2-1에서, 괄호 (4, 1)의 왼쪽 숫자는 플레이어 A의 이익이 4, 오른쪽 숫자는 플레이어 B의 이익이 1이라는 것을 나타낸다. 처음에 A가 C(continue)를 선택하면 다음은 B가 C(continue)나 S(stop) 중 하나를 선택하게 된다. B가 C(continue)를 선택하면 다음은 A의 차례, S(stop)를 선택하면 A와 B가 각각 2와 8을 이익으로 얻고 게임은 종료된다. 이러한 방식으로 4단계까지 나타낸 것이 그림 2-1이다. 게임을 거듭해서 오른쪽으로 진행될수록 발이 많은 지네처럼 보이기 때문에 '지네 게임'이라 불린다.

플레이어 A, B 두 명 모두 경제적 인간, 즉 합리적인 사익을 추구한다면 이 게임은 어디서 끝날 것으로 예상될까? 바꿔 말하면, 누가 어느 단계에서 '종료'를 선택할 것인가?

맨 처음은 A의 차례이기 때문에 A의 입장에서 생각해보자. 만일 마지막 제4단계까지 간다면 B는 마지막 단계에서 S(stop)를 선택할 것이라고 합리적으로 추측할 수 있다. 앞에서 전제한 것처럼 B는 경제적 인간이기 때문에 C(continue)를 선택하면 자신의 이익은 16이 되지만, S(stop)를 선택하면 32를 얻을 수 있기 때문이다.

A는 이를 예측하고 있기 때문에 그 전 단계인 제3단계에서 S(stop)를 선택하게 된다. 거기서 멈추면 자신의 이익은 16이 되지만 게임을 계속하면 좀 전의 추론에 따라 이익이 8로 감소하기 때문이다. B도 경제적 인간이므로 이 사실을 알고 있다. 자신의 차례인 제2단계에서 멈추면 8을 이익으로 얻을 수 있지만, 제3단계까지 가서 A가 게임을 그만두면 4밖에 얻을 수 없으므로 제2단계에서 종료를 선택한다.

물론 A도 이를 간파하고 있고 C(continue)를 선택하여 제2단계로 가면 이익은 2로 감소해버리기 때문에 맨 처음 단계에서 종료하게 된다. 그러면 4를 얻을 수 있다. 이렇게 해서 A는 4, B는 1을 이익으로 얻고 이 게임은 종료된다고 예측할 수 있다.

이러한 추론 방법을 '역행 추론'이라 한다. 출발부터가 아니라 그 반대인 가장 마지막 분기점에서 출발 방향으로 추론해가기 때문이다. 이 것은 논리적으로는 납득이 가지만, 직감적으로는 잘 와닿지 않는 방법이다. 최종점까지 가면 두 명 모두 이익을 16배 얻을 수 있는데 왜 그것을 포기하고 (4, 1)에서 만족하는 것일까? (4, 1)이라는 이익만으로 게임을 끝내고도 합리적이라 할 수 있을까? 경제적 인간으로서 부끄럽지 않느냐고 묻고 싶지는 않은가?

이 게임을 실제로 실행한 매캘베이와 펠프리의 실험에서는 제1단계에서부터 제4단계까지 비율은 각각 7%, 36%, 37%, 15%였다. 마지막 단계에서 계속을 선택한 사람은 불과 5%였다. 합리성 신봉자의 예상이 보기 좋게 빗나간 것 같다.

이 게임은 유명한 '죄수의 딜레마'와 유사하다. 죄수의 딜레마에서는 플레이어 두 명이 '동시에' 게임을 진행하지만, 지네 게임에서는 게임이 '상호 진행'으로 실행되는 차이가 있을 뿐이다. 이와 같은 게임을 상호 진행 게임이라 한다. 이미 잘 알고 있는 독자도 많겠지만 확인을 위해서 죄수의 딜레마에 대해 간단히 설명한다.

죄수의 딜레마

이 게임이 죄수의 딜레마로 불리는 이유는, 별로 현실적이지 않지만, 다음과 같은 스토리 때문이다. 어떤 사건의 용의자로 A, B 두 명이 체포되어 검사의 취조를 받고 있다. 검사는 A, B를 각각 다른 방에서 취조하면서 이렇게 말했다.

'자백해라. 당신이 자백하고 공범이 묵비권을 행사하면 당신은 조사에 협조했으므로 무죄로 방면되고, 공범은 징역 8년을 선고받는다. 공범이 자백하고 당신이 묵비권을 행사하면 그 반대다. 두 명 모두 묵비권을 행사하면 두 명 모두 1년씩을 선고받는다. 단 두 명 모두 자백한다면 정상을 참작하여 징역 5년씩을 받게 될 것이다.'

이 내용을 그림으로 나타낸 것이 표 2-1이다. 숫자는 징역 연수(年數)를 나타내는데, 불효용을 초래하므로 마이너스로 표시했다. 좀 전의 예와 마찬가지로 괄호 안의 앞 숫자는 A의, 뒤의 숫자는 B의 효용을 나타낸다.

A \ B	묵비권	자백
묵비권	(−1, −1)	(−8, 0)
자백	(0, −8)	(−5, −5)

표 2-1 죄수의 딜레마

용의자 A, B는 어떻게 하면 좋을까? 우선 A의 입장에서 생각해보자. B가 묵비권을 행사하면 자신도 묵비권을 행사해 징역 1년을 선고받지만, 자백하면 무죄로 풀려나기 때문에 자백하는 게 좋다. 그렇다면 B가 자백할 경우에는 어떻게 되나? 자신이 묵비권을 행사하면 징역 8년이지만, 자백하면 최대 5년으로 끝난다. 따라서 자백하는 게 낫다. 즉 B의 태도에 상관없이 자백을 선택하게 된다.

이 논리는 B에게도 마찬가지이므로 B도 자백을 선택하게 된다. 두 명 모두 자백해버리고, 사이좋게 5년씩 징역을 살게 된다. 만일 두 명 모두 묵비권을 행사한다면 1년 형으로 해결될 텐데……

이것은 지네 게임과 같은 구조다. 합리적 추론이기는 하나, 최악은 아니라 해도 나쁜 결과를 빚고 말았다.

두 가지 전략인 '묵비권'과 '자백'을 '협력'과 '배신'으로 바꾸면, 이익 구조가 동일하므로 사회에서 보이는 협력 관계를 나타내고 있다고 생각할 수 있다. 예를 들어 두 명이 협력해서 일하면 높은 성과를 올릴 수 있지만, 두 명 모두 다른 사람의 일에 무임승차해서 게으름을 피우면 더 많은 이익을 얻을 수 있기 때문이다. 경제적 인간이라면 당연히 배신을 선택할 것이다.

　그러나 심리학자나 경제학자가 실험한 결과를 보면 사람들의 30~
70%가 협력 행동을 선택한다고 한다. 죄수의 딜레마는 경제학뿐 아니
라 심리학, 사회학, 정치학에서부터 생물학에 이르기까지 많은 연구자
들에게서 큰 관심을 끌고 있다.

사람은 합리적인가?

이상의 내용을 종합해보면, 사람은 아무리 봐도 비합리적이라는 결론을
내리고 싶어질 것이다. 사람들 대부분은 주류 경제학을 전제로 한 경제
적 인간이라면 아무도 대답하지 않는 답변을 하기 때문이다.

　그러나 여기서 강조해야 할 사항이 있다. 제2장에서 예로 든 문제를
틀렸다거나 경제적 인간과 전혀 다른 결정을 내리는 일이 많다고 해서
'인간은 합리적이지 않다'고 인간의 비합리성에 대해 쉽게 결론을 내리
는 것(실제 그러한 책들도 눈에 띈다)은 분명히 잘못된 것이다.

　사람은 완전히 합리적이진 않지만 어느 정도는 합리적이라는 의미로
'제한된 합리성'이라는 말을 사용하는 게 가장 적절하다. 제한된 합리
성의 내용에 대해서는 다음에 자세히 살펴보자.

인간의 대단한 능력

지금까지 뒤떨어진 인간의 판단력이나 실수 등에 대해서만 다루었다.
이것만 보면 인간이 멍청한 동물이라고 드러내놓고 표현하지 않았을
뿐, 인간이 얼마나 비합리적인가를 서술한 것처럼 느껴질 것이다.

인간의 나쁜 면만을 늘어놓으면 인간에게 결례가 되는 일이므로 반대로 인간의 뛰어난 능력에 대해서도 다뤄보자.

그림 2-2가 무엇으로 보이는가?

누구나 짐작하듯이 이 그림은 침울하고, 고뇌하는 얼굴이다. 눈, 코, 입 어느 것 하나 그려져 있지 않지만 사람 얼굴이라는 것을 알 수 있다. 뿐만 아니라 이 그림이 기뻐하거나 웃고 있는 표정이 아닌 침울한 표정을 한 얼굴이라는 것을 바로 알 수 있다. 정말 대단한 능력이다.

가족이나 친지의 얼굴을 떠올리기 바란다. 그림으로 그리거나 말로 설명하기는 어렵겠지만, 곧바로 그 사람의 얼굴을 떠올릴 수는 있을 것이다. 목소리만 들어도, 아니 발소리만 들어도 누군지 알 수 있는 사람도 있다. 30년 만에 만난 친구의 얼굴을 곧바로 알아볼 수도 있다. 그 이유를 정확히 설명할 수는 없지만 얼굴을 보거나 목소리만으로 그 사람이 지금 어떤 기분인지 어느 정도는 추측할 수 있다. 어린이는 철(凸)자처럼 생긴 나무 장난감을 자동차로 생각하고 놀기도 한다.

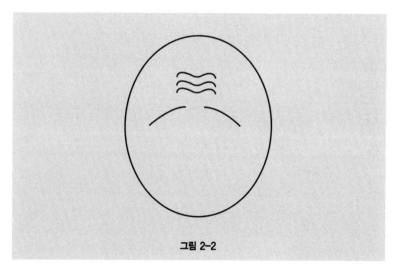

그림 2-2

이처럼 명시되지 않은 정보를 읽어낼 수 있는 것은 인간의 뛰어난 능력 때문이다. 이런 능력 덕분에 어린이는 '흉내 놀이'나 '상상 놀이'가 가능하다. 모국어 습득 능력도 대단한 기교다. 이 능력은 사람이 태어나면서부터 지니고 있다.

인간의 이런 뛰어난 점을 간과하고 단순히 '인간이 비합리적'이라고 판단해버리고, 왜 그렇게 비합리적인가, 그것밖에 안 되는가라고 말하는 것은 완전히 잘못된 결론이다. 이 점에 대해서도 차차 살펴보기로 하자.

제 3 장

휴리스틱과 바이어스

|

'직감'의 기능

'세계가 확률의 법칙에 따르는 것은 분명하다.
하지만 우리들의 마음은
확률의 법칙을 기초로 작동하도록 만들어져 있지 않다.'

—

스티븐 제이 굴드(Stephen Jay Gould) 《힘내라 천둥용》

.

'더 위대한 사람이란 자기 자신의 판단을 최대한 믿을 수 있는 사람이다.
—더 바보 같은 사람도 마찬가지지만.'

—

폴 발레리(Paul Valéry) 《발레리 선집(選集)》

휴리스틱이란 무엇인가

휴리스틱(heuristic)은, 문제를 해결하거나 불확실한 사항에 대해 판단을 내릴 필요가 있지만 명확한 실마리가 없을 경우에 사용하는 편의적 · 발견적인 방법이다. 우리말로는 쉬운 방법, 간편법, 발견법, 어림셈, 또는 지름길 등으로 표현할 수 있다.

1905년 알베르트 아인슈타인은 노벨 물리학상 수상 논문에서 휴리스틱을 '불완전하지만 도움이 되는 방법'이라는 의미로 사용했다. 저명한 수학자인 폴리아(G. Polya)는 휴리스틱을 '발견에 도움이 된다'는 의미로 사용했고, 수학적인 문제 해결에도 휴리스틱 방법이 매우 유효하다고 했다.

휴리스틱에 대비되는 것이 알고리즘(algorithm)이다. 알고리즘은 일정한 순서대로 풀어나가면 정확한 해답을 얻을 수 있는 방법이다. 삼각형의 면적을 구하는 공식이 알고리즘의 좋은 예다. '(밑변×높이)÷2'라는 공식에 대입하면 삼각형의 면적은 반드시 구할 수 있다. '급할수록 돌아가라'(급히 먹는 밥에 목이 멘다)라는 속담이 휴리스틱이며, 일상생활에서 도움이 되는 진리를 담고 있다.

휴리스틱을 이용하는 방법은 거의 모든 경우에 어느 정도 만족스럽고, 경우에 따라서는 완전한 답을 재빨리, 그것도 큰 노력 없이 얻을 수 있다는 점에서 사이먼의 '만족화' 원리와 일치하는 사고방식이다. 그러나 휴리스틱은 완전한 해답이 아니므로 때로는 터무니없는 실수를 자아내는 원인이 되기도 한다.

불확실한 의사 결정을 이론화하기 위해서는 확률이 필요하기 때문에 사람들이 확률을 어떻게 다루는지가 중요하다.

확률은, 이를테면 어떤 사람이 선거에 당선될지, 경기가 좋아질지, 시합에서 어느 편이 우승할지 따위를 '전망'할 때 이용된다. 대개 그러한 확률은 어떤 근거를 기초로 객관적인 판단을 내리기도 하지만, 대부분은 직감적으로 판단을 내리게 된다. 직감적인 판단에서 나오는 주관적인 확률은 과연 정확한 것일까?

카너먼과 트버스키는 일련의 연구를 통해 인간이 확률이나 빈도를 판단할 때 몇 가지 휴리스틱을 이용하지만, 그에 따라 얻어지는 판단은 객관적이며 올바른 평가와 상당한 차이가 있다는 의미로 종종 '바이어스'가 동반되는 것을 확인했다.

이용 가능성 휴리스틱(Availability Heuristic)

휴리스틱의 가장 큰 특징은 '이용 가능성'(availability heuristic)이다. 이용 가능성이란 어떤 사상(事象, event)이 출현하는 빈도나 확률을 판단할 때, 그 사상(事象)이 발생했다고 쉽게 알 수 있는 사례(최근의 사례, 현저한 예 등)를 생각해내고 그것을 기초로 판단하는 것을 뜻한다.

이때 중요한 역할을 담당하는 것이 기억, 특히 장기 기억이다. 저장된 기억으로부터 바로 사용할 수 있는 사례가 떠오르고, 그 사례에 따라 판단하는 것이 이용 가능성 휴리스틱이다.

기억한 내용이 다양한 원인의 영향을 받아 변하거나, 일부밖에 기억하지 못하는 일을 일상에서 자주 경험한다. 이때 머리에 쉽게 떠오르는 기억이 반드시 그 대상의 빈도나 확률을 올바르게 나타내지 못할 경우 바이어스가 생기게 된다.

트버스키와 카너먼은 실험 대상자에게 다음과 같은 질문을 했다.

①소설의 4쪽 분량(약 2,000어)에서 7문자로 된 단어 중 어미가 ing로
  끝나는 것은 몇 개인가?
②소설 4쪽 분량(약 2,000어)에서 7문자로 된 단어 중 여섯째 자리 문자
  가 n인 것은 몇 개인가?

①번에서는 평균 13.4개, ②번에서는 4.7개라는 반응이 나타났다.

답변자가, 'ing'로 끝나는 단어가 여섯째 문자가 n인 단어보다 많다
고 추측한 것은, 전자 쪽의 단어(예를 들면 running, evening)를 생각해내
기 쉽기 때문이다(즉 기억 인출이 용이하다). 그러나 ①번에 적합한 단어
는 당연히 ②번 조건을 채우고 있고, 반대로 ②번을 만족하고 있지만 ①
번을 만족하지 않는 예(day long, payment)가 많기 때문에 반드시 ②번
단어 수가 많다. 그러나 답변자의 대답은 그 반대였다.

이 실험 결과는 확률이 만족해야 할 성질 중에서 결합법칙(複合法則,
compound event)에 반하는 것이다. 즉 A, B를 2개의 사상(事象)으로 하
면 A인 동시에 B가 생길 확률은 A가 생길 확률과 B가 생길 확률의 어
느 쪽보다도 클 수 없다. 예를 들어 집을 나올 때 맨 처음 만난 사람이
안경 낀 여성일 확률은, 맨 처음에 만난 사람이 각각 여성일 확률과 안
경 낀 사람일 확률보다 높을 수는 없기 때문이다. 이 때문에 이런 바이
어스는 종종 결합 오류(conjunction fallacy)로 불리며, 확률에 관한 바이
어스 중에서 가장 많이 발생한다고 한다.

세일러 역시 이용 가능성에서 발생하는 바이어스의 사례에 대해 보고
하고 있다. 미국에 사는 사람들에게 자살과 타살, 어느 쪽이 많을 것 같
으냐고 물으면 대부분은 타살이라고 대답한다고 한다. 이 바이어스도

이용 가능성이 원인이다.

타살 사건 기사는 매스컴을 통해 매일 보고 듣기 때문에 곧바로 머리에 떠오르지만, 자살은 짐작하기가 쉽지 않고 매스컴에 보도되는 기사도 타살에 비해 훨씬 적다. 세일러가 조사한 바로는 1983년 미국에서 발생한 자살 건수는 연간 27,300명, 타살 건수는 20,400명이라고 한다. 최근 일본에서는 자살 증가가 사회문제로 떠올라 매스컴 보도가 많아졌기 때문에 이 같은 착오는 발생하지 않을 것이다.

미디어나 새로운 친구, 가족, 권력자 등에게서 초래된 정보와, 자신의 감정에 호소하는 일 등은 깊은 인상을 주어 기억에 남기 쉽고, 정보의 신뢰성으로 사건이 발생할 확률이 높다고 판단한다.

최근 큰 지진이 빈발하고 있는데 대지진 직후에는 화재예방 도구를 구입하는 사람이나, 지진 보험 가입자가 증가하는 것으로 잘 알려져 있다. 일본에서는 광우병에 감염된 소가 발견된 직후에 소고기 기피 소동이 발생했다. 이는 이용 가능성 휴리스틱이 확률의 추측을 증가시켜 행동을 변화시킨 예다.

이미지화 용이성

이용 가능성을 발생시키는 요인 중 하나로서 어떤 사태나 사건이 실제로 쉽게 이미지화되어 떠오를 때가 있다.

셔먼은 이와 관련해 흥미로운 실험을 했다. 여대생 120명에게 가상으로 학교 내에서 어떤 병이 만연할 조짐이 있으니 이 병의 증상에 대해 적어놓은 종이를 읽고 자신이 이 병에 걸릴 가능성 정도를 판단하도록 하였다.

실험 대상 학생들은 4개 그룹으로 편성되었다. 1그룹에 속한 학생들에게는 이 병에 걸리면 활력 저하, 근육통, 점차 심한 두통이 일어나는 등의 증상에 대해 구체적이고, 이전에 경험했을 법한 내용이 적힌 종이가 건네졌다. 2그룹에 속한 학생들에게는 훨씬 더 추상적인 내용이 적힌 종이를 읽게 했다. 메시지 내용은 약간의 방향감각 상실, 신경계 기능 불완전, 간장의 염증 등이었다. 그리고 실험 참가자는 증상을 읽고 난 후 자신이 3주 후에 이 병에 걸릴 수 있는 정도를 10단계로 평가하게 했다.

3그룹과 4그룹에 속한 학생들에게는, 증상은 1 · 2그룹과 각각 같지만, 만약 이 병에 걸린다면 3주 뒤에 자신에게 어떤 증상이 나타날지 구체적으로 머릿속에 그리고 난 후 이 병에 걸릴 정도를 판정하도록 요구했다.

그 결과, 이 병에 걸릴 가능성이 가장 높을 것이라고 판단한 그룹은 3그룹에 속한 학생들이었고, 다음은 2그룹, 1그룹이었다. 4그룹이 병에 걸릴 수 있는 정도를 가장 낮게 판정했다. 증상에 대한 기술 내용이 구체적이어서 스스로 병에 걸릴 수 있다는 이미지를 떠올린 그룹이 가장 병에 걸리기 쉽다고 생각한 것이다. 반면에 증상이 애매해서 자신이 병에 걸릴 수 있다는 이미지를 떠올리기 어려운 그룹은 가장 병에 걸리지 않는다고 판단한 것이다.

흡연이나 음주 등의 습관을 끊기 어려운 것은 행위 시점과 그에 따른 결과가 나타나는 시점이 시간적으로 큰 격차를 보이기 때문이다. 즉 행위를 하는 시점에서는 오랜 시간이 지난 후 어떤 결과를 가져올지 상상하기 어렵다는 것이 그 원인 가운데 하나인 셈이다. 따라서 정책적으로 금연 캠페인을 추진한다면, 흡연이 암에 걸릴 확률을 높인다고 주장하기보다는 암에 걸려서 비참해진 사례를 어필하는 캠페인이 더 효과적일 것이다. 운전면허증을 재발급 받을 때 교통사고 현장에 대한 모의 비디오를 보여주는 경우가 많은데 이 방법은 사고 확률을 수치로 나타내는 것보다 유효하다.

또한 이용 가능성 휴리스틱은 사람들이 사회적인 정보를 전달하는 방식이나, 학습하는 방식에 영향을 줄 가능성이 있다. 입수하기 쉬운 정보는 사람들에게 전달되기 쉽고, 이에 따라 어떤 생각이나 판단이 사회에 넓게 확산될 수 있다. 특히 인터넷의 보급에 따라 그 속도가 빨라지고 있다.

사후 판단 바이어스(Hindsight Bias)

이용 가능성 휴리스틱이 일으키는 바이어스 가운데 하나가 '사후 판단 바이어스'(hindsight bias)다[뒤에서 설명하는 기준점(anchoring) 효과로 생각할 수도 있다]. 우리는 일이 벌어진 뒤에 '그렇게 될 줄 알았어', '그렇게 될 거라고 처음부터 알고 있었어'와 같은 말을 자주 한다. 이렇게 결과를 알고 나서 마치 사전에 그것을 예견하고 있었던 것처럼 생각하는 바이어스를 사후 판단 편향이라고 한다.

폴의 실험에서는 실험 참가자 46명에게 애거사 크리스티(Agatha Christie)가 책을 몇 권이나 썼는지 추정해보게 했다. 그들이 추정한 평균치는 51권이었다. 나중에 실험 참가자에게 정답(67권)을 알려주고 자신이 원래 예상한 권수를 말해보라고 했더니 평균치는 63권으로 상승했다. 즉 결과를 안 뒤에는 자신이 정답에 더 가까운 예측을 했다고 생각하는 사람이 많았다. 사후 판단 편향은 이용 가능성 휴리스틱에 의해 발생한다. 어떤 사건이 발생한 후에는 그 일이 사실처럼 인상에 남게 되고, 거기서 사전에 예측한 가치를 과대평가하는 것이다.

어떤 주식 종목이 하락한 후에 '이렇게 될 줄 알았는데 다른 주식에 투자했으면 좋았을 텐데', '주식에 문외한인 나조차도 그럴 거라 예상했는데 주식을 추천한 증권회사 전문가는 당연히 알고 있었겠지' 라는 식으로 생각하게 되면 소송으로까지 발전할지도 모른다. 또는 좋아 보이는 물건을 싸게 살 수 있어서 기분이 좋았는데 실제로는 조잡한 상품이었을 때, '싼 게 비지떡이지' 라고 생각하는 것도 사후 판단 편향의 한 예다.

대표성 휴리스틱(Representative Heuristic)

사람들이 자주 사용하는 또 다른 휴리스틱으로는 '대표성 휴리스틱' (representative heuristic)을 들 수 있다. 이것은 어떤 집합에 속하는 사상 (事象)이 그 집합의 특성을 그대로 나타낸다는 뜻에서 '대표한다' 고 간주해 빈도와 확률을 판단하는 방법이다. 이것은 어떤 사상(事象)이 그것이 속한 집합과 '유사하다' 고 생각하는 것으로 바꿔 말할 수 있다. 그 집합이 지닌 특성과 실제 사상(事象)이 지닌 특성의 관련성이 많지 않을 때에는 다양한 바이어스가 발생하게 된다.

트버스키와 카너먼이 실험한 예를 살펴보자.

4면이 초록색, 2면이 붉은색인 주사위가 있다. 이 주사위를 몇 번 던질 경우, 다음 예 3개 가운데 어느 것이 가장 발생하기 쉬운가? G는 초록색 면, R은 붉은색 면을 나타낸다.

① RGRRR

② GRGRRR

③ GRRRRR

많은 사람들이 ②번을 선택했다. 그 다음은 ①번이며, ③번을 선택한 사람은 극소수에 불과했다. 달리 말하면, ②번이 가장 일어나기 쉬운, 즉 주사위 면의 출현 빈도로서 '대표적'이라고 판단했기 때문이다. 그런데 ②번은 ①번 앞에 G를 첨가한 것이기 때문에 ①번이 ②번보다 출현 빈도가 높다고 보아야 한다. 이 예에서도 결합 오류(71쪽 참조)가 발생하고 있다.

어느 마을에 크고 작은 병원이 2개 있다. 큰 병원에서는 하루에 평균 45명, 작은 병원에서는 15명이 태어난다. 당연히 50%가 남자 아기다. 그러나 정확한 비율은 매일 다르며, 남아가 50%보다 많은 날도 있고 적은 날도 있다. 남아가 60% 이상 태어난 일수는 1년 동안 큰 병원과 작은 병원 중 어느 쪽이 많을까?

카너먼의 실험에서는 큰 병원이라는 답이 21%, 작은 병원이 21%, 거의 같다고 대답한 사람이 53%였다. 확률 이론을 기초로 정답을 계산하면 큰 병원에서는 약 27일, 작은 병원에서는 약 55일이 된다. 표본이 크다면 모집단의 평균치(50%)에 가까운 수치를 얻을 수 있는 것이 일반적이다.

이처럼 표본이 큰 쪽이 모집단의 성격을 더 잘 나타내고 있다는 법칙이 '대수의 법칙'(the law of large numbers)이며, 확률 이론의 기본 정리 중 하나다. 예를 들면 정육면체인 주사위를 던질 때 나오는 면은 던지는 횟수가 적을 때에는 특정 면으로 치우치지만, 많이 던지면 던질수록 어느 한 면이 나오는 비율은 모두 1/6에 가까워진다.

이 사례의 잘못은, 남자 아기의 출생률이 50%인 것이 '대표성'(representativeness)을 지닌 수치이므로 그것을 병원의 크기(표본의 크기)와 무관한 것으로 적용했기 때문에 발생했다. 즉 크기가 작은 표본일지라도 모집단의 성격을 대표한다고 여기는 바이어스로서, 이것을 '소수의 법칙'(the law of small numbers)이라 부른다.

도박사의 오류(Gambler's Fallacy)

트버스키와 카너먼이 '휴리스틱과 바이어스' 연구 프로그램을 실시한 계기는 수리심리학자나 통계학자와 같은 전문가들조차 때로는 소수의 법칙이 불러온 착각에 빠져버린다는 사실을 알고부터였다고 한다.

교사들은 대체로 한 반에 성적이 좋은 학생에서 나쁜 학생까지 일정하게 분포돼 있다고 생각하는 경향이 있다. 매주 주가를 예측하는 애널리스트가 3주 연속 예측을 적중시키면 뛰어난 애널리스트라고 판단하거나, 반대로 3주 연속 예측이 빗나가면 무능하다고 판단하기 십상이다. 하지만 그 사실만으로 애널리스트의 우열을 판단하는 것은 경솔한 생각이다. 이것은 소수의 법칙에 따라 바이어스가 생긴 예다.

마찬가지로 동전을 20번 던지는 동안 5번 연속 앞면이 나오면, 다음은 뒷면이 나올 확률이 높다고 판단해버리는 것도 똑같은 오류다. 이 사례를 '도박사의 오류'(gambler's fallacy)라고 한다. 시즌 2할 5푼을 친 타자가 어떤 시합에서 3타수 무안타를 기록했다고 해서 해설자가 '확률로 보더라도 다음 타석에서는 안타가 나올 것'이라고 말하는 것도 도박사의 오류를 보여주는 한 예다.

평균으로의 회귀(Regression to the Mean)

프로야구에서 선발 타자로 막 승격한 신인 선수가 3안타를 치고, 명타자 이치로가 같은 날 무안타를 기록하는 일도 있을 수 있다. 이것만으로 이 신인 선수가 우수하고 이치로는 무능하다고 판단한다면 이내 잘못된 판단이라는 것을 알 수 있다. 장기적으로 보면 신인 선수는 타율 2할 3푼을, 이치로는 3할 이상을 기록할 수 있다. 어느 특정 일에 이 신인 선수가 이치로보다 높은 성적을 기록했다고 하더라도, 다른 날 벌인 경기에서는 이날처럼 실력이 뛰어나지 않다는 사실을 점차 알 수 있게 될 것이다.

비록 단기적으로는 타율이 오르락내리락 해도 대수의 법칙에 따라 장기적으로는 평균치(타율)로 수렴한다. 이런 현상을 '평균으로의 회귀'(regression to the mean, regression effect)라고 한다.

평균으로의 회귀를 무시하는 것도 소수의 법칙에 따른 착오다. 단 한 경기라는 작은 샘플로 실력을 평가해버리는 착오다. 2005년 시즌에서 99패로 최하위를 기록했던 라쿠텐(樂天) 골든이글스조차 주니치 드래곤스에 3연승을 한 적이 있다. 단기 데이터만으로 실력을 추측하는 일은 잘못된 생각이다.

프로야구계에는 '2년차 징크스'란 게 있다. 데뷔 첫해에 활약이 두드러졌던 선수는 2년차에 성적이 떨어진다는 징크스다. 그 원인으로, 1년차 시절에는 열심히 노력해 성적이 좋았으나 2년차에는 자만심 때문에 게으름을 피운 탓이라든지, 2년차에는 상대 투수가 경계해 까다로운 공을 많이 던져서 전년도에 비해 타율을 높이기 어려워졌다든지 따위를 들 수 있다. 이런 요인을 완전히 부정하는 것은 아니지만, 평균으로의 회귀로 생각하는 것이 타당하다.

1년차에 성적이 좋은 선수는 2년차에 떨어지고, 그 반대인 경우에는 2년차에서 성적이 향상되는 것이 일반적이다. 2년차에서 전년도만큼 좋은 성적을 유지하거나, 더 끌어올리는 선수는 그만큼 실력을 갖추고 있다는 뜻이다. 단, 이 경우에는 2년차 징크스와는 무관하다고 할 수 있다.

교사들은 학생의 실력을 단 한 번 치른 시험 성적으로 판단하는 경향이 가끔 있다. 중간고사에서 성적이 우수한 학생이 기말고사에서 성적이 떨어지면 태만했기 때문이라고 추측하고, 반대로 중간고사 성적이 나빴더라도 기말고사에서 성적이 좋아지면 열심히 노력했기 때문이라고 결론을 내리고 싶겠지만, 사실은 이것도 평균으로의 회귀로 설명할 수 있다.

카너먼은 한때 군대에서 근무한 경험이 있는데 여기서 그는 비행 훈련과 관련된 실험을 했다. 전투기 조정 훈련에서 훌륭한 곡예비행을 한 훈련생을 칭찬하면 다음 비행에서는 별로 잘하지 못하고, 반대로 비행을 잘하지 못한 훈련생을 야단치면 다음에는 실력이 나아지는 경우가 많았다. 이 사실로 미루어 '칭찬하면 성적은 악화되고 꾸중하면 성적은 올라간다'는 법칙을 도출해낸 교관이 있었다.

하지만 교육학이나 심리학 연구에서는 이 법칙을 부정하고 있다. 그 교관이 도출한 법칙은 평균으로의 회귀를 착각한 좋은 사례라 할 수 있다. 바로 이런 점에서 '평균으로의 회귀'는 학교와 기업에서 성적이나 업무를 평가할 때, 또는 학생이나 종업원에게 동기를 부여할 때 어떻게 해야 하는지 시사하는 바가 매우 크다.

기저율을 무시한 믿음

대표성 휴리스틱에서 파생된 둘째 바이어스가 제1·2장에서 검토한 확률 판단에서 기저율(base rate)을 무시 또는 과소평가하는 현상이다. 심각한 병에 감염되었는지 여부를 조사할 때 양성반응이 나오더라도 그 병이 매우 희귀한 병이고 조사의 신뢰성이 100%가 아닌 한 감염되지 않을 가능성은 직감적인 예상보다 훨씬 높다. 병에 걸릴 확률은 그 병의 발생률에 의존하기 때문에 기저율은 무시할 수 없다.

그런데도 사람들은 감염 조사에서 양성반응이 나오면 바로 그 병에 걸렸음을 '대표하고' 있다고 생각해버린다. 설령 기저율을 고려했다손 치더라도 양성이라는 사실만을 근거로 기저율이 무시되기 일쑤다. 그 결과 자신이 그 병에 감염됐을 거라고 과민하게 믿어버린다. 마찬가지로 한밤중에 길거리에서 눈이 나쁜 사람 앞에 위아래로 검은색 양복을 입고 갑자기 나타나면, 눈이 나쁜 사람은 상대방이 도둑이나 범죄자가 아닐까 생각하게 된다. 검은색 계열의 옷이 도둑을 '대표'하는 듯한 옷차림이기 때문이다. 그러나 그 직감이 옳다고 할 수는 없다. 범죄자의 일반적인 존재 비율(기저율)을 고려하면 그 사람이 범죄자일 확률은 직감적 판단보다 낮게 평가해야만 한다.

경찰청 발표를 보면 교통사고로 죽은 보행자 가운데 약 50%는 피해자의 집 주변에서 사고를 당했다고 한다. 따라서 '가능한 한 멀리 외출하는 게 안전하다'고 한다면, 그 주장은 뭔가 이상하게 느껴지지 않겠는가? 해답은 독자의 생각에 맡긴다.

어느 잡지에서 읽은 기사 중에 이런 구절이 있었다. '일기를 쓰는 게 성공의 비결!', '회사 사장들을 인터뷰했는데 그들 중 70%가 매일 일기를 쓰고 있었다. 일기를 쓰고 그날 있었던 일을 돌아보고 반성하거나 결의를 새롭게 하는 것이 성공으로 가는 지름길이다.' 이 기사를 읽고 '나도 오늘부터 일기를 써야지!' 라고 생각한 사람이 있을지도 모른다.

다음은 필자가 생각해낸 것이다. 여러분은 어떻게 생각하는가?

'회사 사장들을 인터뷰했더니 그들 중 90%가 매일 이를 닦고 있었다. 이를 튼튼히 보존하면 운명이 걸린 결정적 승부에서 이길 수 있다. 또한 그들은 한창 일할 때 이를 악물고 열심히 노력했기 때문에 성공을 거머쥐었다. 이를 닦는 것이 성공의 기초!'

이런 경우도 있을 수 있다. 기업체 대표들은 장남이 가장 많다고 해보자. '난 차남이니까 사장이 될 가능성이 낮아'라고 결론을 내린 사람에게 뭐라고 위로하면 좋을까?

기준점과 조정(Anchoring and Adjustment)

트버스키와 카너먼이 셋째 휴리스틱으로 제시한 것이 '기준점과 조정' (anchoring and adjustment)이다.

불확실한 사상(事象)에 대해 예측할 때 처음에 어떤 가치(기준점, 닻)를 설정하고, 그 다음 단계로 조정을 통해 최종적인 예측치를 확정하는 것이 '기준점과 조정'이라는 휴리스틱이다. 그러나 조정 단계에서 최종적인 예측치가 맨 처음 설정한 가치에 휘말려 충분한 조정을 할 수 없게 됨으로써 바이어스가 발생할 수 있다.

이러한 바이어스를 기준점 효과라 부른다. 닻(anchor)을 내리면 닻과 배를 연결하는 밧줄 길이 한도에서만 움직일 수 있듯이, 움직이는 범위가 닻의 위치에 따라 한정되는 것을 비유한 용어다. 기준점이 되는 최초의 가치는 스스로 생각하고 선택하는 경우도 있고, 문제와는 무관하게 외부에서 부여되는 경우도 있다.

카너먼과 트버스키는 '$8 \times 7 \times 6 \times 5 \times 4 \times 3 \times 2 \times 1$'이 얼마인가라는 질문에 즉답하도록 하는 실험을 했다. 답변 평균치는 2,250이었다. 또 다른 실험 참가자에게는 거꾸로 '$1 \times 2 \times 3 \times 4 \times 5 \times 6 \times 7 \times 8$'이 얼마인지 질문했다. 놀랍게도 이번에는 512가 답변 평균치였다. 정답은 물론 양쪽 모두 40,320이다.

이것은 암산할 때 처음 몇 개 항목만 계산해서 기준점으로 정하고 나머지 부분을 적당히 어림짐작으로 최종적인 예측치를 내기 위한 '조정'을 하게 되는데, 이 과정에서 조정이 불충분하기 때문에 부정확한 결과가 나온 것이다. 이때 예측치는 전자처럼 큰 숫자부터 시작될 경우에는 더 크게, 후자처럼 작은 숫자부터 시작하는 순서일 때에는 더 작아지게 된다. 이 예에서 기준점은 맨 처음 숫자 몇 개를 곱한 형태로 저절로 정해진다.

또 카너먼과 트버스키는 UN 가맹국 중 아프리카 나라들이 차지하는 비율을 묻는 실험을 실시하기도 했다. 우선 이 질문을 하기 전에 실험 참가자들 앞에서 룰렛처럼 1부터 100까지 숫자가 적힌 원반을 돌려 해당된 숫자 하나를 지정했다. 실험 참가자에게는 정답이 룰렛에서 나온 숫자보다 큰지 작은지를 먼저 답변한 후에 나라 수를 말하도록 했다.

재미있는 것은 맨 처음 룰렛 숫자가 10일 때 답변 평균치는 25, 맨 처음 룰렛 숫자가 65일 때에는 답변 평균치가 45였다. 이 실험을 통해 완전히 무작위로 추출돼 문제와 전혀 무관한 숫자일지라도 답변에 큰 영향을 끼친다는 사실이 밝혀졌다.

필자 역시 이 현상을 확인하기 위해 학생들에게 우선 비슷한 문제를 보여준 다음에 각자의 학생 번호 끝자리 두 숫자를 쓰게 하고 나서 문제의 답변을 요구한 적이 있다. 학생 번호 뒤쪽의 두 자리 숫자는 분명히 이 문제와는 관련이 없었다. 학생 번호와 답변하는 숫자의 크기는 전혀 관련성이 보이지 않는다. 제시 순서를 바꿨을 뿐인데도, 학생 번호의 기준점 기능이 소멸된 것이다. 이와는 반대로 문제를 생각하기 전에 룰렛처럼 외부에서 무의미하고 무작위로 부여된 숫자를 보여주면, 그 후에 실험 참가자가 생각하는 최종적인 예측치는 최초의 기준점에 영향을 받는다.

기준점 효과는 판단이나 결정을 할 때 매우 광범위하게 나타나며, 기준점의 영향이 강하기 때문에 그것을 제거하기가 쉽지 않다는 지적이 있다.

물건을 구매할 때 상품 가치를 기초로 한 적정한 가격을 알 수는 없다. 대부분은 정가나 정찰가격 표시를 보고 타당한 가격을 판단한다. 상점에서 희망 소매가격 25,000원, 판매 가격 23,000원이라는 표시를 자주 볼 수 있다.

이때 희망 소매가격이 기준점이기 때문에 판매 가격은 싸게 느껴진다. 또한 물건을 팔고자 할 때는 타협할 수 있는 가격보다 높은 금액을 제시하고, 사고 싶을 때는 낮은 금액을 제시하는 것은 교섭 기술에서 초보적인 기술에 불과하다. 이런 기술은 기준점 효과를 모르더라도 자연스럽게 사용되고 있다.

재무관리 전문가 로버트 실러(Robert Shiller)는 기준점 효과가 주식시장에 초래하는 영향에 대해 서술한 바 있다. 주가는 경제나 기업의 근원적인 펀더멘털(Fundamentals)을 토대로 결정된다는 것이 일반적인 재무관리 이론의 주장이다. 그러나 투자자는 적정 주가 수준을 알지 못할 뿐만 아니라, 제한된 합리성 때문에 더더욱 알 수가 없다. 투자자들은 주식 매매에 관해 얼마간의 기준점을 단서로 삼아 판단한다고 한다. 일본 경제에서 대표적인 기준점은 투자자가 판단 기준으로 삼은 수치인데, 그것은 그들 기억 속에 남아 있는 가장 새로운 주가나 도쿄증권의 평균(TOPIX), 또는 닛케이(NIKKEI) 평균으로 잘 알려진 주가지수 등이다. 그 밖에 종목별 최근 주가, 주가수익률도 기준점이 될 수 있다.

전문가도 유혹당한다

일반인뿐만 아니라 전문가도 기준점에 좌우된다는 실험 결과를 노스크래프트(G. B. Northcraft)와 닐(M. A. Neale)이 밝혀냈다. 그들은 전문가와 비전문가로 구성된 실험 참가자에게 주택 판매 가격을 어림잡는 작업을 하도록 하였다.

　우선 실험 참가자들에게 판매 대상 주택을 점검하게 하고, 주택의 상세 정보와 근린 주택의 가격을 포함한 기타 정보가 기재된 10쪽짜리 팸플릿을 주었다. 또한 실험 참가자를 4개 그룹으로 나누어, 각 그룹마다에 각기 다른 희망 판매 가격을 제시했다. 가장 적은 희망 판매 가격은 119,900달러, 가장 높은 희망 판매 가격은 149,900달러였다. 실험 참가자에게 추천 판매 가격과 구입할 경우의 구입 가격에 대한 견적을 제출토록 했다.

그 결과 부동산 매매 전문가들인 실험 참가자 중 낮은 희망 판매 가격이 제시된 사람들의 가격 평균치는 114,204달러, 판매 가격은 117,745달러, 구입 가격은 111,454달러였다. 한편 높은 희망 판매 가격이 제시된 실험 참가자들의 가격 평균치는 128,754달러, 판매 가격은 130,981달러, 구입 가격은 127,318달러였다. 일반인들의 견적도 비슷한 경향을 보였다.

이 차이는 기준점 효과로밖에는 설명할 수 없다. 실험 후 실험 참가자에게 견적을 낼 때 어떤 정보를 중시했는지 3가지를 적도록 했더니, 제시된 희망 판매 가격이라는 대답은 전문가 중에서 겨우 8%, 비전문가 중에서는 단 9%에 불과했다.

그뿐인가. 가장 신중해야 할 재판정의 판사조차 기준점 효과의 영향을 받는다는 사실도 실험으로 확인했다. 잉그리치(B. Englich)가 실험한 결과를 보면, 경험이 풍부한 판사라도 판결이 구형(求刑 : 검사가 어떤 형벌을 피고인에게 내리라고 판사에게 요구하는 것)의 영향을 받아, 동일 사건임에도 구형량이 34개월일 때와 12개월일 때 판결에서는 8개월이나 차이가 났다고 한다. 게다가 구형은 법률 문외한인 컴퓨터를 전공하는 학생이 했다는 것이다. 기준점 효과란 이처럼 무시무시하다!

기준점 효과에서 확증 바이어스가 발생한다. 확증 바이어스란 일단 자신의 의사나 태도를 결정하면 그것을 뒷받침할 정보만을 모아 반대 정보를 무시하거나, 이 정보를 자신의 의견이나 태도를 보강하는 정보로 해석하는 바이어스를 말한다.

확증 바이어스에서는 자신을 과대평가하거나 과소평가하는 경향이 발생하는 사실도 알 수 있다. 카너먼과 트버스키가 주장한 것은 세 가지 휴리스틱과 그 결과로 발생하는 바이어스였다.

이외에도 사람들이 판단이나 결정을 내릴 때 휴리스틱을 사용하거나, 다양한 원인들로 많은 바이어스가 발생한다는 사실이 확실히 밝혀졌다. 좀더 자세히 알고 싶은 독자에게는 길로비치(Thomas Gilovich)의 《인간, 이렇게 쉽게 믿는 자》라는 책을 권한다.

최근 들어서 특히 중시되는 휴리스틱은 폴 슬로빅이 발견한 '감정 휴리스틱'(affect heuristic)이다. 감정은 때때로 이용 가능성이나 대표성 휴리스틱과 같은 역할을 한다. 즉 여러 가지 상황에서 일어나는 일에 대한 사람들의 감정적 반응은 그 일에 대해 신중하게 생각할 틈을 주지 않는다. 감정 휴리스틱에 대해서는 제9장에서 소개한다.

신속하고 간결한 휴리스틱

카너먼과 트버스키가 창시한 이래 휴리스틱과 바이어스 분야에서 많은 연구들이 축적되어왔다. 그렇지만 이런 연구들은 휴리스틱의 유용성보다는 휴리스틱이 일으키는 바이어스에 역점을 둔 것처럼 보인다. '휴리스틱과 바이어스'처럼 두 단어가 거의 언제나 함께 사용된다는 점에서 알 수 있듯이 휴리스틱에 따라 판단을 내리면 착오를 일으키는 것처럼 여겨진다.

이에 대해 휴리스틱에 토대를 둔 판단이나 결정의 장점을 강조하는 사람들이 있다. 이들은 독일 막스플랑크연구소의 게르트 기거렌저(Gerd Gigerenzer)를 중심으로 한 연구 그룹이다. 이들은 휴리스틱을 기초로 한 판단이나 결정이, 많은 인지 자원을 동원해서 오랜 시간 어려운 계산을 한 후에 얻게 되는 최적 해(解)에 버금가는 훌륭한 답을 끌어낸다고 주장한다.

그들은 훌륭한 답을 이끌어내는 휴리스틱을 '신속·간결한 휴리스틱'이라 부른다. 그 대표적인 예가 '재인(再認) 휴리스틱'(recognition heuristic)이다.

기거렌저는 미국인 학생과 독일인 학생들을 대상으로 '샌디에이고와 샌안토니오 중 어느 쪽 인구가 많다고 생각하는가?'라는 질문을 했다. 이 두 도시는 모두 미국에 있다.

미국인 학생은 두 도시에 대해 어느 정도 지식이 있을 거라 생각되는데도 그들의 정답률은 62%였다. 독일인 학생 중 샌디에이고를 들어본 적이 있는 사람은 78%였지만 샌안토니오에 대해서는 4%뿐이었다. 그러나 샌디에이고라는 도시를 들어본 적이 있는 학생들의 정답률은 100%였다. 정보가 적은 독일인 학생 쪽이 정보가 많은 미국인 학생보다 정답률이 높았다. 아마 일본인 학생에게 같은 질문을 해도 정답률은 높지 않을까?

이 지론에서 독일인 학생이 사용한 것이 '재인 휴리스틱'이다. 한쪽 도시의 이름은 들은 적이 있지만 다른 쪽 도시에 대해서는 전혀 모를 때, 알고 있는 도시의 인구가 많을 거라고 판단한 것이다. 미국인 학생은 이 휴리스틱을 사용할 수 없다. 두 도시를 모두 알고 있기 때문이다. 이 예처럼 재인 휴리스틱에 따라 대상 2개 중 1개는 들은 적이 있지만(재인할 수 있다) 다른 쪽은 들은 적이 없을 때, 재인한 대상이 기준으로 비춰져 수치가 높다(예를 들면 인구가 많다)고 판단할 수 있다.

또한 우수 대학을 판정할 때, 상품 평가를 할 때, 스포츠 팀 성적을 판정할 때 등에서도 이름의 재인과 판정의 정확성 간에는 정비례 관계가 발생한다. 우수한 대학일수록 그 대학의 교수진의 연구 성과가 더 널리 전해지거나, 그 대학의 학생이나 졸업생이 사회에서 왕성하게 활약하고 있기 때문에 그 대학의 이름을 들을 기회가 많아지게 됨으로써 대학의 우수성과 이름을 들은 적이 있음(재인)이 결부된다. 스포츠 팀의 성적도 마찬가지다.

주식 투자에서조차 재인 휴리스틱이 활발히 작용하고, 재인할 수 있는 회사의 주식에 투자함으로써 상당히 높은 수익을 올렸다는 사례가 보고되고 있다. 즉 무지(정보가 없음)가 무작위로 일어나는 것이 아니라 체계적으로 발생하는 상황일 때는 이 휴리스틱의 기능이 유효해진다.

공중볼을 위한 휴리스틱

외야수는 높이 뜬 공을 어떻게 잡을까? 날아오는 공의 낙하점을 예측하기 위해서는 공의 속도, 각도, 풍향과 세기, 거기에 공의 회전에 대한 종합적인 정보가 필요하다. 그러나 외야수가 그런 복잡한 정보를 입수할 리 없고, 입수했더라도 계산할 시간적 여유가 없다.

외야수는 실제로 단 한 가지 휴리스틱을 사용하고 있다고 한다. 기거렌저는 그것을 '앙각(仰角) 휴리스틱'이라 부른다.

이는 타구가 떠서 날아갈 때 공을 잘 보고, 올려다보는 각도가 항상 일정해지도록 유지하며 달린다는 휴리스틱이다. 그러면 날아가는 공의 낙하지점 가까이 도달하게 되고, 마지막 순간 약간 조정만 하면 공을 잡을 수 있게 된다.

외야수가 복잡한 계산을 순식간에 해치우거나 또는 직감적으로 예측하여 날아가는 공의 낙하점으로 달리는 것은 아니다. 그 증거로 외야수는 가끔 공중볼을 향해 일직선으로 뛰지 않고 커브를 돌며 달리기도 하고, 항상 전속력으로 낙하지점을 향하지 않고, 빠른 걸음으로 가는 경우도 있다. 이런 행동 모두가 날아가는 공에 대해 일정한 앙각을 유지하기 위해 필요한 동작이다. 낙하점을 알고 그곳으로 달린다면 그런 동작은 필요 없다.

신속·간결한 휴리스틱이 항상 활발히 작동되지는 않는다. 미국인 학생이 도시 인구의 대소를 정확하게 말할 수 없었던 예가 그러하다. 앙각 휴리스틱은 날아오는 공을 받을 때 이외에는 전혀 도움이 되지 않을 것이다.

기거렌저는 주체 측의 제한 합리성과 문제 상황(환경, 생태)의 상호 작용에 따라 휴리스틱이 활발한 경우와 그렇지 않은 경우가 있다고 한다. 의사 결정을 지탱하는 것은 주체의 인지능력뿐만 아니라 문제가 놓인 상황 역시 중요하다는 말이다.

그런 의미에서 그들은 환경(생태)에 적응한 합리성이라는 사고방식을 중시하고, 재인 휴리스틱이나 앙각 휴리스틱과 같은 매우 심플(간결)하고 재빠르게(신속하게) 실행할 수 있는 휴리스틱을 이용함에 따라 적절한 판단을 할 수 있다고 주장한다. 기거렌저는 이 같은 합리성을 '적응적 합리성'이라 부른다. 환경에 적합한 휴리스틱의 기능이 잘 이루어진다는 의미다.

그 밖에도 신속하고 간결한 휴리스틱을 수없이 제시하고 있지만 그것들은 특정 영역(적절한 상황, 생태, 환경)에서 사용하기 위해 타고나거나 배워서 인간이 준비하게 된 인지적 기능이기도 하다. 그런 도구를 모아 놓은 것을 '적응적 도구 상자'라 부른다.

적응적 도구 상자에 들어 있는 도구(예를 들면 재인 휴리스틱)를 어떤 환경에서 사용하면 적절한지 인간은 타고나거나 경험으로 배워서 터득하고 있다고 한다.

이미 고대 철학자들은 인간의 정보처리 프로세스가 직감적 부분과 분석적 부분이라는 두 가지 형태로 형성되어 있다는 사실을 인식했다. 그 후 수많은 철학자와 사상가가 이를 주제로 토론해왔다. 이 논쟁은 최근 '이중 프로세스 이론'(dual process theories)으로 불리는 이론이 등장함에 따라 심리학자의 주목을 받고 있다.

이중 프로세스란 인간이 지닌 두 가지 정보처리 시스템을 가리킨다. 하나는 직감적, 연상적, 자동적, 감정적이며, 신속, 병렬처리 등을 특징으로 하는 시스템이다. 이를 시스템 I이라 부른다. 다른 하나는 분석적, 통제적, 규칙 지배적이며, 직렬 처리 등을 특징으로 하는 시스템으로서 시스템 II라 한다.

시스템 I은 일반적으로 포괄적인 대상에 적용되는 시스템이며, 인간과 동물 양쪽이 모두 지니고 있다. 시스템 II는 시스템 I보다 훨씬 늦게 진화한 인간의 고유한 시스템이라 할 수 있다. 주류 경제학이 전제로 하는 경제적 인간이란 시스템 II만을 갖춘 인간이라 할 수 있다. 그것도 초고성능 시스템 II를 갖춘 인간 말이다.

시스템 I과 시스템 II는 명확히 구분되지 않고, 양자는 연속적으로 존재한다. 또한 시스템 I은 시스템 II보다 능력이 열등하다는 의미가 아니다. 예를 들면 장기나 바둑의 프로 선수는 다음에 놓을 자리를 직감적으로 판단하고 그 중에서 최선인 수를 심사숙고하여 선택한다. 이른바 시스템 I과 시스템 II가 연계해 문제를 처리하는 것이다.

처리 방법 역시 어느 한쪽 시스템에 고정되어 있는 것은 아니다. 예를 들면, 운전할 때 초보자는 동작을 하나하나 확인하면서 운전하는 것처럼 시스템 II가 항상 발동한다. 그러나 운전이 익숙해지면 많은 동작이 무의식적이고 자동적으로 추진된다. 즉 시스템 II에서 시스템 I로 처리가 넘어가게 된다.

초보자가 차를 운전할 때 쉽게 피로감을 느끼는 것은 인지 자원이 더 많이 필요한 시스템 II에 의존하는 부분이 크기 때문이다. 최근에야 운전 중 휴대전화 사용이 금지되었지만 운전 중에 한 손에 휴대전화를 들고 대화를 하거나 문자를 보내는 것이 금지됐을 뿐 핸즈프리 같은 기계를 사용하여 대화하는 것은 금지되지 않았다. 이는 참으로 이상한 일이 아닌가?

운전 중 휴대전화 사용이 위험한 것은 통화나 문자 메시지에 신경이 집중되어, 즉 인지 자원을 그쪽으로 사용함으로써 운전에 필요한 자원이 적어져 운전에 부주의하게 되기 때문이다. 달리 표현하면 '마음이 콩밭에 가 있는' 상태가 됨으로써 위험을 초래하게 되는 것이다. 그렇다고 한 손으로 운전하는 그 자체가 위험한 것은 아니다. 만일 한 손 운전이 위험하다면 운전 중에 담배를 피워도 한 손 운전이 되며, 기어를 바꿀 때도 순간적으로는 한 손 운전이 되기 때문에 그런 행위도 금지하지 않는 건 이상한 일이다. 운전 중 휴대전화 사용은 핸즈프리 사용까지 포함해서 금지해야 할 일이다.

스포츠나 장인의 기술은 몸소 익히지 않으면 안 된다는 말은 시스템 II에서 자동으로 시스템 I로 넘어갈 수 있을 만큼 연습이 필요하다는 의미다. 테니스 선수가 시합 중에 자신의 폼을 하나하나 체크하다가는 상대방의 의도나 볼의 코스를 예측하는 중요한 일에 소홀해진다. 어린이가 여러 가지 동작을 배울 때 처음에는 어색해하지만 나중에는 거의 자연스럽게 할 수 있게 되는 것과 마찬가지다.

시스템 II의 중요한 구실은 시스템 I을 모니터하는 것이다. 시스템 I이 신속하게 결정한 것을 감시하고, 그것을 승인하거나 때에 따라서는 수정하거나 변경하기도 한다. 직감적으로 뭔가를 선택했지만 잘 생각한 후 변경하는 일은 우리가 일상에서 종종 경험하는 일이다.

직감이 힘이 된다

시스템 I이 담당하는 판단이나 결정의 자동성은 최근 들어 심리학이나 인지과학자의 주목을 받고 있다. 자동성(automaticity) 연구의 제일인자인 존 바지(John Bargh)는 체코 문학가 밀란 쿤데라의 명작《참을 수 없는 존재의 가벼움》에서 착안하여 〈참을 수 없는 존재의 자동성〉(the unbearable automaticity of being)이라는 논문을 저술했는데, 그는 인간이 다양한 정보처리를 자동적으로 하는 것을 광범위한 범위에서 다루고 있다. 존 바지는 소비자가 상품을 선택하는 행동에서조차 대부분이 자동화되어 있다고 주장한다.

카너먼과 프레더릭(S. Frederick)은, 대표성 휴리스틱이나 이용 가능성 휴리스틱에 의한 판단은 시스템 I에 의해 직감적으로 이뤄진다고 말한다. 이런 휴리스틱을 이용하여 판단을 내릴 때의 특징은 대상이 되는 특성(목표 속성이라 한다)을 곧바로 마음에 떠오른 다른 성질(휴리스틱 속성이라 한다)로 바꿔서 판단한다. 즉 휴리스틱에 따른 판단은 이러한 '속성 바꿔치기'(attribute substitution)라는 프로세스로 진행된다.

그렇다면 속성 바꿔치기는 어느 경우에 일어날까? 그것은 목표 속성과 휴리스틱 속성의 성질에 의존한다. 목표가 되는 속성을 바로 이해하기 어렵고, 반대로 휴리스틱 속성이 직감적으로 마음에 곧바로 떠오를 때에는 속성 바꿔치기가 발생된다.

　이처럼 마음에 곧바로 떠오르는 것을 접근성(accessibility)이 크다고 한다(이 개념은 이용 가능성이라는 개념과 헷갈리지만 이에 대해서는 자신의 책임이라고 카너먼은 서술한다). 기억 인출 용이성이 속성 바꿔치기가 발생하는 열쇠며, 기억 인출 용이성에 대해서는 다음 세 가지 조건이 충족되어야만 한다. 첫째, 목표로 삼은 속성은 입수하기가 용이하지 않다. 둘째, 그것과 연상적이며 개념적으로 관련이 있는 속성이 더욱 기억을 인출하기 용이하다. 셋째, 휴리스틱 속성으로 이루어진 속성 바꿔치기가 시스템 II의 모니터에 거부되지 않는다.

　입수하기 용이한 것은 크기나 거리 같은 물리적인 성질, 닮은 성질, 지각이나 기억에 남아 있는 성질, 좋고 싫음에 대한 감정 평가, 기분 등인데, 시스템 I의 활동에 의해 곧바로 마음에 떠오르기 쉬운 자연스러운 성질이다.

　이러한 점들은 행복에 관한 질문에 단적으로 나타난다고 카너먼은 말한다. 카너먼은 학생들에게 ‘대체로 당신의 생활은 행복합니까?’, ‘당신은 최근 1개월간 데이트를 몇 번 했습니까?’ 라는 질문을 던졌다. 이 질문을 위에 적힌 순서대로 묻자 두 질문 간의 특별한 관련성에 대한 판단을 내릴 수 없었다. 하지만 질문을 바꿔서 데이트에 대한 질문을 먼저 하면, 데이트 횟수가 많을수록 행복도가 높아지는 상관관계가 뚜렷해졌다. 데이트를 몇 번 했느냐는 질문을 먼저 하게 되면 행복감과 결부되기 때문에, 그 다음 질문인 행복도를 평가할 때에 추상적이며 쉽게 표현할 수 없는 행복에 대한 평가를 속성의 기억 인출이 용이한 데이트 횟수가 대치하여 행복도를 판단하는 기준이 된다.

대표성 휴리스틱이 사용될 때 속성 바꿔치기라는 프로세스가 발생하는 전형적인 예로서 '린다 문제'(Linda Problem)를 들 수 있다.

가공의 인물(린다)에 관한 기술을 읽고 질문에 답하도록 했다. '린다는 솔직하고 총명한 독신 여성으로 서른한 살이다. 대학에서 철학을 전공했다. 학창 시절에 차별이나 사회정의 문제에 열심히 참여했고 반핵운동에도 참가했다.'

다음은 8가지 직업에 대해 살펴본 후(예를 들면 초등학교 교사, 보험 판매 여성, 은행 창구 직원 등) 실험 참가자들에게 린다가 어느 분야에 가장 잘 맞을지 순위를 매기도록 했다. 실험 참가자 집단은 두 그룹으로 나뉘어 있다. 한 그룹은 예시한 직업을 가진 사람들의 전형적인 모습과 어느 정도 닮았는지를 토대로 순위를 매기도록 하고, 또 한 그룹은 린다가 각각의 직업을 가질 경우를 예상하여(확률에 기초하여) 순위대로 적도록 했다.

그 결과 두 그룹이 적은 순위의 평균치는 거의 일치했다. 그리고 유사성을 토대로 한 순위를 가로축, 확률을 토대로 한 순위를 세로축으로 삼아 그래프를 그려보았더니 거의 45도 직선이 되었다. 즉 두 그룹에서 사용한 기준을 기초로 한 순위 매김(의 평균치)이 거의 동일했다. 이는 확률의 판단이 유사성에 따라 이루어지면서 속성 바꿔치기가 발생했다는 것을 의미한다.

또한 이 판정에서 유사성에 대해 판정한 그룹 중 85%는 린다가 단순한 '은행 창구 직원'이기보다는 '창구 직원이며 페미니스트'라는 인물과 유사성이 높다고 판단했으며, 확률에 기초를 두고 판정한 그룹 중

89%도 똑같은 판단을 했다. '창구 직원이며 페미니스트'일 확률이 '창구 직원'일 확률보다 높을 수 없으므로 결합 오류가 발생한 것이라 할 수 있다. 이 바이어스는 속성 바꿔치기라는 프로세스에 의해 나타났다고 생각된다.

이처럼 목표 속성과 휴리스틱 속성은 서로 다르기 때문에 전자를 후자로 바꿔치기 함으로써 종종 바이어스가 발생하게 된다. 그러면 시스템 II는 이 같은 바이어스가 발생하는 것을 방지할 수 있을까?

"노트와 연필을 샀는데 합계 1,100원으로, 노트가 연필보다 1,000원 비쌌다. 연필이 얼마인지 5초 이내에 답하라." 이렇게 질문하면 대부분 연필이 100원이라고 착각한다. 시스템 II가 시스템 I의 착각을 검증하지 않았든지, 혹은 검증했더라도 답을 바꿀 시간이 없기 때문이다.

이외에도 아침형 인간은 밤에, 저녁형 인간은 아침에 착오를 일으키기 쉬운 예도 나타났다. 카너먼과 프레더릭은 경우에 따라서 시스템 II가 시스템 I의 착오를 수정할 능력이 의외로 약할지도 모른다는 견해를 밝혔다.

| 여러 가지 휴리스틱 |

카너먼과 프레더릭은 최근의 연구에서 속성 바꿔치기가 이루어지지 않는다는 이유로 '기준점과 조정'을 휴리스틱 리스트에서 제외했다. 확실히 기준점에서는 속성 바꿔치기가 발생하지 않을지도 모르기 때문에 엄밀한 의미에서 휴리스틱이라고는 말할 수 없다.

그러나 카너먼이 주장한 기준점은 판단하는 사람이 기억에서 인출하기가 용이한 정보다. 우선 시스템 I이 판단의 단서를 직감적으로 찾아낸다. 그런 뒤에 시스템 II가 충분히 조정하지 못하기 때문에 기준점 효과가 발생하는 것이다. 따라서 기준점과 조정도 휴리스틱의 하나라고 생각해도 좋다. 그러나 어느 쪽이 되었든 휴리스틱이 인간의 판단이나 결정에 매우 중요한 구실을 하고 있다는 것만은 확실하다.

광고, 선전, 브랜드도 소비자가 상품을 선택할 때 휴리스틱 노릇을 다하고 있다. 매뉴얼 북은 휴리스틱을 집대성한 것이라 할 수 있다. 그리고 회사에서 사원을 공개 채용할 때 응모자에 관한 정보가 충분하지 않기 때문에, 모집하는 회사 쪽에서는 우선 학력을 보고 응모자의 능력을 추정하는 것이 보통이다. 이것 역시 학력이 휴리스틱으로 사용된 예라고 할 수 있다.

예전부터 사용된 격언이나 속담에는 수많은 휴리스틱이 들어 있다. 예를 들어 '급히 먹는 밥에 목이 멘다', '사람을 보면 도둑이라 생각하라'(사람을 가볍게 신용하지 말라)와 같은 속담은 정확한 판단이나 예측을 할 수 없지만 일상생활에서는 충분히 도움이 되는 지침들이다.

'고정관념이나 상식을 버리라.' 이런 지침은 자주 듣는 말일 텐데 휴리스틱에 얽매이지 말라는 뜻이다. 이 지침 자체가 또 다른 휴리스틱이긴 하지만 말이다.

데이트 상대나 결혼 상대를 결정할 때 상대방과 교제함으로써 얻을 수 있는 플러스 요소와 마이너스 요소를 모두 고려해서 합리적인 계산을 토대로 결정할 수는 없다. 고려해야 할 것이 너무 많아서 계산하는 데 막대한 시간이 걸릴 것이다. 그뿐인가. 불확실한 사항이 너무 많아서 확정적인 결론을 내릴 수도 없다. 이럴 때는 사랑의 감정에 포로가 된 상대방을 선택하는 경우가 많다. 애정이 휴리스틱 기능을 맡고 있는 순간이다.

로봇 프레임 문제

휴리스틱의 활동을 더 깊이 이해하기 위해서는 인공지능 로봇이 좋은 자료를 제공해준다. 철학자 대니얼 데닛(Daniel C. Dennett)은 인공지능 로봇에 대해 다음과 같은 우화를 만들었다.

로봇 1은 진열대에 있는 예비 배터리를 방에서 가져오려고 했다. 로봇 1은 폭탄이 그 진열대에 같이 있는 것을 알고 있었다. 그렇지만 진열대를 운반하면 폭탄을 건드리게 된다는 것을 잊고 진열대를 운반했다. 그 순간 폭탄이 폭발했다.

로봇의 추론 능력이 부족했기 때문이라고 판단한 설계자는 자신이 의도한 결과뿐만 아니라 의도하지 못한 결과도 추론할 수 있는 능력을 갖춘 로봇 2를 만들었다.

로봇 2는 로봇 1과 마찬가지로 진열대를 방에서 운반하려 했고, 그 행동의 결과를 추론하기 시작했다. 로봇 2는 진열대를 방에서 운반하더라도 방 벽의 색은 바뀌지 않고 진열대의 바퀴가 회전하는 것까지도 모두 추론했다. 그러는 사이에 폭탄은 폭발해버렸다.

그러자 이번에는 목적에 관계없이 결과를 무시할 수 있는 로봇 3을 만들었다. 그런데 로봇 3은 이번에는 전혀 움직이려 하지 않고 추론에만 몰두했다. 벽의 색은 무시해도 좋다, 천장의 소재도 무시해도 좋다……. 로봇 3은 다양한 사항에 착안하여 무시해야 할 리스트를 첨부하기 급급했다. 그러는 사이에 또다시 폭탄은 폭발해버렸다.

로봇들은 왜 이런 간단한 일을 할 수 없는 것일까?

무시해도 좋은 것과 무시해서는 안 되는 것을 확인하는 일은 간단해 보여도 로봇에게는 쉽지 않다. 인공지능 연구자는 이런 문제를 '프레임 문제'라 부른다. 문제 해결을 위해 어떤 것이 관련되어 있어서 무시하면 안 되는지, 반대로 어떤 것은 무시해도 되는지를 적절하게 결정할 수 없는 것이 프레임 문제다.

바꿔 말하면 무시해도 되는 것을 한 프레임(틀), 무시해서는 안 되는 것을 별개의 프레임으로 놓아야만 문제 해결에 가까워진다. 이때 어떤 것을 '무시 가능 프레임'에 넣고, 어떤 것을 '무시 불가 프레임'에 넣어야 할지를 제대로 알 수 없는 것이 프레임 문제다.

그렇다면 인간은 어떨까? 어떤 결정을 내릴 때 무엇을 고려하고 무엇을 무시해야 할지를, 우리들을 둘러싼 환경이나 조건 같은 모든 사항을 검토하여 결정할 수는 없다. 환경에는 무한한 정보가 있고 우리들의 인지 능력은 한정되어 있기 때문이다. 따라서 인간도 프레임 문제와 무관하지 않다. 그러나 인간이 프레임 문제로 고민하고 있는 것처럼 보이지는 않는다.

정상적인 판단력을 갖춘 인간이라면 로봇이 직면한 문제는 상식선에서 해결할 수 있다. 진열대를 끌어내면 진열대 위에 있는 폭탄도 함께 나온다는 것을 누구나 알 수 있고, 진열대를 끌어내도 벽의 색깔이 바뀌지 않는다는 것을 안다. 특수 장치가 있다면 모를까 상식적인 범위 내에서는 괜찮다는 것을 인지하고 있다. 그래서 폭탄이 폭발하는 일 없이 무사히 배터리를 회수할 수 있다. 상식이란 별로 깊이 생각하지 않고 직감적으로 떠오르는, 거의 적절한 결과를 초래하는 행동 규칙이다. 즉 상식은 일종의 휴리스틱이다.

아인슈타인은 '상식이란 18세까지 몸에 익힌 편견의 컬렉션'(《아인슈타인 150 단어》)이라고 말했는데, 편견(바이어스)이 발생할 가능성이 있어도 문제 해결에 도움이 되는 것이 휴리스틱을 이용한 상식이다.

인간은 그 밖에도 다양한 휴리스틱을 사용하여 문제를(불완전하나마 그럭저럭) 해결하고 있다. 논리나 계산에서는 완벽한 로봇이 할 수 없는 일을 인간은 간단히 처리할 수 있으며, 합리성(다른 의미로 인간의 파워)으로 해결할 수 있다.

인간도 프레임 문제로 고뇌한다

그러나 인간도 프레임 문제와 완전히 무관하지는 않다. 초보 운전자가 운전에 미숙한 것은 운전 조작 그 자체가 능숙하지 않다는 기술적인 측면도 있지만, 운전할 때 어떤 정보가 중요하고, 어떤 정보가 중요하지 않은지에 대한 프레임을 적절히 사용할 수 없기 때문이다.

운전자 자신의 바로 앞차나 다가오는 차 또는 도로 상황만을 응시하다가 후방이나 옆 차에 대한 주의가 산만해지기도 한다. 경험이 쌓여 운전에 익숙해지면 주의력의 분산이 가능하지만, 반대로 너무 분산되기 쉽고, 길을 걷는 미인에게 정신을 팔거나 동승자와 대화하는 데 열중하여 다른 차의 움직임에 부주의해지기도 한다. 운전 중에 발생할 수 있는 모든 상황에 주의를 기울이는 것은 불가능하기 때문에 인간에게도 프레임 문제는 존재한다.

인위적으로 프레임을 고정했기 때문에 문제가 해결되지 않는다는 점이 퍼즐의 특징이다. 예를 들어 다음 쪽에 있는 그림 3-1과 3-2 같은 퍼즐을 생각해보자. 이들 퍼즐이 어려운 것은 프레임이 방해하고 있기 때문이다.

그림 3-1에서는 주위에 있는 점 8개가 프레임(틀)이 되기 때문에 외부 여백을 이용할 수 있다는 사실을 알아채기 어렵다. 그림 3-2에서는

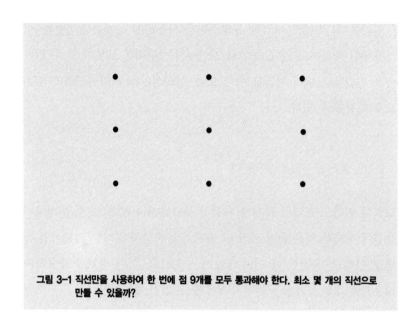

그림 3-1 직선만을 사용하여 한 번에 점 9개를 모두 통과해야 한다. 최소 몇 개의 직선으로 만들 수 있을까?

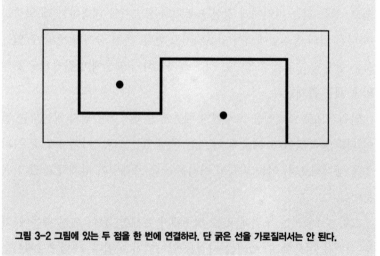

그림 3-2 그림에 있는 두 점을 한 번에 연결하라. 단 굵은 선을 가로질러서는 안 된다.

행 동 경 제 학

종이의 표면이 프레임으로 작용해 뒷면을 사용할 수 있다는 사실을 알기 어렵다. 점 8개나 종이 표면이 만든 물리적인 프레임이 심리적인 프레임을 만들어내기 때문에 거기서 탈피할 수 없게 된다. 따라서 직감적으로 떠오른 프레임과 전혀 다른 프레임으로 사고하지 않으면 문제를 해결할 수 없다. 이런 종류의 퍼즐이나 퀴즈 등은 머리를 유연하게 사용하지 않으면 풀 수 없다. 머리를 유연하게 하려면 고정적인 프레임을 깨야만 한다. 정답은 102쪽에 있다.

페리 메이슨, 에르큐르 포와르, 셜록 홈스 같은 이들이 명탐정으로 불리는 것은 일반 사람들과 전혀 다른 프레임에 착안하여 다른 사람들이 눈치채지 못하는 일들을 재빨리 간파하기 때문이다. 남녀의 의식 차이는 동서고금을 막론하고 연애소설의 주요 테마지만, 그것을 한마디로 말하면 남녀의 프레임 차이에서 비롯된다. '나와 일 중 어떤 게 중요해?', '그런 건 결정할 수 없어.'

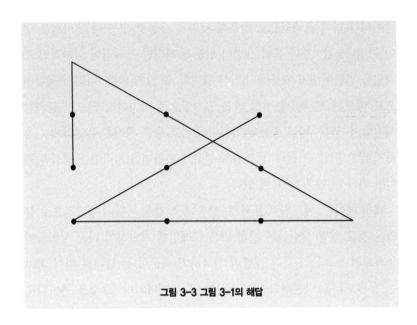

그림 3-3 그림 3-1의 해답

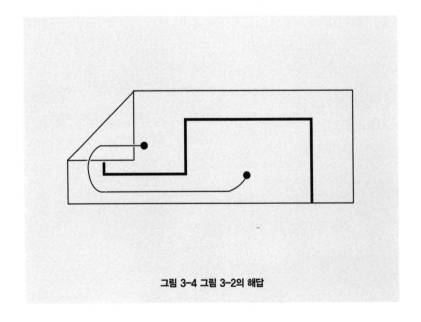

그림 3-4 그림 3-2의 해답

제 4 장

프로스펙트 이론(1) : 이론

|

리스크 상황하에서의 판단

'우리들은 좋은 상황에서 나쁜 상황으로 전락할 때나,
나쁜 상황에서 좋은 상황으로 호전될 때
즐겁다기보다는 힘들다고 느낄 때가 많다.'

—

애덤 스미스《도덕감정론》

'자연(山水)에는 득실(得失)이 없고, 득실은 사람의 마음(人心)에 있다.'

—

나쓰메 소세키(夏目漱石)《몽중문답(夢中問答)》

변화의 감각

똑같은 20도라도 한겨울에는 덥다고 느끼고, 한여름에는 춥다고 야단이다. 같은 기온인데 말이다. 한밤중의 달은 눈이 부실 정도로 빛나는데 아침 무렵에는 흐릿하게 보인다. 똑같은 달이 비추고 있는데.

독일 요리는 일본에서 온 여행객이 먹으면 그다지 맛있다는 생각이 안 들지만, 영국에서 온 여행객이 먹으면 아주 맛있어 한다. 같은 요리인데 말이다.

인간은 온도, 밝기, 맛에 대해 절대치가 아닌 상대적 변화에 예민하게 반응한다. 촉각, 시각, 미각 등의 감각뿐 아니라 금전이나 물건에 대한 평가도 상대적이며, 어떤 기준과 비교하여 판단한다. 연봉 1,000만 원인 사람이 3,000만 원으로 오르면 뛸 듯이 기뻐하겠지만, 연봉 5,000만 원인 사람이 3,000만 원으로 감봉되면 죽고 싶을 만큼 비참해질 것이다. 같은 3,000만 원인데 말이다.

'사람은 변화에 반응한다'는 것이 카너먼과 트버스키가 창시한 프로스펙트 이론(prospect theory)의 출발점이다.

프로스펙트란 '희망'(가망)이나 '기대'를 뜻하는 말이지만, 여기서는 특별히 중요한 의미는 없다. 여기서 말하는 프로스펙트 이론이라는 명칭에 약간 위화감을 느끼는 사람이 있을지도 모르겠다.

카너먼과 트버스키는 원래 '가치이론'이라는 일반적인 명칭을 붙였다고 한다. 그렇지만 이 이론이 알려지게 되면 독자적인 이름이 있는 게 유리하다는 판단 때문에 큰 의미 없이 '프로스펙트 이론'이라는 명칭을 선택했다고 카너먼 스스로 서술하고 있다.

프로스펙트 이론은 기대효용이론의 대체 이론으로 고안된 것으로, 주류 경제학의 효용 함수에 대응하는 '가치 함수'(value function)와 확률의 중요성과 관계 있는 '확률 가중 함수'(probability weighting function)로 구성된다. 프로스펙트 이론은 기대효용이론과 다르며, 이 이론에서 말하는 가치는 어떤 기준으로부터의 손익으로 측정된다.

또한 프로스펙트 이론은 확률을 중요하게 여기지만, 확률 1/3을 1/3 그 자체로 받아들이지 않는 심리적인 성질을 지니고 있다.

이번 장에서는 가치 함수와 확률 가중 함수라는 주류 경제학과는 다른 새로운 사고에 대해 소개한다.

| 가치 함수 |

우선 프로스펙트 이론의 요지인 가치 함수부터 살펴보자.

그림 4-1에는 프로스펙트 이론에서 사용되는 가치 함수가 그려져 있다. 평가의 기준이 되는 점을 준거점(準據點, reference point)이라 하고, 그림 4-1에서는 원점이 준거점이다.

가로축을 보면, 원점을 기준으로 오른쪽으로 갈수록 이익이 커지고 왼쪽으로 갈수록 손실이 커진다. 세로축은 손익이 초래하는 가치를 뜻하며, 원점에서부터 위쪽은 플러스, 아래쪽은 마이너스 가치로 측정된다. 여기서 말하는 가치는 경제학에서 사용되는 '효용'을 말한다.

가치 함수는 v로 나타낸다. 예를 들어 5,000원의 소득으로 초래되는 가치를 v(5,000)로 표시한다. 마찬가지로 5,000원의 손실로 초래되는 가치(불효용)는 v(−5,000)로 표시하기로 한다.

그림 4-1에 그려진 S자형 가치 함수에는 효용가치의 두드러진 3가지 성격을 나타내고 있다. 이것이 프로스펙트 이론의 커다란 특징 중 하나

다. 단 여기에 그려진 것은 가치 함수의 전형적인 예나 특성을 그려낸 함수다. 모든 사람의 가치 함수가 같은 형태라는 뜻은 물론 아니며, 함수의 형태에는 개인차가 있다. 또한 개인이라고 해도 결정해야 할 문제에 따라 달라지기도 한다. 현재의 상태(준거점)가 1,000만 원일 때와 1억 원일 때는 가치 함수가 다른 것이 일반적이다.

그러나 다음 3가지 특징은 프로스펙트 이론에서 상정한 모든 가치 함수에 공통된 사항이다.

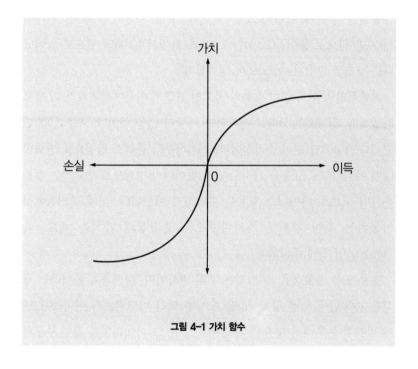

그림 4-1 가치 함수

| 준거점 의존성 |

첫째는 '준거점 의존성'이다. 앞에서 서술했듯 가치는 준거점(원점)으로

부터의 변화 또는 그것과 비교하여 측정된다. 다만 절대적 수준이 가치를 결정하는 것은 아니다. 경제학에서 효용이란 개념은 다니엘 베르누이의 효용이론에서 출발했지만, 여기서 말하는 효용은 부(富)의 수준으로 측정된다. 장기적으로 합리적인 행동을 하기 위해서는 이 가정이 타당하나, 현실적인 인간 행동에서는 상당한 차이가 있다.

카너먼은 효용을 부의 수준으로 측정하는 것을 '베르누이의 착오'라 일컫는다. 다음과 같은 예를 살펴보자. 두 사람이 최근 한 달간 자신의 금융자산 증감에 관한 보고를 받았다. A는 자산이 4,000만 원에서 3,000만 원으로 줄어들고, B는 1,000만 원에서 1,100만 원으로 늘어났다는 보고를 받았다. 어느 쪽이 행복할까?

최종적인 부의 수준이 효용의 척도인 표준적 이론에서는 A가 더 행복하겠지만, 실제로는 B라고 생각하는 사람이 많을 것이다. A는 4,000만 원, B는 1,000만 원이 준거점이다. 거기서부터 플러스 방향으로 변화한다면 이익이므로 효용을 가져오지만, 마이너스 방향으로 변화하는 것은 손실이 되므로 마이너스 효용을 초래하기 때문이다. 이때 준거점에서 이동하는 것이 가치를 가져다주므로 준거점의 가치는 제로, 즉 'v(0)=0'인 것에 주의하자.

효용 또는 불효용을 주는 것은 부의 변화이며, 절대량이 아니라는 생각은 1990년에 노벨 경제학상을 수상한 해리 마코위츠가 이미 1952년에 발표한 논문에서 주장한 내용이다. 그는 그 아이디어를 깊이 추구하지 않았고, 카너먼이 새바람을 불러일으키기까지 경제학계에서는 무시되고 있었다.

준거점은 다양한 상태에서 생각해볼 수 있다. 금전이나 건강에 대해서는 '현재의 상태'(현상)에 관한 것이 많을 것이다. '병에 걸리고 나아

비로소 건강의 소중함을 알 수 있는 것'처럼 말이다.

또한 어떻게 행동해야 할 것인가를 규정하는 사회규범이나 장래에 대한 사항, 다른 사람의 행동에 대한 기대가 준거점이 될 수도 있고, 요구 수준이나 목표가 준거점이 될 수도 있다. 예를 들어 이번 달은 5,000만 원을 매상으로 올리겠다든지, 체중을 10kg 줄이겠다든지, 리포트를 오늘 중으로 마무리하겠다는 목표가 준거점이 될 수 있다.

그러나 준거점에 관해서는 어떤 상황에서 무엇이 준거점이 될지, 준거점의 이동은 어떤 경우에 발생하는지 또는 발생하지 않는지, 장단기의 구별은 어떻게 할지, 해결해야 할 과제가 남아 있다.

민감도 체감성(敏感度 遞減性)

가치 함수의 둘째 특성은 '민감도 체감성'(敏感度 遞減性, diminishing sensitivity)이다. 이익이나 손실의 가치가 작을 때에는 변화에 민감하여 손익의 작은 변화가 비교적 큰 가치 변동을 가져온다. 그러나 이익이나 손실의 가치가 커짐에 따라 작은 변화에 대한 가치의 민감도는 감소한다. 이런 특성이 바로 '민감도 체감성'이다. 이 특성은 주류 경제학에서 가정하는 한계효용체감의 법칙과 같은데, 손익의 한계 가치가 체감하는 것을 의미한다.

그림 4-1에서는 이익이나 손실 액수가 커짐에 따라 가치 함수의 기울기가 점점 완만해져가는데 이를 체감이라 한다. 이 특성의 정당성은 감각적으로 이해하기 쉽다. 같은 3도 차이지만, 기온이 1도에서 4도로 오를 경우가 21도에서 24도로 상승할 경우보다 더 따뜻하게 느껴진다.

이는 실험적으로도 검증되고 있다. 카너먼, 트버스키, 세일러가 경제학에 선구적으로 도입한, 간단한 선택에 관한 질문에 대해 회답을 얻는 이 실험(또는 조사) 방법은 그 이후 행동경제학이나 실험경제학에서 왕성하게 사용되었다. 일명 '종이와 연필 실험'이라고도 한다. 실험 참가자들은 주로 대학생이나 대학교 직원이다.

우선 표기법을 정리해 확인해두자.

'(1000, 0.5 : 2000, 0.1)' 이것은 1,000원(화폐단위는 어느 것이나 상관없다)이 0.5의 확률이고, 2,000원이 0.1의 확률이고, 0.4의 확률에서는 아무것도 맞지 않는(이익=0원) 복권이나 내기 같은 것으로 생각하기 바란다(이런 복권이나 내기를 카너먼은 '프로스펙트'라 부른다). 표현상으로 이익이 0인 부분은 생략되어 있다. '(1000)'은 1,000원을 확실히(확률 1이며) 얻을 수 있다는 의미며, 이 경우에는 확률이 생략된다. '(-1000, 0.5)'는 0.5의 확률로 1,000원 손해 보는(조금 비현실적이지만) 복권이다.

리스크에 대한 태도

■ 질문 1
  A : (6000, 0.25) [18]
  B : (4000, 0.25 : 2000, 0.25) [82]

■ 질문 1′
  C : (-6000, 0.25) [70]
  D : (-4000, 0.25 : -2000, 0.25) [30]

실험의 예를 살펴보자. 모든 질문은 선택 대안 2개 중 어느 하나를 선택하는 형식이다. [ ] 안의 수치는 그 선택 대안을 선택한 사람의 비율(%)

을 나타낸다.

질문1에서는 6000을 0.25의 확률로 얻는 것보다 4000을 0.25의 확률 또는 2000을 0.25의 확률로 얻을 수 있는 쪽을 더 많이 선택하고 있다. 모든 확률이 0.25이기 때문에 이를 제거하면,

$$v(6000) < v(4000) + v(2000)$$

이 되며, 6000의 가치가 4000의 가치와 2000의 가치의 합보다 적어지는 민감도 체감을 의미하고 있다.

질문 1'에서도 마찬가지로,

$$v(-6000) > v(-4000) + v(-2000)$$

이 되어 역시 민감도 체감을 나타내고 있다.

■ 질문 2 |
　　　　　(4000, 0.8) 〈 (3000)
　　　　　[20]　　　　[80]

■ 질문 2' |
　　　　　(-4000, 0.8) 〉 (-3000)
　　　　　[92]　　　　[8]

■ 질문 3 |
　　　　　(4000, 0.2) 〉 (3000, 0.25)
　　　　　[65]　　　　[35]

■ 질문 3' |
　　　　　(-4000, 0.2) 〈 (-3000, 0.25)
　　　　　[42]　　　　[58]

민감도 체감성에서 리스크에 대한 중요한 태도의 차이가 발생한다.

사람들은 이익에 관해서는 리스크 회피적이지만, 손실에 관해서는 리스크 추구적인 것을 알 수 있다. 이는 거듭된 다음의 실험으로 증명되고 있다. 위 예에서 부등호는 선택한 사람의 비율의 크기를 나타낸다.

질문 2와 질문 3은 이익에 관한 선택, 질문 2′와 질문 3′는 손실에 관한 질문이다. 금액은 플러스와 마이너스가 반대일 뿐 확률은 똑같다.

이 결과를 보면 부등호 방향이 반대인 것을 알 수 있다. 질문 2에서는 '(4000, 0.8)'보다 '(3000)'이 선택되었고, 질문 2′에서는 '(-3000)'보다 '(-4000, 0.8)'쪽이 선택되어 이익과 손실에 대한 선택이 반대로 나타남을 알 수 있다. 동일한 경우가 질문 3과 질문 3′에서도 성립하고 있다. 이 같은 특성은 마치 거울에 비추인 관계와 비슷하다고 하여 '반사 효과'(reflection effect)라고 한다.

질문 2에서 '(4000, 0.8)'의 복권 기대치는 '4000 × 0.8 = 3200'이다. 그러나 기대치는 상대적으로 적더라도 확실히 손에 들어오는 '(3000)'을 더 많이 선택하는 것을 보여준다. 이처럼 확실한 선택 대안이 과대평가되는 것을 '확실성 효과'라고 하는데(122쪽 참조), 이 경우에는 이익에 관해서 리스크 회피적인 것을 의미한다.

한편 질문 2′에서 금액(절대치)은 적지만 확실한 손실(-3000)보다도 기대치가 크다. 하지만 손실을 피할 가능성도 있는 (-4000, 0.8)쪽을 월등하게 더 많이 선택하고 있다. 즉 손실에 관해서는 리스크 추구적이다. 뒤에서 살펴보겠지만 가치 함수와 확률 가중 함수를 조합해서 생각하면 이런 특성은 확률이 중간 이상일 경우에만 성립한다. 확률이 작을 때에는 반대 현상이 나타나 이익에 관해서는 리스크 추구적, 손실에 관해서는 리스크 회피적이 된다(질문 3, 질문 3′).

가치 함수의 셋째 특성은 '손실 회피성'(loss aversion)이다. 손실은 금액이 똑같은 이익보다도 훨씬 더 강하게 평가된다. 액수가 같은 손실과 이익이 있다면, 손실액으로 생긴 '불만족'은 이익금이 가져다주는 '만족'보다 더 크게 느껴진다는 뜻이다.

거의 모든 사람들은 '(1000, 0.5 : -1000, 0.5)'라는 식의 복권 선택을 거부할 것이다. 설령 1,000원을 잃을 확률과 1,000원을 딸 확률이 엇비슷하더라도 이 복권을 거부하는 것은 금액이 같은 손익에서는 손실 쪽을 크게 평가한다는 의미다.

금액이 같은 이익과 손실의 절대치를 식으로 나타내면,

$$-v(-x) > v(x)$$

로 나타낸다. 이 식을 복권 선택으로 나타내보자.

$x > y \geqq 0$이라 하면 '(x, 0.5 : -x, 0.5)'보다 '(y, 0.5 : -y, 0.5)' 쪽이 선호된다.

즉,

$$v(y) + v(-y) > v(x) + v(-x)$$

따라서,

$$v(-y) - v(-x) > v(x) - v(y)$$

가 된다.

여기서 'y = 0'이면,

$$-v(-x) > v(x)$$

가 된다.

카너먼과 트버스키의 측정에서는 크기가 같은 이익과 손실, 예를 들어 1,000원 이익과 1,000원 손실에서 각각의 절대치는 후자 쪽이 약 2배에서 2.5배나 큰 걸로 나타났다. 액수가 같더라도 손실이 이익보다 훨씬 크게 느껴지는 것이다.

그림 4-1을 보면 이익보다 손실 쪽 가치 함수의 기울기가 급하고, 곡선이 원점에서 완만하게 연결되지 않고 굴절되어 있다.

제4장 첫머리 인용에서 나타나듯이 손실 회피성은 애덤 스미스도 이미 거론한 특성이다. 트버스키는 손실 회피성에 대해 재미있는 설명을 했다.

'인간이 쾌락을 얻는 구조 중 가장 중요하고 큰 특징은 플러스적인 자극보다도 마이너스적인 자극에 훨씬 민감하다는 것이다. …… 당신이 오늘 기분이 얼마나 좋은지를 생각하고, 그리고 기분이 얼마나 더 좋아질 수 있을지를 상상해도 좋다. …… 기분을 더 좋아지게 하는 것은 꽤 있긴 하지만, 지금의 기분을 잡치게 하는 것은 무한대로 많다.' (번스타인,《리스크》)

| 가치 함수의 수치 예 |

x가 준거점 ($x = 0$)으로부터의 이익 ($x > 0$) 또는 손실 ($x < 0$)이라고 하면,

$$v(x) = \begin{cases} x^\alpha & (x \geqq 0\text{일 때}) \\ -\lambda(-x)^\beta & (x < 0\text{일 때}) \end{cases}$$

이 같은 특성을 지닌 가치 함수 수치를 예로 들어보자. 위의 식에서 트

버스키와 카너먼은 $\alpha = \beta = 0.88$, $\lambda = 2.25$로 추정하였다.

λ는 손실 회피 계수라 하고, 앞에서 설명했듯이 손실이 이익보다 λ배 (이 예에서는 2.25배) 크게 평가되는 것을 나타낸다. '$0 < \alpha, \beta < 1$'은 민감도 체감을 나타낸다.

이 함수를 기초로 손익의 가치를 계산해보자. 이익 100은,

$$v(100) = 100^{0.88} = 57.54$$

이며, 손실 100은,

$$v(-100) = -2.25(100^{0.88}) = -2.25(57.54) = -129.47$$

이며, 명백히 같은 금액이라면 손실이 이익보다 큰 영향을 끼친다.

민감도 체감성을 살펴보자. 두 번 연속 이익 100을 얻는 것과 한 번에 200을 얻는 것을 비교할 때 전자는,

$$57.54 \times 2 = 115.08$$

이며, 후자는,

$$v(200) = 105.90$$

으로, 이익을 두 번 얻는 것이 한 번에 큰 이익을 얻는 것보다 가치가 더 높다. 똑같은 금액의 손실에서는,

$$-129.47 \times 2 = -258.94$$

와,

$$v(-200) = -2.25(200^{0.88}) = -238.28$$

이 되어, 역시 두 번 손실을 보는 쪽이 더 큰 것을 알 수 있다.

이익이나 손실이 두 번 연속되면 같은 금액 2회분을 더한 것보다 커진다는 것은 이익이나 손실을 한 번 볼 때마다 준거점이 이동하는 것을 나타낸다.

즉 이익이나 손실을 1회 얻으면 그 결과 값이 새로운 준거점이 되고,

다음의 이익·손실이 평가되는 것이다. 2회의 이익이나 손실을 합한 경우에는 준거점 변화가 없어, 준거점 이동 폭이 상당히 크다는 것을 보여준다.

| 확률 가중 함수 |

가치 함수와 더불어 프로스펙트 이론의 또 다른 축이 확률 가중 함수다. 기대효용이론에서는 확률과 결과의 효용을 곱하면 기대효용을 낳는다. 즉 x가 초래하는 기대효용은,

$$(x가 발생할 확률 p) \times (x의 효용)$$

이다.

이 경우에 확률은 모든 수치의 차나 배율을 유지한 채 영향을 준다. 즉 확률 0.5는 0.1보다 5배 높고, 0.2와 0.3의 차는 0.3과 0.4의 차와 크기가 같다. 이와 같은 확률과 기대효용의 연관성을 확률의 선형성(線型性)이라 한다.

제3장에서 살펴봤듯이 확률이나 빈도는 종종 휴리스틱을 이용하여 직관적으로 판단되지만, 한편으로는 다양한 데이터에 의해 객관적으로 부여되는 경우도 있을 것이다. 그런 주관적이거나 객관적인 확률이 또 다른 크기로 평가되는 것이 프로스펙트 이론의 핵심 중 하나다.

즉 확률은 의사 결정을 하는 사람에게 그대로 받아들여지는 것이 아니라는 뜻이다. 예를 들면 확률 1/3은 마음 속으로는 1/3로 느끼지 않고 이를 다시 해석해서 다른 크기로 받아들이는 것이다.

프로스펙트 이론에서는 기대효용이론과 달리 주관적 확률 값에 비선형적인 효용(가치)이 곱해진다. 주관적 확률 0.5는 0.1의 5배 크기로 한

정되지 않고, 0.01은 1의 1/100 크기로 한정되지 않는다. 객관적 확률값 그 자체가 효용에 곱해지는 것이 아니라, 객관적 확률이 가중 평가되어 효용(가치)과 곱해지게 된다. 여기서 가치 함수 v와 확률 p를 기초로 하여 확률 가중 함수 w(p)에 의한 전체적인 평가가 이뤄진다.

즉 x가 확률 p로 발생하면,

$$w(p)\,v(x)$$

의 전체적인 가치가 부여된다.

또한 'w(0) = 0', 'w(1) = 1'이 되듯이 기준화되어 있다고 가정하자. 그러면 확률 p와 그것의 확률 가중 함수 w(p)의 관계는 어떻게 되어 있을까?

그림 4-2에는 역S자형 확률 가중 함수 w(p)가 표시되어 있다. 그림 4-2에서 직선은 확률의 선형성을 나타내고 있다.

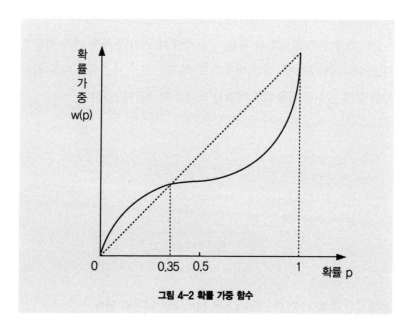

그림 4-2 확률 가중 함수

그림의 확률 가중 함수 w(p)처럼 확률이 작을 때는 과대평가되고, 확률이 중간일 때부터는 과소평가된다는 사실을 카너먼과 트버스키가 실험으로 확인했다.

직선과 확률 가중 함수 그래프의 교차점, 즉 확률이 거의 그 가치대로 가중되는 것은 약 0.35인 것도 측정되었다.

가치 함수와 마찬가지로 확률 가중 함수에 대해서도 민감도 체감성이 성립된다. 즉 확률이 0부터 0.1로, 또는 0.9부터 1.00으로 변하는 것은 확률의 0.3에서 0.4로 변하거나 0.6에서 0.7로 변하는 것보다도 심리적으로 훨씬 큰 영향을 끼친다.

확률의 평가에 관한 자연스러운 준거점은 확률 제로와 확률 1이다. 따라서 확률 제로에서 확률 0.35까지 확률 증가에 대한 확률 가중 함수 w(p)의 그래프는 위로 볼록하고, 확률 1에서 확률 0.35까지 확률 감소에 대한 확률 가중 함수 w(p)의 그래프는 아래로 오목하게 된다.

엄밀하게 말하면 이익의 확률 가중 함수와 손실의 확률 가중 함수는 다소 다르지만 모양은 거의 비슷하고, 특성은 모두 보존되기 때문에 양자를 동일 함수로 취급해도 특별한 문제는 발생하지 않는다.

| 확률 가중 함수의 예시 |

$$w(p) = \frac{p^r}{\{p^r + (1-p)^r\}^{1/r}}$$

전형적인 확률 가중 함수를 식으로 나타내면 위처럼 된다.

트버스키와 카너먼은 '$r = 0.65$'로 설정하였다.

표 4-1에는 확률 p의 값에 대한 w(p)의 값을 나타내고 있다. 분명히 '$w(0) = 0$', '$w(1) = 1$'이다. 이 표에서 확률이 약 0.35 이하일 때는 과대평가되고, 0.36 이상에서는 과소평가되는 것을 알 수 있다.

통상적인 확률에서는 어떤 사상(事象)이 발생할 확률 p와 그것이 발생하지 않을 확률 '$1 - p$'를 더하면 1이 되는 당연한 성질이 성립된다.

p	w(p)
0.01	0.05
0.05	0.12
0.1	0.18
0.2	0.26
0.3	0.32
0.35	0.354
0.36	0.359
0.4	0.38
0.5	0.44
0.6	0.50
0.7	0.56
0.8	0.64
0.9	0.74
0.99	0.93

표 4-1 확률과 가중(수치 예)

하지만 확률 가중 함수에서는 이와 같은 경우는 성립하지 않고 0과 1을 뺀 확률 p에 대해,

$$w(p) + w(1 - p) < 1$$

이 된다.

이 성질을 준가법성(subadditivity)이라 하는데, 표 4-1의 수치에서도 이런 성질을 확인할 수 있다.

확률 가중 함수는 확률의 양극치 즉 확률이 제로와 1일 때에는 기울기가 상당히 급하지만, 중간 값 정도의 확률에서는 경사가 꽤 완만하여 '평평한' 느낌이 든다. 즉 중간 정도 확률의 변화에서는 민감도가 작지만 확률이 제로나 1과 같은 극단적 수치 부근에서는 민감도가 크다고

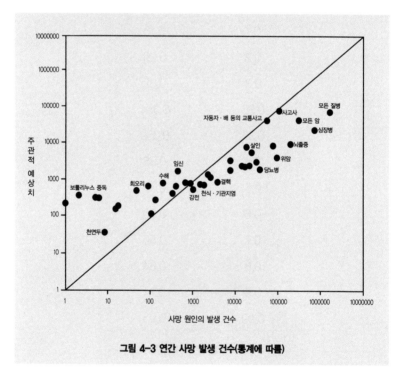

그림 4-3 연간 사망 발생 건수(통계에 따름)

행 동 경 제 학

할 수 있다.

인간은 확률을 수치로서 받아들이지 않고 '확실'(p = 1), '불가능'
(p = 0), '가능성이 있다'(0 < p < 1)의 3개로 나누어 직감적으로 판단한
다고 조너선 배런(Jonathan Baron)은 지적한다.

또한 '확실'과 '가능성' 사이, '가능성'과 '불가능' 사이에는 상당
한 갭이 있다는 사실이 확률 가중 함수의 급격한 변화에서 나타난다.

확률이 낮은 것을 과대평가하는 것과 확률이 높은 것을 과소평가하는
것은 아무래도 인간의 확률 판단에 영향을 주는 보편적인 성질인 것 같
다. 그림 4-3에는 다양한 사망 원인의 발생 건수(가로축)와 주관적 예상
치(세로축)의 관계가 그려져 있다.

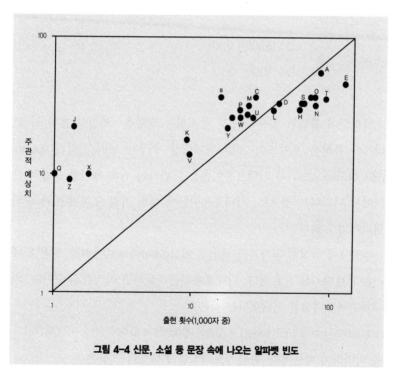

그림 4-4 신문, 소설 등 문장 속에 나오는 알파벳 빈도

그림 4-4에는 신문이나 소설 등의 문장 중에 나오는 알파벳 빈도(가로축)와 주관적 예상치(세로축)에 대한 관계를 나타내고 있다. 어느 그림에서나 확률이 적은 것은 과대평가되고, 확률이 큰 것은 과소평가된다는 사실을 보여준다.

| 확실성 효과 |

■ 질문 4 | A : (500만, 0.10 : 100만, 0.89)

B : (100만, 1)

■ 질문 4′ | C : (500만, 0.10)

D : (100만, 0.11)

사람들이 확실한 것을 특별히 중시하는 경향을 '확실성 효과'라 한다. 이 특성은 프랑스의 노벨 경제학상 수상자 모리스 알레(Maurice Felix Charles Allais)가 기대효용이론을 비판하기 위해 제시한 실증적 근거에서 나타나는 것으로, 기대효용이론에 대한 가장 오래된 비판 중의 하나이기도 하다.

질문 4에서 실험 참가자의 과반수 이상(53%)이 A보다 B를, 질문 4′에서는 D보다 C를 선호했다. 기대효용이론대로라면 이것은 모순이다. 왜냐하면 A보다 B를 선택했다는 것은,

U(100만) > 0.10U(500만) + 0.89U(100만) + 0.01U(0) …… (제1식)

을 의미하기 때문이다. 한편 D보다 C를 선택했다는 것은,

행 동 경 제 학

$$0.10U(500만) + 0.90U(0) > 0.11U(100만) + 0.89U(0) \cdots\cdots (제2식)$$

이라는 결과를 이끌어낼 수 있다. 따라서 제1식을 변형하면,

$$0.11U(100만) > 0.10U(500만)$$

이 되지만,

제2식에서는,

$$0.10U(500만) > 0.11U(100만)$$

이라는 부등호가 서로 반대인 식이 나오게 되므로 확실히 모순되는 것을 알 수 있다.

알레는 실험 참가자가 확실히 얻을 수 있는 결과(즉 확률 1)를 더 중요시하는 경향을 나타내기 때문에 이 같은 현상을 '확실성 효과'라 명명했지만, 발견자인 알레를 기념하여 알레 패러독스로도 많이 불린다. 이 같은 결과는 카너먼과 트버스키도 확인했다. 덧붙여 말하면 기대효용이론의 강력한 옹호론자인 레오나르도 서벳즈도 1952년 파리에서 개최된 학회에서 알레에게 이 질문을 받자 역시 모순된 답변을 했다고 한다.

이 패러독스는 프로스펙트 이론으로 설명할 수 있다. 즉 이미 패러독스가 아니다. 가치 함수와 확률 가중 함수를 이용하여 나타내면 제1식은,

$$[(1 - w(0.89))]U(100만) > w(0.10)U(500만)$$

이 되고, 제2식은,

$$w(0.10)U(500만) > w(0.11)U(100만)$$

이 된다.

두 식을 합치면,

$$[1 - w(0.89)]U(100만) > w(0.11)U(100만)$$

즉,

$$\{ 1 - [\, w(0.89) + w(0.11) \,] \} \, U(100만) > 0$$

이 되지만 확률 가중 함수의 준가법성(subadditivity)에 따라서,

$$w(0.89) + w(0.11) < 1$$

(0.89, 0.11과 같이 합이 1인 두 가지 확률값은 확률 1, 즉 확실한 확률에 미치지 못한다. 예를 들어 사람들은 확률 0.89로 10만 원을 받는 게임을 하고 다시 확률 0.11로 10만 원을 받는 게임을 하는 것보다는 확실하게 10만 원을 따는 것을 선호한다. : 역주)

이기 때문에 두 식은 모순 없이 성립하게 된다.

리스크 성향의 4가지 패턴

카너먼과 트버스키의 실험에서는 확률이 낮을 때 이익에 대한 리스크를 추구하는 대신 손실은 리스크 회피적으로 나타난다. 확률이 중에서 고일 때는 이익에 대한 리스크 회피와 손실에 대한 리스크 추구 성향을 관찰할 수 있다.

　이것은 낮은 확률에 대한 과대평가로 인해 이익에 관해서는 리스크 추구로, 손실에 관해서는 리스크 회피로 나타남을 의미하는 것이다.

확 률	이 익	손 실
중 ~ 고	리스크 회피	리스크 추구
저	리스크 추구	리스크 회피

표 4-2 리스크 성향의 4가지 패턴

행 동 경 제 학

확률이 중간 이상일 때에는 확률을 과소평가해 이익의 리스크 회피와 손실의 리스크 추구가 표출되는 것을 나타낸다. 이러한 특성을 파악하면 표 4-2처럼 리스크 성향과 손익의 관계에 대한 4가지 패턴을

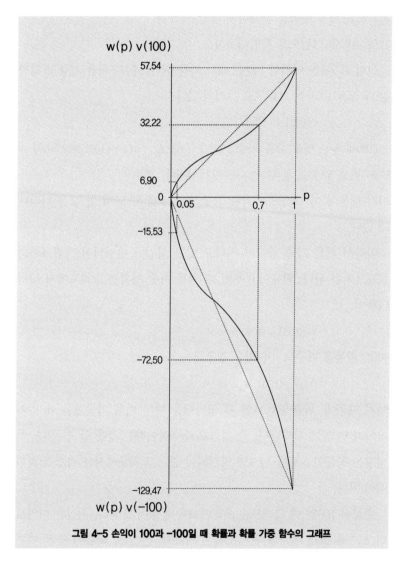

그림 4-5 손익이 100과 -100일 때 확률과 확률 가중 함수의 그래프

얻을 수 있다.

이 패턴에 따라 당첨 확률이 매우 낮음에도 복권을 경쟁적으로 구입하는 일이나 감염될 확률이 매우 낮지만 광우병에 걸릴까 봐 소고기를 기피하는 행동 따위를 충분히 이해할 수 있다.

이 패턴을 그림으로 확인해보자.

그림 4-5에는 이익이 100일 때의 확률 p(가로축)와 확률 가중적 평가값 'w(p)v(100)'이 그래프로 그려져 있다.

$$v(100) ≒ 57.54$$

(100% 얻는 경우 확률 가중 가치는 1이므로 'w(1)v(100) = v(100) ≒ 57.54'이고, 57.54는 화폐와는 다른 평가 단위다. : 역주)

이기 때문에 이 그래프는 확률 가중 함수 w를 57.54배 한 값을 나타내고 있다.

따라서 확률 가중 함수가 지니고 있는 성질이 반영되어 그림 4-5의 그래프처럼 된다. 확률이 0.05일 때 확률 가중 가치는 그래프에서 나타나듯이,

$$w(0.05)\ v(100) ≒ 6.9$$

이고, 확률을 가중되지 않았을 경우에는,

$$0.05\ v(100) ≒ 2.9$$

이기 때문에, 확률을 0.05인 채 평가했을 때에 비해 가중했을 때 쪽이 가치가 더 높게 나타난다. 즉 리스크 추구적이라는 것을 알 수 있다. 이 성질은 확률이 0.35를 넘으면 역전되어 중·고 확률에서는 리스크 회피적이 된다.

손실이 100일 때 그래프는 p축 아래쪽에 놓이게 된다. 손실은 이익보다 2.25배 크게 평가된다는 것에 주의하자. 손실은, 확률이 낮을 때는

리스크 회피적, 확률이 중간 이상일 때는 리스크 추구적이 되는 것을 알 수 있다.

편집 프로세스와 결합 프로세스(Coding and Combination)

프로스펙트 이론에서는 사람들이 결정을 내릴 때 2가지 프로세스를 거친다고 가정한다. 첫 프로세스는 '편집' 프로세스로서 결정과 관련이 있는 행위나 조건, 결과 등이 인식된다. 준거점의 선택도 '편집' 프로세스에서 이뤄진다.

둘째 프로세스는 '결합'으로서 먼저 가치 함수가 적용되고 대상의 가치가 적용된다. 그 뒤를 이어 확률 가중 함수가 적용되고, 그 대상이 발생할 확률에 가중치가 붙는다(첫째와 둘째 작업은 순서가 반대일 때도 있고 동시에 이뤄질 때도 있다). 그 뒤에는 가치를 산출하고 확률을 가중한 결과를 합쳐 종합적인 평가를 내린다. 그리고 여러 가지 결과가 내포된, 즉 확률 p로 100만 원이 당첨되고, 확률 '1 – p'로 5만 원이 당첨되는 복권에 대해서는 각각에 대한 개별 평가를 종합하여 이 복권을 평가한다.

즉 어떤 결과(이익 또는 손실) x가 확률 p로 얻어지고, 결과 y가 확률 q로 얻어지는 프로스펙트의 전체적인 가치는,

$$V = w(p)v(x) + w(q)v(y)$$

가 된다.

이 같은 편집 프로세스나 평가 프로세스도 시스템 II에 의해 의식적으로 계산된 다음 실행된다고 한정할 수 없고, 시스템 I의 움직임에 따라 자동적·무의식적으로 행해질 때도 많다는 것에 주의하자.

마지막으로 프로스펙트 이론과 직접적인 관계는 없지만 앞에서 언급한 알레 패러독스와 함께 기대효용이론에 대한 반례로 예전부터 알려진 '엘즈버그 패러독스'에 대해 살펴보자.

여담이지만 이 패러독스의 발견자인 대니얼 엘즈버그(Daniel Ellsberg)는 하버드 대학에서 경제학 박사 학위를 취득한 후 미 국방부 직원으로 근무했는데, 국방부의 〈베트남 비밀문서〉를 매스컴에 폭로하여 일약 스타가 된 인물이다. 그는 이라크전쟁이 발발했을 때는 공원에서 동맹파업을 주도하다 체포되기도 하였다.

엘즈버그 패러독스는 다음과 같은 선택 문제로 나타난다.

■ 질문 5 | 구슬 90개가 들어 있는 불투명한 항아리가 있다. 그 중 30개는 빨간 구슬이고 나머지 60개는 검은색과 노란색인데, 그 비율은 알 수 없다. 색을 선택한 후 꺼낸 구슬의 색과 맞으면 상금 100달러를 받을 수 있는데 빨간색과 검은색 구슬을 선택할 수 있다. 빨간색에 걸까? 아니면 검은색에 걸까?
다음은 미리 두 가지 색을 선택하고 어느 쪽이든 해당되는 색깔의 구슬이 나오면 상금을 받을 수 있다.
1) 빨간색 또는 노란색, 혹은 2) 검은색 또는 노란색의 조합 중에서 선택할 수 있다. 빨간색 또는 노란색에 걸까? 검은색 또는 노란색에 걸까?

실험 참가자 대부분은 처음 문제에서는 빨간색을, 두 번째에서는 검은색 또는 노란색을 선택했다. 이는 기대효용이론을 전제로 하면 이론에서 어긋나는 행동이다. 왜냐하면 두 번째 질문에서 노란색은 공통으로 존재하므로 선택에 영향을 주지 않아 무시할 수 있기 때문이다(표 4-3 참조). 나머지 부분은 양쪽 문제에서 완전히 같기 때문에 선택은 일관되어야 한다. 그러나 실험 참가자의 선택은 모순점을 드러냈다.

나이트(Frank Hyneman Knight)는 일반적인 불확실성을 두 가지로 나누어 사상(事象)의 확률 분포를 완전히 이해한 상태인 '리스크'(위험)와 확률 분포에 대해 전혀 모르는 상태인 '불확실성'으로 분류했다. 일반적으로 양쪽 모두 불확실성이라 불리는 경우가 있기 때문에 헷갈리기 쉽지만 질문 5에서 항아리 속의 검은 구슬과 노란 구슬은 리스크(분포를 완전히 이해)나, 불확실성(분포를 전혀 모르는) 어느 쪽에도 해당되지 않는다.

		30개	60개	
		빨간색	검정	노랑
■ 질문 5 ①	빨간색	$100	0	0
	검은색	0	$100	0
■ 질문 5 ②	빨간색 또는 노란색	$100	0	$100
	검은색 또는 노란색	0	$100	$100

표 4-3 엘즈버그 패러독스(주 : 3가지 색깔 선택 문제이고 밑줄 친 대안이 선택된 것임.)

확률 분포에 대해 전혀 모르는 상황도 아니고, 완전히 이해한 상황도 아니기 때문이다.

엘즈버그는 양자의 중간 단계를 고려해야 한다고 지적하고, 이 상태를 '애매모호성'이라 불렀다. 질문 5에서 나타난 실험 참가자의 선택은 사람들이 애매모호성을 회피하는 경향이 있다는 것을 나타낸다.

제 5 장

프로스펙트 이론(2) : 응용

|

'소유하고 있는 물건'에 구속됨

'우리들 행동반경의 태반을 차지하는 것은
양심이나 이성이 아니라 세상의 눈이다.
세상이란 우리들 주변에서 우리들을 평가하는 자들을 말한다.'

—

해즐릿(Henry Hazlitt) 『잠언집』

준거점 의존성 · 손실 회피성과 무차별곡선

제4장에서는 장래의 이익이나 손실이 확률적인 의미에서 일종의 리스크가 있을 경우의 선택을 살펴보았다. 그렇지만 리스크가 없는 상태(확률이 1인 상태)에서 사건이 발생하면, 의사 결정자가 받아들일 경우라고 하더라도 프로스펙트 이론의 가치 함수에 의한 사고방식은 얼마든지 적용될 수 있다. 즉 리스크가 없는 확실한 경우에도 제4장에서 확인한 준거점 의존성이나 손실 회피성이 판단이나 선택에 두루 영향을 끼친다는 점을 살펴보자.

표준 미시경제학의 분석 도구로서 무차별곡선이라는 것이 있다. 이곡선은 소비자 이론이나 수요 이론 또는 시장 이론에서 매우 중요한 역할을 한다. 그림 5-1에서 나타나듯이 가로축에 상품 x, 세로축에 상품 y의 수량을 측정하고 무차별한, 즉 동일한 효용을 지닌 조합(예를 들면 A와 B)을 연결한 곡선이 무차별곡선이다. x와 y는 어떤 상품이어도 괜찮다. 예를 들어 x는 사과, y는 밀감이라고 해도 된다.

표준적인 무차별곡선은 상품 x, y의 조합에 의해 결정되며, 초깃값(준거점)의 위치는 관계가 없다. 그런데 프로스펙트 이론에서는 준거점의 도입과 손실 회피성에 따라 무차별곡선이 표준적 이론과 달리 그려지게 된다.

그림 5-1에서, 준거점 R에서 볼 때 A와 B는 무차별하다고 가정하자. 이때 무차별곡선은 L_r이 된다. 준거점 R에서 상품 x의 증감만을 보면 R에 비해 A에서는 x가 'x_2-x_1' 만큼 증가하고, B에서는 x의 증감이 제로다. 마찬가지로 준거점 S에서 상품 x의 증감만을 보면 S에 비해 A에서는

x의 증감이 제로지만, B에서는 'x₂-x₁' 만큼 감소했다. y값의 변화는 무시할 수 있다. R과 S의 y값이 같기 때문에 R과 A, B 그리고 S와 A, B를 비교한 값은 같을 수밖에 없다. 따라서 R에서 본 A의 가치보다 S에서 본 B의 가치가 작아진다.

여기서 S를 준거점으로 설정하면 A를 지나는 무차별곡선 I_s는 B 위쪽으로 지나가게 된다. 즉 R에서 보면 A는 B보다 x에 관해서 'x₂-x₁' 만큼 크고, S에서 보면 B는 A보다 x에 대해 'x₂-x₁' 만큼 작다. 손실 회피성에 의해 후자의 마이너스가 전자의 플러스보다 크기 때문에 S에서 보면 A와 B는 이미 무차별이 아니며, B보다 A를 선호하게 된다.

준거점이 어디에 있느냐에 따라 A와 B의 무차별 관계가 변화한다. 결국 두 무차별곡선은 교차하게 되고, 주류 경제학이 이론적 기초를 두고 있는 무차별곡선은 의미를 잃게 된다.

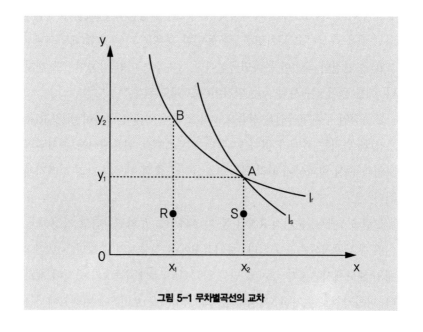

그림 5-1 무차별곡선의 교차

보유 효과와 현상 유지 바이어스(Endowment Effect and Status Quo Bias)

제4장에서 확인한 손실 회피성이 사람의 행동에 미치는 영향은 두 가지가 있다. 하나는 세일러가 명명한 '보유 효과'(endowment effect)이며, 다른 하나는 윌리엄 새뮤얼슨(William Samuelson)과 리처드 제크하우저(Richard Zeckhauser)가 규정한 '현상 유지 바이어스'(status quo bias)다.

우선 보유 효과부터 살펴보자. 보유 효과란 사람들이 어떤 물건이나 상태(재산뿐 아니라 지위, 권리, 의견 등도 포함된다)를 실제로 소유하고 있을 때는 그것을 지니고 있지 않을 때보다 그 자체를 높게 평가하는 것을 말한다.

세일러는 보유 효과를 설명하기 위해 어떤 사람을 예로 들었다. 그는 1950년대에 1병에 5달러를 주고 산 와인이 현재는 그 가치가 100달러에 이르는데도 팔 생각이 없고, 또 똑같은 와인을 지금 다시 살 경우에는 35달러 이상은 주지 않으려 한다.

보유 효과는 두 가지 의미에서 손실 회피성을 구체적으로 드러낸 사례다. 첫째, 소유하고 있는 물건을 내놓는 것(매각)은 손실로, 그것을 손에 넣는 일(구입)은 이익으로 느끼는 것이다. 둘째, 물건을 구입하기 위해 지불하는 금액은 손실로, 그것을 팔아서 얻는 금액은 이익으로 취급한다. 하지만 손실 회피성에 따라 어느 쪽이라 해도 이익보다는 손실 쪽을 크게 평가하게 된다. 따라서 손실을 피하려고 가지고 있는 것을 팔려 하지 않고, 실제로 소유하고 있는 물건에 대한 집착이 생기는 것이다.

사람들은 일반적으로 기회비용과 실제로 지불한 비용의 금액이 같을 때 후자를 더 소중하게 평가하는 경향을 보인다. 이런 현상은 여러 사례에서 확인되는데, 이 바이어스는 보유 효과로 설명할 수 있다. 실제로 지불한 비용은 손실이며, 기회비용은 얻을 수 있었지만 얻지 못한 이익으로서 반드시 손실로 간주되는 것은 아니다. 따라서 양쪽이 같은 크기였다 해도 손실 회피성에 따라 실제로 지불한 비용은 과대평가되고 기회비용은 경시된다.

보유 효과의 존재를 실험을 통해 최초로 확인한 사람은 크네시(J. L. Knetsch)와 신덴(J. A. Sinden)이다. 그들은 실험 참가자를 반으로 나눠 각각 추첨권과 현금 2달러씩을 주고, 서로 거래할 수 있는 기회를 주었다. 그러나 실제로 거래를 한 사람은 거의 없었다. 양쪽 모두 자신들이 소유한 물건이 상대방 물건보다 좋다고 평가한 것이다.

이와 같은 선호는 원래 추첨권을 높게 평가하는 사람에게 우연히 추첨권을 주고, 추첨권보다 현금을 높게 평가하는 사람에게 우연히 현금을 주었을 때 발생할 수 있지만, 그럴 가능성은 매우 희박하다. 즉 보유 효과가 발생한 것이다.

크네시가 실시한 또 다른 실험에서도 똑같은 결과가 나타났다. 실험 참가자를 3개 그룹으로 나누어 첫째 그룹에 머그 컵을 주면서 400g짜리 초콜릿 바와 교환해도 된다고 했다. 둘째 그룹은 첫째 그룹과 반대로 400g짜리 초콜릿 바를 주면서 머그 컵으로 교환할 수 있는 기회를 주었다. 교환에 필요한 시간이나 별도의 수고가 들지 않도록 고안된 실험이라 거래 비용은 거의 무시해도 된다. 또 셋째 그룹은 두 가지 물건 중에서 자신이 좋아하는 것을 선택하도록 했다.

실험 결과, 첫째 그룹의 89%는 머그 컵을 선호했다. 즉 초콜릿 바와 교환하지 않았다. 둘째 그룹에서는 90%가 초콜릿을 선택했다. 그들 역시 머그 컵과 교환하기를 원하지 않았다. 이 결과는 언뜻 보기에 머그 컵과 초콜릿에 대한 평가는 어느 한쪽으로 치우침이 없다는 것을 의미하는 것이다. 머그 컵과 초콜릿 바 중에서 좋아하는 쪽을 자유롭게 선택하도록 한 셋째 그룹에서 거의 반반 비율로 선택한 것을 보더라도 이 사실을 충분히 뒷받침하고 있다.

그런데 초콜릿보다 머그 컵을 선호하는 사람은 첫째 그룹에서 89%, 둘째 그룹에서 10%로 크게 차이가 났다. 이런 점을 미루어 볼 때, 보유 효과가 강하게 작용한다는 것을 알 수 있다. 이 같은 보유 효과는 시장의 압력이 있을 때나 학습에 의해 감소될 것이라는 주장이 있기도 하지만 카너먼, 크네시와 세일러는 참가자 700명으로 구성한 대규모 모의 시장 거래 실험을 수행하여 보유 효과는 범위가 넓고 강한 현상이며, 순수 시장에서도 발생한다는 사실을 확인하였다.

| 수취와 지불의 차 |

보유 효과는 사람이 어떤 물건(권리나 자연환경, 경제 상태, 건강 상태 등을 포함한다)을 내놓고 그 대가로 희망하는 최솟값, 즉 수취 의사액(WTA, Willingness To Accept)과 그것을 손에 넣기 위해 지불할 만하다고 생각하는 최댓값, 즉 지불 의사액(WTP, Willingness To Pay) 사이의 괴리를 의미한다. 한마디로 자신이 보유한 물건의 대가로 요구하는 액수는 그것을 가지고 있지 않을 경우에 구입 비용으로 지불할 만하다고 생각하는 액수보다 크다는 것이다. 이 현상 자체는 신고전파의 효용이론에 모순된 것이 아니라 보유 효과에 따라 WTA와 WTP가 벌어진다는 사실을 알려주고 있다. 그러나 두 값은 일반적으로 차이가 매우 적다. 따라서 어떤 물건에 대한 평가로서는 어느 쪽 값을 사용해도 큰 차이는 없다고 되어 있으나, 실험 결과는 이와 같은 예상을 완전히 뒤집어놓았다.

카너먼과 크네시는 다양한 대상을 상대로 WTA와 WTP의 괴리를 조사했다. 그들은 습지나 낚시터, 우편 서비스, 공원의 수목 등 시장에서는 거래되지 않지만, 그 소유권이나 사용권을 포기할 경우에 받고 싶은 금액(WTA)과 그와 같은 권리는 없지만 그것을 현재 상태로 보존하기 위하여 지불하고자 하는 금액(WTP)을 조사해봤다. 그 결과 WTA는 WTP보다 2~17배나 큰 값이 나왔다. 게다가 그것은 보유 효과의 존재나 전략적인 허위 답변의 원인으로는 설명할 수 없는 것이었다.

이와 같은 WTA와 WTP의 괴리는 표준 경제 이론의 핵심부에 중대한 의문을 던지게 된다. 그것은 두 무차별곡선은 결코 교차하지 않는다는 성질 때문이었다. 이 성질은 무차별곡선이 '가역적'(可逆的)이라는 암묵적 전제 아래 성립된다.

즉 상품 x를 가지고 있을 때 상품 x를 y와 교환하는 것이 무차별하다면, 반대로 상품 y를 가지고 있을 때에는 상품 y를 x와 교환하는 것 역시 무차별하지 않으면 안 된다. 그러나 보유 효과에 따라 WTA와 WTP의 값이 큰 차이를 보인다면, 그 가역성은 이미 성립되지 않는다. 즉 준거점으로부터 이동 방향이 다르면, 정상적인 무차별곡선과 다른 곡선이 그려질 뿐만 아니라 그 두 곡선들이 교차하게 된다(그림 5-1 참조).

크네시는 이와 같은 무차별곡선의 비가역성(非可逆性)에 대해 확인했다. 그는 전화 인터뷰를 통해 현재 소득이 700달러 감소하는 것과 1년간 입원해야 하는 사고를 당할 확률이 0.5% 증가하는 것 중 어느 쪽을 선택할지를 조사하였다.

첫째 그룹에게는 사고를 당할 확률이 0.5%에서 1%로 증가하고, 대신에 700달러가 지급된다고 하면, 그것을 받아들일지 아닐지를 질문했다. 그 결과 61%가 거부했다. 이 사실은 많은 사람에게 이 확률의 증가가

700달러 이상의 가치를 지닌다는 것을 의미한다. 한편 다른 그룹에게는 반대로 사고를 당할 확률이 1%에서 0.5%로 감소한다면 소득이 700달러 줄어도 좋은지 아닌지를 질문했다. 받아들인 사람은 27%뿐이었다. 즉 많은 사람에게 이 확률의 감소는 700달러 이하의 가치밖에 안 된다는 것을 뜻한다.

이처럼 준거점으로부터의 이동 방향이 다르면 선호도 역시 달라진다. 첫 실험에서는 39%에 해당하는 사람들만이 확률의 변화보다 700달러를 선호하였고, 다른 그룹의 실험에서는 73%가 확률의 변화보다 700달러를 선호한 것이 된다.

또한 보유 효과에 의해 발생하는 WTA와 WTP의 괴리는 공공 정책의 이론적 기초인 비용편익분석(cost benefit analysis)에서도 중대한 의문을 던진다. 비용편익분석은 공공사업 같은 정책의 실행 여부를 결정하고자 할 때, 해당 사업이 실현될 경우에 사회의 모든 구성원에게 가져다주는 비용과 편익을 계산함으로써 실행 여부를 판단하는 기법이다.

공원 조성 사업은 공원이 주는 편익을 산정할 필요가 있다. 하지만 공원은 시장에서 거래되는 재화가 아니기 때문에 편익을 측정하기에 곤란한 점이 많다. 바로 이런 경우에 가상적인 시장을 설정해 실험적으로 편익을 측정하는 '상황적 가치 평가법'(CVM, contingent valuation method)이라는 측정법이 자주 이용된다. CVM은 어떤 재화나 서비스의 편익 평가에도 적용할 수 있기 때문에 최근에는 공공재의 공급이나 공공사업, 환경 등 광범위한 분야에서 편익 평가법으로 이용되고 있다. CVM의 요점은 사람들에게 WTA와 WTP에 대해 직접적인 답변을 받아 그 편익을 금액으로 표현하는 것이다. 이 경우에 WTA와 WTP에 괴리가 발생하면 적절한 평가 값으로서 어느 것을 사용해야 좋을까? 이에 대해서는 확정적인 결론은 아직 마련되어 있지 않은 실정이다.

다음과 같은 세일러의 질문 역시 WTA와 WTP의 괴리가 발생하는 예다. 그는 실험 참가자인 학생들에게 두 가지 질문을 했다.

하나는 '당신은 1주일 이내에 사망할 가능성이 매우 높은 병원균에 감염될 위기에 놓였다. 감염될 확률은 0.001이다. 이 병의 치료를 위해 얼마까지 지불할 수 있는가?' 다. 또 다른 질문은 '이 병의 연구를 위한 자원 봉사자를 모집하고 있다. 자원 봉사 업무는 감염될 확률이 0.001인 병원균에 노출되어 있다. 치료가 허락되지 않는다면 최소한 얼마를 받아야 이 자원봉사에 응모할 것인가' 다. 전형적인 답변은 처음 질문에는 200달러, 둘째 질문에는 10,000달러였다.

WTA와 WTP의 괴리에 관한 이 조사는 실험실 학생들을 대상으로 실시되었다. 그 때문에 충분한 금전적 인센티브 없이 상품의 가치 평가라는 익숙지 않은 실험에 의해 도출된 결과에 불과하고, 현실적으로는 그 정도로 차이가 크게 벌어지지 않는다는 비판도 있다.

그러나 최근에 호로비츠(J. K. Horowitz)와 매코넬(K. E. McConnell)이 지금까지 보고된 연구 45개를 종합해 다음과 같은 결론을 이끌어냈다.

첫째, WTA는 WTP의 약 7배다. 둘째, 시장에서 거래되는 통상적인 상품에서는 이 비율이 작고, 공공재나 환경 같은 비시장 재화에서는 크다. 셋째, 실험실의 학생이 아니라 일반 시민들을 대상으로 상품 평가를 실시해도 이 괴리는 감소하지 않았다. 또한 같은 평가를 반복하여 실험해도 이 차이는 해소되지 않는다는 것도 알아냈다. 이로써 실험실 학생을 대상으로 했기 때문에 WTA와 WTP의 괴리가 크다는 비판은 맞지 않는다. 또한 WTA와 WTP의 괴리는 자주 발생하는 현상이기도 하다.

이에 따라 WTA와 WTP의 괴리를 이유로 노벨 경제학상을 수상한 로널드 코스(Ronald H. Coase)가 제기하고 주류 경제학에서 자주 언급되는 '코스의 정리'(Coase's Theorem)는 이제 성립하지 않게 되었다.

'코스의 정리'는 당사자 두 명 사이에서 이해가 대립함으로써 발생하는 거래 관계에 관한 정리(Theorem)다. 공장주 A와 강을 소유한 주민 B가 있다고 가정하자. A가 소유한 기업은 공해를 발생시키는 재화를 생산하고, 이로 인해 강 주인인 B에게 손해를 끼치게 됨으로써 A와 B의 이해(利害)가 대립하게 되었다. A는 공장주 입장에서 생산 활동을 지속하기 위해 강에 오염된 물을 방출할 권리를, B는 강 주인으로서 오염된 물이 강으로 유입되는 것을 막을 권리를 지니고 있다. 결국 B는 A를 만나 협상을 할 것이고, 누가 자신의 권리에 더 많은 가치를 부여하느냐에 따라 거래가 형성될 것이다. 예컨대 A는 돈을 주고 폐수 방출권을 살 수 있다.

이러한 예를 들어 코스는 단지 공해를 유발하는 쪽이 나쁘다는 일방적·단선적 사고의 틀을 극복하고 둘 다 가치 있는 행위에서 비롯된 것이라며, 양측의 권리가 시장 내에서 거래될 수 있도록 정부가 법 제도를 정비하는 것이 사회적으로 편익이 극대화된다는 정리를 만들었다.

코스의 정리는 당연히 WTA와 WTP가 일치한다는 암묵적인 전제를 바탕에 두고 있다. 그러나 현재 코스의 정리는 성립되지 않는다. 즉 기업 A가 공해를 발생시켰더라도 A에게 그 재산을 생산할 권리가 있는지, 또는 주민 B에게 쾌적한 환경에서 살 수 있는 권리가 있는지, 그 출발점의 차이가 보유 효과에 따라 결정적으로 중요해지기 때문이다.

보유 효과는 시장이나 거래에도 영향을 끼칠 가능성이 있다. 보유 효과가 발생하면 거래에 따른 이익이 감소하게 된다. 원인은 상호 유리한 거래가 줄어들기 때문인데, 실제로 거래량은 표준 경제 이론의 예측보다도 더 줄어든다. 토지, 특히 농지 소유자가 토지에 애착이 깊다면 시장 가격보다 높은 가격을 제시해도 땅을 팔려고 하지 않는다는 이야기를 종종 들을 수 있다. 이는 보유 효과에 따른 거래 감소를 보여주는 좋은 예다. 이런 사례를 보면, 보유 효과를 발생시키는 원인 중 하나로 인간의 애착과 같은 감정을 들 수 있다.

그러나 카너먼이나 크네시의 실험에서 참가자에게 나누어준 머그 컵이나 초콜릿 바는 우연히 입수한 물건이다. 이와 같이 재산에 대해서도 보유 효과가 발생하는 것을 오랜 기간 소유했다는 애착만으로는 설명할 수 없다(노벰스키와 카너먼은 이를 '순간적 보유 효과'로 부른다). 이 점에 관한 심리 기제(mechanism)는 충분히 설명되어 있지 않다.

보유 효과는 기업 등의 조직에서도 발생할 수 있다. 자기 자신의 입장이나 지위를 지키려고 하거나, 자신이 속한 부서에 애착이 특별할 가능성도 있다. 이런 행위는 조직의 인사 정책이나 인센티브 정책에도 영향을 끼칠 수 있다.

뿐만 아니라 우연히 또는 운 좋게 얻은 재산이나 기득권에 대해서도 작용하기 때문에 정부 인허가, 면허 등 다양한 법적 권리(소유권, 사용권) 등에 대해서도 보유 효과가 발생하게 된다.

한편 노벰스키(N. Novemsky)와 카너먼은 재산을 이용하지 않고 재판매나 현금으로 교환할 목적인 경우에는 보유 효과가 발생하지 않을 것으로 예상했다. 그들은 토큰(대체화폐)을 이용한 실험을 통해 사용가치가 없고, 곧바로 현금화할 수도 없는 토큰의 경우에는 보유 효과가 매우 작다는 것을 알아냈다.

존 리스트는 실제 스포츠 카드(스포츠 스타의 사진을 담은 카드로서 해외에서는 사고 팖. : 역주) 시장에서 이루어지는 거래를 관찰하고 이 사실을 확인했다. 거래 경험이 풍부한 베테랑 거래자에게는 보유 효과가 발생하지 않으며, 판매 목적으로 재산을 소유할 때 역시 보유 효과가 발생하지 않는다고 한다. 화폐는 일반적으로 재화와 교환(구입)할 목적으로 보유하기 때문에 화폐를 내놓는 일은 손실로 간주하지 않고, 보유 효과도 발생하지 않는다.

또한 거래 당사자나 타인에 의해 보유 효과가 예측될 수 있는가 하는 명제에 대해 반 보벤(Van Boven)과 로엔스틴은 구매자는 물론 구매 대리인도 예측하기 어렵다는 결론을 내리고 있다. 이 밖에도 반 보벤과 로엔스틴은 보유 효과가 과거의 소유 이력(履歷)에 영향을 받기도 한다고 설명하고 있다.

현상 유지 바이어스

손실 회피성에서 도출된 또 다른 성질이 현상 유지 바이어스다. 사람은 현재 상태(현상 유지)에서 변화하는 것을 회피하려는 경향이 있다. 현재 상황이 특별히 나쁘지 않은 한 변화를 시도하면 좋아질 가능성과 나빠질 가능성 두 가지가 된다. 이때 손실 회피 작용이 발동하면 현상 유지에 대한 지향이 강해진다.

최근에 이 바이어스를 발견한 새뮤얼슨과 제크하우저는 현상 유지 바이어스와 관련된 가상 실험을 실시했다.

첫째 그룹에게는 다음과 같이 중립적인(기준이 되는) 질문을 던졌다. '당신은 신문의 경제면을 열심히 읽는 독자인데, 지금까지는 투자할 자금이 없었다. 그러나 최근 뜻밖에도 작은할아버지에게서 아주 많은 현금을 증여받았다. 당신은 포트폴리오를 짜려 한다. 선택 대안으로는 다음 4가지가 있다. 별로 리스크가 크지 않은 회사의 주식, 리스크가 꽤 큰 회사의 주식, 재무성 채권 그리고 지방채다. 이 4가지 선택 대안 중 어느 것을 선택할 것인가.'

다른 그룹에 대한 질문 역시 내용이 비슷했다. 다만 첫째 그룹에 제시한 선택 대안 외에 '현상'을 더 추가하였다. '당신은 신문의 경제면을 열심히 읽는 독자인데, 지금까지는 투자할 자금이 없었다. 그러나 최근 뜻밖에도 작은할아버지한테서 현금과 증권을 증여받았다. 증권 대부분은 별로 리스크가 크지 않은 회사에 투자되어 있다(현상)〔이하 현금에 대한 질문은 첫째 그룹과 동일〕.'

셋째 그룹에게는 현상(초기 상태)과 관련된 선택 대안이 여러 가지 제시되었다. 그리고 현상 유지를 선택하는 정도와 현상 유지 이외의 경우를 선택하는 정도를 알아보았다.

그 결과 모든 선택 대안에서 변화보다는 현상 유지 쪽이 훨씬 더 많이 선택된다는 사실이 밝혀졌다. 특히 선택 대안의 수가 많아지면 많아질수록 현상 유지를 더 선호한다는 사실까지 알게 되었다.

이 실험 외에도 하트먼(R. S. Hartman)과 동료 연구자들은 현상 유지 바이어스에 관한 공공 정책상 중요한 의미를 지닌 조사를 실시했다. 이들은 캘리포니아 주의 전력 서비스에 대한 신뢰도와 전기 요금의 선호에 대한 전력 소비자들의 실제 데이터를 기초 자료로 사용하였다.

우선 소비자 그룹을 둘로 나누어 실상을 파악했다. 1그룹은 서비스 신뢰도는 높지만(연간 3회 정전), 비싼 요금으로 계약한 소비자들이었다. 2그룹은 신뢰도는 낮지만(연간 15회 정전), 요금이 1그룹보다 30% 싸게 계약을 맺고 있었다. 이 두 그룹을 대상으로 하트먼 일행은 각각의 그룹별 현상과 신뢰도, 요금에 관한 6가지 조합을 제시하고, 무엇을 선택할지를 물었다.

결과는 역시 강력한 현상 유지 바이어스가 관찰되었다. 1그룹은 60%가 현상 유지를 가장 선호했고 요금이 30%나 저렴한 서비스로 바꾸겠다는 소비자는 불과 6% 정도였다. 또한 2그룹에서는 신뢰도가 낮음에도 58%가 현상 유지를 가장 선호하였으며, 신뢰도가 높은 서비스를 선택한 소비자는 6%에 지나지 않았다.

공공서비스 사업에 대한 신뢰도는 공공사업 간의 자원 배분, 사업 규모의 확대, 요금 결정 등에 큰 영향을 끼친다. 따라서 소비자의 설문 조사 등에서는 이런 종류의 현상 유지 바이어스를 충분히 고려할 필요성이 있다.

현상 유지 바이어스는 현재 상태에서 움직이려 하지 않는다는 의미에서 '관성'이 작용하고 있는 것이다. '관성은 물리적인 세계뿐만 아니라 사회적인 세계에서도 작용한다'(모신스키와 바빌레르).

새뮤얼슨과 제크하우저는 '현상 유지를 고집하는 기업의 관습에 따라 현직을 한 번 더 재임하려고 하고, 같은 브랜드 상품을 사고, 같은 직장에 머무는' 사람들의 성향은 이런 관성과 결부되어 있다고 말한다.

이런 특징을 고려할 때, 현상 유지 바이어스는 현재의 상태에 기준점을 내린 기준점 효과의 일종으로 볼 수도 있다.

사람들, 특히 소비자나 노동자는 상품의 가격·임금·이윤 등의 결정을
내리는 행동에서 무엇을 공정(公正)하다고 생각할까? '공정'에 대한 개
념이나 사고방식은 상당히 다양하며, 결정적인 정의는 현재 존재하지
않는다.

그러나 카너먼, 크네시, 세일러는 공정성에 관한 사고방식을 제시하
면서 공정이 손실 회피나 보유 효과와 밀접한 관련이 있다는 사실을 밝
혀냈다.

어떤 행위나 상태의 변화가 공정한지 불공정한지는 종종 준거점과 거
기서부터의 이동 방향을 기초로 해서 판단된다. 따라서 무엇보다 준거
점이 어디에서 결정되는지가 중요하다.

카너먼과 크네시 일행은 밴쿠버와 토론토 시민 중에서 무작위로 선발
한 사람을 대상으로 전화로 다음과 같은 설문 조사를 실시했다. 답변은
'완벽하게 공정하다, 수용할 수 있다, 불공정하다, 매우 불공정하다' 네
가지 중에서 선택하도록 하였다. 설문 조사 결과는 앞의 2가지를 '수용
할 수 있다'로, 뒤의 2가지를 '불공정하다'로 분류해 집계하였다.

■ 질문 1 │ 작은 커피숍에 종업원이 1명 있다. 그 가게에서 6개월간 시
급 9달러를 받고 일하고 있다. 가게는 순조롭게 운영되고 있었는데 근처
공장의 폐쇄로 실업자가 증가했다. 이 때문에 다른 가게에서 커피숍 종업
원과 같은 일을 하는 사람을 시급 7달러에 고용하기 시작했다. 가게 규모
는 커피숍과 같았다. 그러자 커피숍 주인도 시급을 7달러로 내렸다.

■ **질문 1ʹ** | (마지막 부분 이외는 질문 1과 동일.) 커피숍 종업원이 그만 뒀기 때문에 커피숍 주인은 시급 7달러로 신규 채용을 하기로 했다.
[수용할 수 있다 73%, 불공정하다 27%]

여기서는 종업원의 현재 임금이 준거점(참조 임금이라 한다)이 된다. 이를 기초로 커피숍 주인의 행동이 공정한지 아닌지가 판단되지만, 신규 채용자의 임금은 기준으로 적합하지 않다.

기업의 다양한 거래 상대방(소비자, 피고용자, 세입자 등)에게서는 시장 가격, 공표 가격, 과거의 거래 선례 등이 가격, 임금, 임대료 등에 관한 준거점이 된다.

그러한 준거점은 역사나 우연에 의해 결정되는 경우도 있지만 공정한 판단을 내릴 때 중요한 역할을 담당한다. 위의 사례에서, 제3자가 볼 때 시급 인하와 같은 근로조건 악화는 종업원의 손실로 간주되어 상대방에게 손실을 초래하므로 불공정하다고 판단된다. 즉 일종의 보유 효과가 작용하고 있는 것이다.

카너먼 일행은 이와 같은 거래에서 공정성의 원리는 '두 종류의 권리'(dual entitlement)로 특징지을 수 있다고 설명한다. 즉 거래자는 준거점인 이전의 거래 상태를 지속할 권리를, 기업은 준거점인 이익을 유지할 권리를 각각 지니고 있다.

그러나 사람들은, 기업이 거래 상대방의 준거점이 되는 가격이나 임대료, 임금 등에 대한 권리를 함부로 침해하여 이익을 높이는 것을 허락하지 않고 불공정하다고 판단한다. 단, 기업의 준거점인 이익이 위협받을 때에는 거래 상대방의 희생을 무릅쓰고라도 기업의 이익을 지키는 것이 결코 불공정하다고 여기지 않는다.

이처럼 공정성은, 거래 당사자가 소유하고 있다고 간주되는 권리에 대한 판단을 기초로 삼는다. 질문 1′의 답변에서 볼 수 있듯이 새로 들어온 종업원은 예전 종업원의 임금에 대해서는 아무런 권리를 행사할 수 없다. 따라서 커피숍 주인인 경영자의 행동을 불공정하게 여기지 않는 것이다. 다음 질문에서 나타나듯이 노동력에 대한 계약이 새로 체결되면 이전의 임금에 대한 권리는 소멸하게 된다.

■ 질문 2 │ 페인트 가게에서는 조수 2명을 고용하고 있고, 그들에게 시급 9달러를 지불하고 있다. 그러나 페인트 가게를 폐업하고 원예업을 시작하려고 한다. 원예업의 현행 임금은 페인트 가게보다 임금이 적기 때문에 조수의 시급을 7달러로 내리기로 했다.
[수용할 수 있다 63%, 불공정하다 37%]

공정한 판단은 준거점으로부터 차이가 생기는 방향, 즉 어디서부터 (거래 상대방에 대한) 이익인지 또는 손실인지에 의해서도 영향을 받는다. 그것은 보유 효과에서 발생하는 기회비용과 실제로 지불한 비용의 차이에서 비롯된다.

기업의 행위는 그 행위로 거래 상대방이 얻을 수 있는 이익이 감소할 때보다는 그 때문에 실제로 손실이 발생할 때 더 불공정하다고 판단하게 된다. 마찬가지로 기업의 행위는 그것이 손실 회피적인 행위일 때보다 이익을 초래했을 때가 훨씬 더 불공정하다고 판단되는 것이다.

■ 질문 3 | 어느 한 인기 차종의 공급이 부족하여 구입 희망자는 2개월이나 기다리는 상태였다. 어떤 딜러는 지금까지는 가격표에 적힌 그대로 판매했지만, 이 차종만큼은 가격표보다 200달러나 더 비싼 가격으로 팔았다.
[수용할 수 있다 29%, 불공정하다 71%]

■ 질문 3′ | 어느 한 인기 차종의 공급이 부족하여 구입 희망자는 2개월이나 기다리는 상태였다. 어떤 딜러는 지금까지는 가격표에 적힌 것보다 200달러 싸게 판매했지만, 이 차종은 가격표에 적힌 그대로 팔았다.
[수용할 수 있다 58%, 불공정하다 42%]

질문 3과 질문 3′는 판매액이 같지만 공정성에는 상당한 차이가 있다. 질문 3에서는 가격표에 적힌 판매액을 준거점으로 설정해 거기서부터 고객에게 손실이 생기면 불공정하다고 간주되었다.

반면에 질문 3′에서는 준거점이 불명확하다. 준거점을 할인 가격으로 설정하면 가격표의 판매 가격은 손실이지만, 준거점이 가격표에 적힌 판매 가격이라면 얻을 수 없었던 이익(기회비용)으로 간주되므로 불공정한 느낌이 적다. 이 경우에 후자가 더 공정하다는 견해를 나타내는 사람이 적지 않음을 보여주고 있다.

■ 질문 4 | 어떤 소기업에 종업원 여러 명이 일하고 있다. 그들의 임금은 그 지역에서는 평균 수준이다. 최근 실적이 이전보다 좋지 않다. 경영

자는 내년부터는 임금을 10% 정도 내리기로 했다.

[수용할 수 있다 39%, 불공정하다 61%]

■ 질문 4′ | 어떤 소기업에 종업원 여러 명이 일하고 있다. 그들에게는 매년 임금의 10% 정도가 보너스로 지급되었다. 그들의 임금은 그 지역에서는 평균 수준이다. 최근 실적이 이전보다 좋지 않다. 경영자는 금년부터 보너스를 지급하지 않기로 했다.

[수용할 수 있다 80%, 불공정하다 20%]

이 같은 사고방식은 가격이 아닌 임금에 대해서도 마찬가지다.

노동의 공급초과가 존재할 때 임금은 하방경직적(下方硬直的)이 될 수 있다. 즉 임금이 깎이지 않는다. 이런 특성은 최근 들어 트루먼 뷸리(Truman F. Bewley)가 강조한 것이다. 뷸리는 주로 고용주들을 인터뷰하여 경기후퇴기에 일시해고제(layoff : 일시적으로 종업원을 해고하고 향후 경영 상황이 개선되면 다시 고용하는 제도)를 실시하면서도 왜 임금 인하가 적은지를 집중적으로 검증하고 있다.

거의 모든 고용주들은 임금을 인하하면 종업원의 사기가 떨어져 회사의 실적이 악화되므로 이를 피하기 위해 임금 인하를 시행하지 않는다고 대답했다. 뷸리는 관대함, 상호간의 원리(reciprocity, 제8장 참조), 공정성이 중요한 역할을 한다고 본다.

공정성이란 무엇인가

이상에서 살펴보았듯이 기업 행위의 공정성 여부를 판단할 때 준거점과 그 준거점으로부터의 이동이 매우 중요하다는 사실을 알 수 있다. 공정성에 대한 분석을 통해 다음과 같은 경제학적 의미를 이끌어낼 수 있다. 이것은 표준 경제 이론에서는 얻을 수 없는 것이다.

기업이 가격 · 임금 · 이익 등에 대한 결정을 내릴 때에는 거래 상대방, 이를테면 종업원, 고객, 임차인이 그 결정을 공정하다고 판단할지 여부를 고려해야만 한다. 즉 기업은 공정성을 제약 조건 가운데 한 가지로 감안해 의사 결정을 내려야 하며, 비록 공적 · 법적 규제가 없더라도 무작정 이윤 추구적인 행위만 할 수는 없다. 단기적으로는 높은 이윤을 얻을 수 있을지라도 불공정하다는 악평이 나면 장기적으로 이윤을 잃게 된다. 바로 이런 점 때문에 기업은 조심스럽게 의사 결정을 할 필요가 있다.

최근 들어 기업에서는 '컴플라이언스'(compliance, 준법 감시)가 점차 중요해지고 있는데, 이를 위해서는 무엇보다 법의 준수 시점이 중요하다. 앞에서 살펴본 공정성은 법적으로 아무런 문제가 없더라도 기업 입장에서 반드시 고려해야 하는 사항이다. 따라서 기업의 의사 결정 시에는 법적인 측면뿐만 아니라 공정성이나 윤리적 측면까지 모두 고려해야 한다.

이와 같은 기업의 공정한 행동이 시장이나 경제 전반에 미치는 영향을 곧바로 판정할 수는 없지만 표준 경제 이론과 다른 다음과 같은 영향에 대해서는 생각해볼 수 있다.

질문 4와 질문 4′에서는 기업의 공정성이 임금의 하방경직성에 큰 영향을 준다는 점을 시사한다. 노동의 공급초과가 존재하는 상황에서도 임금은 하방경직적 형태가 된다. 또한 실질임금은 가격이 안정되어 있을 때보다도 인플레이션 시기에 더 큰 조정을 받게 된다.

명목임금을 인하하면 불공정하다고 간주되어 저항이 커진다. 인플레이션 시기에는 명목임금을 인하하는 일 없이도 실질임금의 인하가 가능하지만, 이 경우에는 불공정하다고 간주되지 않기 때문이다.

또한 피고용인에게 단순히 매월 봉급만 지불하는 것뿐만 아니라 보너스도 적절히 지급하고, 실적 악화 시에는 보너스를 삭감하는 방법으로 임금을 조정하는 것이 고용자에 대한 저항을 줄이는 방법이다. 이런 방법이 일시해고제를 감소시키고 실업률을 낮출 수도 있다.

카너먼과 그 동료들은, 그들이 한창 연구에 몰두하던 1980년대 말에 일본의 실업률이 낮았던 것은 이와 같은 조정 가능한 보너스 제도의 공로라고 주장한다. 또한 총액이 같아도 시간이 지날수록 감소하는 소득보다 시간의 경과와 함께 착실히 상승하는 소득을 더 선호하는 것을 확인할 수 있다. 이와 같은 급여체계는 피고용인을 수용하여 전직이나 퇴직을 방지하는 요인이 될 수 있다.

최근 들어 일본식 경영을 비판하면서 미국이나 유럽식 성과주의나 경쟁 원리를 도입해야 한다는 주장이 있는 반면, 일본식 경영을 재평가하는 주장도 등장하고 있다. 공정성에 대해 앞에서 살펴본 바와 같은 관점에서 볼 때 일본식 임금체계의 유효성은 재평가할 만하다고 본다.

분배의 공정성

다음은 분배의 공정성 문제로 눈을 돌려보자. 분배의 공정성을 고찰할 때에는 일반적 사고방식이나 표준 경제 이론의 논점에서 벗어나 준거점 의존성과 손실 회피성 측면에서 살펴봐야 한다.

분배의 공정성은 분배와 재분배라는 두 가지 측면에서 판단해야 한다. 분배 측면에서는 재산의 크기 또는 부(富)의 수준에 따라 결정되는 효용(평가)의 크기가 공정성의 기준이 된다. 주류 경제학에서 분배의 공정성 개념은 이러한 측면에서만 초점을 맞추고 있다.

그러나 재분배 측면에서는 어떤 상태로부터의 변화를 고찰해야 한다. 이 경우 효용을 결정짓는 것은 프로스펙트 이론이 시사하듯이 준거점으로부터의 이동이다. 특히 그 이동이 이익인지 손실인지에 따라 평가는 크게 달라진다. 공정성에 대한 판단이 준거점으로부터의 이동에 의존하기 때문이다.

손실 회피성은 분배 측면보다는 재분배 측면이 더 중요하다. 어느 개인에게나 분배, 즉 부의 수준에 대한 평가는 그 절대적 수준은 물론 비교 대상인 타인의 부(富) 수준에 따라 결정되는 어떤 기준에 의해 평가된다. 이 기준보다 낮은 수준의 분배를 받는 사람은 손실로 생각할 것이며, 반대일 경우는 이익으로 받아들일 것이다.

하지만 재분배에 있어서 준거점은 타인의 분배 수준이 아니라, 자신의 과거 상태를 기준으로 한다. 부유한 상태를 준거점으로 하는 경우에 분배의 감소는 손실로 느껴지고, 증가는 이익으로 생각될 것이다. 결과적으로 손실 회피성에 따라 재분배 메리트가 달라진다.

공리주의적 사고방식으로 봤을 때, 개인 A에게서 개인 B로 재분배된다는 것은 재분배된 이후의 효용이 비교되는 것이 아니라 A의 손실 평가(효용)와 B의 이익 평가(효용)가 비교되어야만 한다. 특히 재분배 후 이익이 손실보다 커야만 재분배가 정당화된다. 그러나 이와 같은 개인 간의 비교는 일반적으로 불가능하다.

카너먼과 버레이(C. Varey)는 손실 회피성을 기초로 분배와 재분배의 공정성에 대해 다음과 같은 실험 결과를 얻어냈다.

│ 희귀한 난치병을 앓고 있는 A와 B 환자 2명이 의사의 치
료를 받고 있다. 투약을 하면 그 병으로 인한 고통은 완화된다. 그러나 분
량이 한정되어 있어서 의사는 하루에 48정밖에 입수할 수 없다. 의사는
그 약을 환자 A, B에게 어떻게 분배할지를 결정해야만 한다. 아래 내용은
의사는 물론 환자 2명 모두 알고 있다고 가정한다.
1시간의 고통을 완화하기 위해 환자 A는 약 3정이 필요하고, 환자 B는
약 1정이 필요하다. 당신이 의사라면 약 48정을 환자 A와 B에게 어떻게
분배할 것인가? 분배 후 거래는 할 수 없다.

이 질문에 대해 약을 먹고 고통을 느끼지 않는 시간이 양쪽 모두 같도
록 분배한다(A 36정, B 12정)는 답변이 77%를 차지했다. 이에 비해 24
정씩 분배하면 A는 8시간, B는 24시간 고통을 완화할 수 있기 때문에
사회적인(A와 B의 합계) 고통 완화의 최대화라는 관점에서는 24정씩 분
배한다는 답변이 있을 수 있다. 하지만 이를 선택한 사람은 소수였다.
다음은 이것을 출발점으로 하여 재분배에 대해 다시 생각해보자.

■ 질문 5′ │ (질문 5와 같은 설정이지만 고통의 상태는 다르다.) 환자
A, B 모두 고통을 1시간 완화하기 위해서 약 1정이 필요하다. 이때 그들
에게 각각 약을 24정씩 주면, 2명 모두 고통이 없어진다. 이 상태가 여러
달 계속됐다. 그러나 환자 B의 상태가 갑자기 악화돼 고통을 1시간 완화
하기 위해서 약 3정이 필요해졌다. A는 변화가 없다. 당신이 의사라면 약
48정을 A와 B에게 어떻게 재분배할 것인가? 분배 후 거래는 할 수 없다.

이 질문에 대해서는 50%의 사람들이 고통 시간을 같게 할 수 있는 재분배(A 36정, B 12정)를 선택했다. 답변자 중에는 그 누구라도 타인의 불운에 대해 분담을 강요할 수 있는 권리가 없으므로 재분배에 반대하는 사람도 있었다. 또한 질문 내용을 바꿔 1명의 상태가 갑자기 좋아져서 재분배를 해야 할 경우의 질문에는 70%의 사람들이 고통 시간을 같게 할 수 있는 재분배를 선택했다.

위의 사례를 근거로 경제적인 분배 문제에 대해 의미 있는 정책적 제언을 곧바로 이끌어내기는 어려운 일이다. 하지만 분배와 재분배 문제를 고려할 때에는 일정 시점의 상태는 물론 상태의 변화를 나누어 생각하고, 그 변화가 초래하는 평가(효용)의 크기까지도 고려해야 한다고 말할 수는 있다. 물론 그 경우에는 준거점 의존성과 손실 회피성을 충분히 배려해야만 한다.

공정성에 관한 행동경제학적 연구는 아직 만족할 만한 성과를 올리고 있지는 못하다. 그러나 사람들이 어떤 것을 공정하게 느끼는지에 따라 공공 정책에 미치는 영향이 크기 때문에 이를 고찰할 때는 준거점 의존성과 손실 회피성을 무시할 수 없다.

제8장에서 검토하겠지만 공공재의 무임승차(free rider) 문제나, 죄수의 딜레마 상황에서 협력 행동 하는 문제 등을 이해하기 위해서는 사람들이 공정성에 대해 어떻게 느끼는지 그리고 이와 관련된 정책을 분석하는 것이 필요하다.

제 6 장

프레이밍 효과와 선호의 성향

I

선호는 변하기 십상

'컵의 물이 반 정도 차 있다고 생각하는 사람이 있으면,
반 정도 비었다고 생각하는 사람도 있다.
나는 컵이 너무 크다고 생각한다.'

—

조지 카린

•

'합리적으로 행동할 경우, 우리들은 최선의 선택
또는 서로 용납할 수 없는 사정 속에서 최선의 타협안을 찾으려고 한다.
그러나 때에 따라 인간은 그 선택이나 고려해야 할 사정을 결정할 때
착각하는 경우도 있다.'

—

티보르 시토프스키 《인간의 기쁨과 경제적 가치》

프레이밍 효과란

컵에 물이 반 정도 남아 있는 것을 보고 '아직 반이나 남아 있다'고 생각하는 사람은 낙천주의자, '이제 반밖에 없다'고 생각하는 사람은 비관주의자라는 말이 있다.

물이 가득 들어 있는 컵에서 빈 컵으로 물을 반 정도 옮기는 것을 눈앞에서 보여준다면 원래 가득 들어 있던 컵에는 '물이 반만 남아 있다'고 생각할 것이다. 반대로 원래 비어 있던 컵은 '반이나 차 있다'고 느낄 것이다. 그 어느 쪽이나 '물 반 컵'인 것에는 변함이 없는데 말이다. 이처럼 사람들은 똑같은 내용을 보고도 상황이나 이유에 따라 다르게 받아들인다.

사람들이 어떤 질문에 대답할 때, 일반적으로 인간의 의사 결정은 질문이나 문제의 제시 방법에 따라 크게 달라진다. 이런 사실에 착안해 기대효용이론에 대한 반례로 문제 삼은 사람이 바로 카너먼과 트버스키다.

그들은 이와 같은 표현 방법을 판단이나 선택에 있어서의 '프레임'(frame)이라 부르고, 프레임이 달라지는 것에 따라 판단이나 선택이 변하는 것을 '프레이밍 효과'라 이름 붙였다.

프레이밍 효과가 나타나려면 기대효용이론의 전제인 '불변성'이 성립되어야 한다. 불변성이란 동일한 문제라면 어떤 형태로 표현되더라도 선호나 선택에 영향을 끼치지 않는 것을 뜻하는데, 매우 중요하면서도 암묵적인 전제다.

카너먼은 제3장에서 살펴본 프레임 문제를 전혀 언급하고 있지 않다.
그러나 프레이밍 효과에 등장하는 '프레임'과 프레임 문제에 나타나는
'프레임'은 본질적으로 그 의미가 같다. 둘 다 사고(思考)의 틀 짜기, 주
의할 테두리 안에서의 한정이라는 의미가 포함되어 있다.

프레이밍 효과에 대한 최초의 예로서 트버스키와 카너먼이 제시하여
유명해진 '아시아의 질병 문제'를 살펴보자.

질문 1의 상황은 '살린다'는 긍정적인 표현을 사용했기 때문에 실험
참가자에게 이익으로 받아들여졌고, 위험 회피적인 선택을 하게 만든
다. 반면에, 질문 1′에서는 '죽는다'는 부정적인 표현을 사용해 손실로
받아들여지게 함으로써 위험 추구적인 선택을 하게 만든다.

그러나 위의 두 질문은 완전히 동일한 상황이며 표현만 달리한 것에

행 동 경 제 학

불과하다. 트버스키와 카너먼은 실험이 끝난 뒤, 선택이 일관되지 않았다는 사실을 실험 참가자에게 알려주었지만, 여전히 실험 참가자는 선택을 바꾸지 않았다고 한다.

■ **질문2** | 아무 조건 없이 1,000달러를 이미 얻었다. 그 후에 다음 중 어느 쪽을 선택할 것인가.

A : (1000, 0.5) [16%]　B : (500) [84%]

■ **질문2′** | 아무 조건 없이 2,000달러를 이미 얻었다. 그 후에 다음 중 어느 쪽을 선택할 것인가.

C : (-1000, 0.5) [69%]　D : (-500) [31%]

질문 2와 질문 2′는 프레이밍 효과로 '복합 복권'에서 불변성이 깨지는 예다. 이 질문에서는 많은 사람들이 B 또는 C를 선택했다.

그러나 최종적인 상태를 주목하면,

$$A = (2000, 0.5 : 1000, 0.5) = C$$

이며,

$$B = (1500) = D$$

다. 그럼에도 답을 다르게 선택하게 된 것은 프레이밍 효과 때문이다. 질문 2에서는 이익이 생길 기회로 생각해 리스크 회피적인 선택을 했고, 질문 2′에서는 손실을 피할 기회라고 여겨 리스크 추구적인 선택을 하고 있다.

이처럼 프레이밍 효과는 합리적 선택 이론이 충족되어야 할 성질인 '표현의 불변성'을 깨는 것이 된다. 애로는 이 불변성을 '외연성'(外延

性, 일정한 개념이 적용되는 사물의 전 범위. 이를테면 금속이란 개념은 금·은·구리·쇠 따위, 동물이라는 개념은 원숭이·호랑이·개·고양이 따위)이라 불렀다. 즉 개념이 제시하는 바가 같으면 판단 역시 동일해야 한다는 이론이다. '5 이하의 올바른 정수'와 '1, 2, 3, 4, 5'라는 표시법은 표현은 다르지만 같은 대상을 나타내고 있다. 이처럼 이해하기 쉬운 경우에는 문제가 없다. 하지만, 다음 예에서 보는 것처럼 사람들은 같은 내용의 문제를 다르게 받아들이기도 한다.

질문 3에서 A보다 B가 더 낫다는 것은 이해하기 쉽다. 색깔의 비율이 같고, 녹색을 꺼내면 이익이 크고, 청색을 꺼내면 손실이 적기 때문이다. 실험 참가자의 선택도 이를 반영하고 있다.

■ 질문 3 | 상자에 들어 있는 구슬을 꺼내면, 구슬의 색깔에 따라 (플러스, 마이너스) 상금을 준다고 한다. 어느 쪽을 선택할 것인가?[구슬 옆의 숫자는 구슬 색깔의 비율(%)이며, 아래쪽 숫자는 상금이다.]

	흰색 90	적색 6	녹색 1	청색 1	황색 2
A : [0%]	0	45	30	-15	-15
B : [100%]	0	45	45	-10	-15

■ 질문 3′ | (질문 3과 동일) 어느 쪽을 선택할 것인가?

	흰색 90	적색 6	녹색 1	황색 3
C : [58%]	0	45	30	-15
D : [42%]	0	45	-10	-15

질문 3′ 의 D행: 적색 7, 녹색 1, 황색 2

한편 질문 3′에서는 어떤 선택을 하든 거의 우열을 가릴 수 없이 비슷하다. 실은 C는 A와, D는 B와 각각 같다. C는 A의 청색과 황색을 황색으로 합친 것이고, D는 B의 적색과 녹색을 적색으로 합친 다음 청색을 녹색으로 바꿔놓은 것일 뿐이다. 따라서 2개 질문의 선택 대안은 본질적으로 동일한데, 표현 방식이 조금 어려워지자 선택이 일관되지 않았다. 질문 3′에서는 C보다 D가 낫다는 사실은 잠재되어 있고, D에서는 이익은 1, 손실은 2지만 C에서는 손실이 1이기 때문에 C가 D보다 나은 것처럼 보인다.

| 정책과 프레이밍 효과 |

이 같은 프레이밍 효과는 정책 판단에 대한 투표나 설문 조사를 할 때에도 쓰인다. 다음 예는 콰트론(G. A. Quattrone)과 트버스키가 만들었다.

■ **질문 4** | 정책 J가 채택되면 실업률은 10%, 인플레이션율은 12%가 된다. 정책 K가 채택되면 실업률은 5%, 인플레이션율은 17%로 바뀐다. 어느 정책을 희망할 것인가?
[J 36%, K 64%]

■ **질문 4′** | 정책 J가 채택되면 고용률은 90%, 인플레이션율은 12%가 된다. 정책 K가 채택되면 고용률은 95%, 인플레이션율은 17%로 바뀐다. 어느 정책을 희망할 것인가?
[J 54%, K 46%]

질문 4와 질문 4′는 실업률과 고용률이라는 표현만 다를 뿐 실제로는 같은 질문이다. 질문 4에서 정책 J와 정책 K를 비교하면 인플레이션율이 12%에서 17%로 상승했지만 실업률은 10%에서 5%로 개선된다. 민감도 체감성에 따라 실업률의 개선은 응답자의 선택에 큰 영향을 끼친다. 한편 질문 4′에서는 그 반대로 인플레이션의 영향력이 더 크다. 사람들이 이처럼 설정이 단순한 질문을 받는 일은 좀처럼 없겠지만, 정책의 좋고 나쁨을 국민에게 물었을 경우나, 매스컴에서 설문 조사를 할 때는 이와 같은 프레이밍 효과를 고려해야 한다.

또는 정부가 정책 방향을 제시할 때, 추진하고자 하는 정책이 희망적으로 보이도록 전략적으로 프레이밍하는 경우도 있을 수 있다. 이 같은 경우에는 의미가 같은 다른 프레임으로 문제를 의식적으로 바꿔보는 대처법이 필요하다.

통계 데이터에서도 프레이밍 효과는 발생한다. 다음 문제 역시 콰트론과 트버스키가 만들었다.

■ **질문 5** │ 어느 나라에서는 이민자의 범죄율을 감소시키려 한다. 법무성은 이민자 중 젊은 층의 범죄를 방지하기 위한 계획으로 1억 달러의 예산을 지불하려 한다. 이 계획은 젊은이들에게 취업의 기회나 레크리에이션 시설을 제공하려는 것이다. 그러기 위해서 현재 검토 중인 2가지 정책 J와 K 가운데 하나를 선택해야 한다. 2가지 정책은 예산의 분배 방법만 다를 뿐이다.

A국에서 온 이민자 수와 B국에서 온 이민자 수는 거의 비슷하다. 통계를 보면 A국 사람 중 3.7%, B국 사람 중 1.2%가 25세까지 범죄를 저지른 적

이 있다. 정책 J는 A국에 5,500만 달러, B국에 4,500만 달러를 배분하는 것이다. 정책 K는 A국에 6,500만 달러, B국에 3,500만 달러를 배분하려 한다. 이와 같은 정보를 기초로 할 때 정책 J와 정책 K 가운데 어느 정책을 선택할 것인가?

[J 41%, K 59%]

■ 질문 5′ | (스토리와 정책은 범죄율을 제외하고 같은 상황이다.) 통계를 보면, A국 국민 중 96.3%, B국 국민 중 98.8%는 25세까지 범죄를 저지르지 않았다. 어느 쪽 정책을 선택할 것인가?

[J 71%, K 29%]

질문 5와 5′에서도 3.7%와 1.2%로 범죄를 저지른 적이 '있는' 경우에는 크게 느껴지고, 96.3%와 98.8%로 범죄를 저지른 적이 '없으면' 그 차가 작게 느껴져서 프레이밍 효과가 발생하고 있다.

'통계 데이터를 어떻게 프레이밍해야 할지는 개인뿐만 아니라 사회 전체에도 매우 중대한 정치적 · 경제적 영향을 끼친다'(콰트론과 트버스키, 1988).

| 초깃값 효과 |

퍼스널 컴퓨터의 다양한 설정을 초기 설정(default) 그대로 사용하는 사람이 많을 것이다. 잘 모르기 때문에 손을 대지 않는다든지, PC 업체에서 설정한 것이기 때문에 그대로 받아들이는 경우도 있다.

초깃값 (설정) 효과란 두 개의 상태 A와 B 어느 쪽이 초깃값이 되느

나에 따라 선택이 달라지게 된다. 이것 역시 프레이밍 효과의 일종이다. 앞에서 서술한 현상 유지 바이어스로 생각하는 경우도 있다.

초기 설정에 관한 대규모 사회적 실험이 (의도적은 아니지만) 미국에서 전개된 적이 있다. 뉴저지 주와 펜실베이니아 주에서는 두 가지 자동차 보험을 선택할 수 있다.

하나는 보험료가 싸지만 보험 범위가 한정된다. 다른 하나는 보험료는 비싸지만 보험이 적용되는 범위의 폭이 넓다. 뉴저지 주에서는 초기 설정으로 자동차 소유자는 자동적으로 보험료가 싼 보험에 가입하고, 할증 보험료를 지불하면 보험 적용 범위가 넓지만 비싼 보험으로 변경할 수 있도록 하고 있다. 1992년에는 보험 가입자의 80%가 초기 설정이 저렴한 보험에 가입했다.

한편 펜실베이니아 주에서는 반대로 보험료가 비싼 쪽을 초기 설정으로 두어 자동적으로 가입하게 했는데, 보험료가 저렴한 쪽을 선택할 수도 있다. 1992년에 보험 가입자의 75%는 비싼 보험 쪽을 선택했다.

이는 사람들이 초기 설정 쪽을 선택했다는 것을 나타낸다. 존슨(E. J. Johnson)과 허시(Hershey)는 만일 펜실베이니아 주에서 뉴저지 방식을 채용했다면 이 지역 주민들은 총 20억 달러 이상 비용을 줄일 수 있었을 것으로 추정하고 있다.

일본에서는 장기 기증 의사표시 카드를 가지고 있는 사람은 별로 없고(성인의 약 10%), 미국도 마찬가지다(약 28%). EU에서는 장기 기증에 동의한 사람이 적은 나라(덴마크 4%, 독일 12%, 영국 17%, 네덜란드 28%)와 많은 나라(스웨덴 86%, 오스트리아, 벨기에, 프랑스, 헝가리, 폴란드는 98% 이상)로 확실히 구분된다. 그 원인이 어디에 있을까?

일본, 미국, 덴마크 등 동의자가 적은 나라에서는 장기를 기증하겠다는 의사표시를 하지 않는 한 기증자로 간주하지 않는 것에 반해 오스트리아처럼 동의자가 많은 나라에서는 장기 기증을 하지 않겠다는 의사표시를 하지 않는 한 기증 의사가 있다고 간주한다. 이 역시 초기 설정의 차이가 결과치가 크게 달라지는 원인이다.

존슨과 골드스타인(D. Goldstein)은 이 사실을 실험적으로 확인했다. 그들은 초기 설정이 '장기 기증에 합의한다'는 내용으로 되어 있지만 거부할 수도 있는 경우, 초기 설정이 '장기 기증을 하지 않는다'는 내용으로 되어 있지만 장기 기증도 선택할 수 있는 경우, 초깃값은 설정하지 않고 어느 한쪽을 선택할 수 있는 설정, 이렇게 3가지 설정을 만들어 설문 조사를 실시했다.

그 결과 초깃값이 '합의'로 되어 있을 경우에는 82%가 초깃값인 '합의'를 선택하였다. 반면에 초깃값이 장기 기증을 하지 않는다는 내용일 경우에 초깃값을 선택한 사람은 58%, 장기 기증을 하겠다는 쪽으로 변경한 사람은 42%밖에 안 되었다. 어느 쪽이나 임의로 선택할 수 있는 경우에는 79%가 장기 기증에 합의하겠다는 내용을 선택했다.

임의로 선택할 수 있는 경우를 실제로 장기를 제공할 의사가 있는 사람의 비율로 간주하면, 초기 설정이 장기 기증의 의사표시에 어떤 영향을 끼치고 있는지 잘 알 수 있다. 즉 초기 설정을 선택한 사람이 많다고 해서 그것이 정말 사람들이 선호하여 결정했다고는 단정할 수 없음을 의미한다.

존슨과 골드스타인은 초기 설정이 사람들의 의사 결정에 영향을 끼치는 원인은 3가지라고 말한다. 우선, 공공 정책의 경우에는 사람들이 초깃값은 정책 결정자(대부분은 정부)의 '권유'로 생각하여 좋을 것이라 여기고 받아들인다.

둘째로 의사 결정을 할 때는 시간이나 노동력이라는 비용이 들지만 초깃값을 받아들이면 비용이 적기 때문이다. 특히 장기 기증은 고통이나 스트레스를 동반하기 때문에 장기를 기증하겠다는 의식적인 의사 결정을 피하는 경향이 있다. 또한 초깃값이 아닌 방식의 선택 대안을 선택할 경우에는 신청 서류를 쓴다거나 발송할 필요가 있다면 그 비용은 의외로 크다.

셋째로 초깃값이란 현상을 말하며, 그것을 포기하는 일은 앞에서 서술했듯이 손실로 받아들여 그 손실을 피하기 위해 초깃값을 선택한다. 손실 회피성이 작동한 것이다.

네덜란드는 장기 기증의 초기 설정이 '동의하지 않음'으로 작성된 나라 중에서는 비교적 동의자가 많다. 이는 1998년에 국가 차원에서 대대적인 캠페인을 전개하여 80%에 달하는 국민에게 우편을 발송해 동의하도록 권유한 결과다. 그러나 비용에 비해 그다지 큰 효과는 없었다.

장기 기증을 초깃값으로 설정해야 할지 말지에 대해서는 윤리 · 기술 · 문화 · 경제 등 다양한 요소가 관련되어 있기 때문에 가볍게 판단해서는 안 된다. 그러나 무엇을 초깃값으로 정할지, 즉 무엇을 초깃값으로서 프레임할지는 그 나라의 정책이 성공하느냐 마느냐 하는 데 중대한 영향을 끼칠 가능성이 있다는 점은 간과할 수 없다.

화폐착각

화폐착각이란 사람들이 금전에 대해 실질가치가 아닌 명목가치를 기초로 판단하는 것을 말하는데, 프레이밍 효과 가운데 하나다. 예를 들면

행 동 경 제 학

임금에 대한 사람들의 판단은 화폐착각을 일으키기 쉽다. 명목가치란 액면 그대로의 가치를 말하며, 실질가치란 액면가치(명목 값)에서 인플레이션율을 제외한 값을 말한다. 예를 들면 연간 급여가 1,000만 원에서 1,200만 원으로 올랐다고 해도 인플레이션율이 10%였다고 하면 실질적인 임금 상승률은 20%가 아닌 10%밖에 되지 않는다. 이 10%가 실질 임금 상승률이다. 화폐착각은 경제학에서 오랜 전통을 자랑하고 있으며 경제학자인 어빙 피셔는 《화폐착각론》(1928)이라는 저서를 저술했을 정도다.

샤피르(Eldar Shafir), 다이아몬드(P. Diamond), 트버스키는 공항이나 쇼핑몰에서 일반인들에게 다음과 같은 질문을 했다.

■ 질문 6 A와 B는 같은 대학을 1년 차이로 졸업하고 두 사람 모두 같은 회사에 입사했다. A는 1년차 급여가 3만 달러이고 그 동안 인플레는 없었다. 2년차 급여는 2%(600달러) 올랐다. B는 1년차 급여가 3만 달러였지만 인플레이션율은 4%였다. 2년차의 급여는 5%(1500달러) 올랐다.
① 경제적 조건 : 2년차가 됐을 때, 경제적 조건은 어느 쪽이 더 좋을까?
[A 71% / B 29%]
② 행복도 : 2년차가 됐을 때, 어느 쪽이 더 행복할까?
[A 36% / B 63%]
③ 업무의 매력 : 입사 2년차가 되자 양쪽 모두 타사에서 스카우트 제의를 받았다. 어느 쪽이 지금의 직장을 버리고 새로운 회사로 옮길까?
[A 65% / B 35%]

질문이 ①번처럼 경제적인 조건에 관한 것일 때에는 거의 모든 답변에서 화폐착각을 찾아볼 수 없다. 즉 명목가치가 아닌 인플레이션을 고려한 실질가치를 기초로 답변했다고 추정된다.

그러나 ②번처럼 행복도에 관해서는 화폐착각을 나타낸다. 실질가치로 따져보면 급여가 적은데도 B가 더 행복하다고 판단했다. 때문에 ③번처럼 전직할 가능성은 A가 높을 거라는 판단을 낳았고, 처음 질문과 모순되는 답변을 하게 되었다.

전체적으로, 사람들이 단순히 명목가치와 실질가치를 혼동하고 있다고 말할 수는 없다. 그러나 질문이 순수하게 경제적인 측면만을 고려하여 사고가 그쪽으로 집중되어 있을 때는 화폐착각이 발생하지 않지만, 질문이 조금 모호해지면 명목가치를 중시하는 경향으로 강한 바이어스가 일어나는 것을 알 수 있다. 행복감을 결정짓는 요인은 다양하지만 여기서는 경제적 조건 이외의 요인은 제시되지 않았기 때문에 다른 이유로 판단이 역전되었다고 보기는 어렵다.

다음 질문 역시 샤피르가 실험한 것이다.

■ 질문 7 | 어느 나라에서는 반년 만에 심각한 인플레이션으로 급여와 물가 등 모든 것이 25% 상승했다. 지금은 소득이나 지출이 이전보다 25% 많아졌다.

① 반년 전에 가죽 의자를 사려고 계획했다. 그 의자 가격은 반년 동안 400달러에서 500달러로 올랐다. 반년 전에 비해 지금은 더 사고 싶어질까, 아니면 사고 싶지 않을까?

[더 사고 싶어졌다 : 7% / 동일 : 55% / 사고 싶지 않아졌다 : 38%]

② 반년 전에 자신이 소유한 앤티크 의자를 팔려고 계획했다. 반년 동안

> 그 의자 가격은 400달러에서 500달러로 올랐다. 반년 전에 비해 지금은 더 팔고 싶어질까, 아니면 팔고 싶지 않아졌을까?
>
> [더 팔고 싶어졌다 : 43% / 동일 : 42% / 팔고 싶지 않아졌다 : 15%]

처음 질문에는 과반수가 '동일'하다고 대답했지만 명목가치가 상승했기 때문에 '사고 싶지 않다'는 답도 많았다. 둘째 질문에는 '동일'하다는 답변은 절반 이하고, 명목가치가 올랐기 때문에 '더 팔고 싶다'는 답변이 많아졌다. 확실히 화폐착각을 일으켰다고 말할 수 있다.

세일러는 와인 애호가들에게 다음과 같은 질문을 했다.

> ■ 질문 8 ｜ 1982년산 보르도 와인을 20달러에 사서 가지고 있다. 현재 옥션에 내놓으면 75달러에 팔 수 있다. 그러나 와인을 팔지 않고 자신이 마시기로 결정했다고 한다. 이 행위의 비용으로 다음 보기 가운데 어느 것이 가장 근접할까?
>
> [0달러, 20달러, 20달러 + 이자, 75달러, 마이너스 55달러]

마지막 선택 대안인 마이너스 55달러는 75달러짜리 와인을 20달러에 샀기 때문에 55달러의 이익(마이너스 55달러의 비용)으로 받아들인다는 의미다. 답변 비율은 순서대로 30%, 18%, 7%, 20%, 25%였다. 경제학적으로 올바른 값(75달러)은 소수였지만, 이 대답을 한 사람의 태반은 경제학자였다. 반 이상이 '비용 없음'이나 '벌었다'로 답변했다는 점은 흥미롭다. 이것도 일종의 화폐착각 현상이다.

제5장에서 살펴본 공정성에 대한 판단에서도 화폐착각이 발생한다.

■ 질문 9 | 어느 회사는 약간 이익을 내고 있다. 그 회사는 불황 지역에 있고, 심각한 실업은 있지만 인플레는 없다. 이 회사에서 일하고 싶어 하는 사람은 많다. 이 회사는 금년에 임금을 7% 삭감하기로 했다.
[수용할 수 있다 38%, 불공정하다 62%]

■ 질문 9′ | 어떤 회사는 약간 이익을 내고 있다. 그 회사는 불황 지역에 있고, 심각한 실업은 물론 인플레이션이 12%나 된다. 이 회사에서 일하고 싶어 하는 사람은 많다. 이 회사는 금년에 급여 인상은 5%밖에 하지 않기로 했다.
[수용할 수 있다 78%, 불공정하다 22%]

질문 9와 질문 9′에서 실질임금은 확실히 같다. 그럼에도 공정성에 대한 판단은 정반대다. 명목임금의 인하는 종업원에게 손실로 간주되었고, 따라서 회사의 행위가 불공정하다고 판단되었다. 반면에 인플레이션 때문에 명목임금은 실질적으로 줄어들었는데도 종업원에게는 이익으로 여겨졌고, 따라서 회사의 행위가 공정하다고 간주되었다. 준거점으로부터의 이동 방향이 문제임을 나타내는 것이다. 이 예는 가상적 상황에서 발생한 화폐착각을 보여준 것이지만, 쿠어먼(Kooreman)과 동료들은 현실에서도 화폐착각이 발생하는 것을 관찰했다.

네덜란드에서는 2002년에 통화 단위인 길더를 유로(Euro)로 전환했다. 교환 비율은 1유로에 약 2.2길더였다. 네덜란드의 어떤 지역에서 해마다 걷힌 자선(charity) 모금액은 유로 도입을 전후해 각각 몇 년 동안은 거의 안정되어 있었다. 그러나 유로가 도입된 2002년에만 유독 모금액이 전년 대비 약 10% 증가했다.

유로와 길더의 교환 비율이 약 2.2였기 때문에 이전처럼 2,000길더를 기부하려면 약 910유로만 내면 되었지만, 사람들이 '1유로=2길더'로 간주하여 1,000유로를 기부한 것이 모금액 증가의 원인이라고 쿠어먼은 추측했다. 화폐착각이 실제로 발생한 예다.

프레이밍 효과와 초깃값의 선호, 화폐착각의 예는 실험자나 초기 설정을 지정하는 사람 등 외부에서 제공된 프레임이 의사 결정자의 선택을 크게 좌우한다는 것을 보여주고 있다. 이와 같은 프레이밍 효과를 수동적 프레이밍 효과 또는 외적 프레이밍 효과라 한다.

한편, 의사 결정자가 현상을 능동적·자발적으로 어떤 프레임에 밀어 넣고 그것에 따라 선호나 선택이 지배당하는 경우도 있다. 이른바 능동적 프레이밍 효과 또는 내적 프레이밍 효과라 한다. 이 같은 프레이밍 효과의 예로서 세일러의 멘털 어카운팅에 대해 살펴보자.

멘털 어카운팅(Mental Accounting)

세일러는 사람들이 금전에 대한 의사 결정을 할 때는 다양한 요인이나 선택 대안을 종합적으로 평가하여 합리적인 결정을 하는 것이 아니라, 비교적 좁은 프레임을 만든 다음 그 프레임에 끼워 넣어 결정한다고 주장한다. 세일러는 이 같은 프레임을 기업의 회계장부나 가정의 가계부에 비유하여 멘털 어카운팅(mental accounting, 심적 회계, 심적 계산)이라 이름 지었다.

멘털 어카운팅은 사람들이 금전에 대한 행위를 평가하고 관리하고 기록하기 위해 사용하는 심리적 조작이며, 무의식적으로 이루어지는 경우가 많다. 멘털 어카운팅은 3가지 요소로 구성된다.

첫째, 거래나 매매의 평가 수단에 대해 프로스펙트 이론의 사고를 기초로 부(富)나 자산 전체가 효용을 낳는 것이 아니라 준거점으로부터의 변화나 손실 회피성을 중요시한다.

둘째, 가계부에 기입할 때 '식비, 난방비, 오락비' 등의 항목으로 분류하는 것과 마찬가지로 거래마다 마음속으로 계정 항목을 설정하고 손실(적자)이나 잉여(흑자)를 계산한다.

셋째, 각각의 항목이 적자인지 흑자인지를 평가할 때 시간 간격을 어떻게 두는가 하는 것이다. 즉 평가를 하루 단위로 할지, 1주일이나 1개월 간격으로 할지, 또는 더 길게 잡을 것인지를 중시한다. 경마장을 예로 들면, 그날 최종 레이스에서는 예상 밖의 결과를 노리며 돈을 거는 사람들이 많아지는 바이어스가 있다. 경마에서 손해를 본 사람이 많기 때문에 그 손실을 만회하려고 최종 레이스에서는 예상 밖의 주자에게 돈을 걸어보려는 심산 때문에 일어나는 일이다. 즉 경마의 수지를 하루 단위로 하여 그 중에서 수지를 계산하고 있는 셈이다. 1개월 또는 1년을 단위로 경마 성적을 합산하여 생각한다면 이 같은 행동은 틀림없이 줄어들 것이다.

카머러와 동료들은 뉴욕의 택시 운전수들이 노동시간을 어떻게 결정하는지 조사했다. 조사 결과, 하루 매상 목표를 설정하고, 목표를 달성하면 그날 영업을 중지하는 택시 운전수들이 많다는 것을 알았다.

그들은 대체로 택시를 빌려 영업을 하고 있었고, 12시간을 단위로 회사에 고정 액수를 납입하는 사납금제 방식이 많았다. 사납금을 초과하는 금액은 모두 자신의 수입이 된다. 따라서 12시간 일해도 되고, 12시간 전에 목표액을 달성할 수도 있다. 물론 시간당 수입액은 매일 다르지만 대부분은 목표액을 결정해놓고, 목표액을 달성하면 그날 영업을 끝내는 택시 운전수들이 많았다.

이런 행위는, 하루 단위로 노동시간을 정해두지만 실질임금이 높을수록 노동공급이 많아지는 주류 경제학 이론과는 차이를 보이는 점이다. 비 오는 날에는 택시 잡기가 평일보다 어려운 상황이 자주 있다. 비 오는 날에는 택시 이용자가 많을 뿐만 아니라, 도중에 영업을 중지해버리는 운전수가 많아서 공급이 적어지기 때문이다.

멘털 어카운팅의 적절한 예로 자주 거론되는 것은 카너먼과 트버스키가 제시한 다음과 같은 예다.

> ■ **질문 10** │ 당일 티켓이 50달러인 콘서트장에서 티켓을 사려는데 50달러짜리 지폐를 잃어버린 사실을 알았다. 50달러를 지불하고 콘서트 티켓을 살 것인가?

> ■ **질문 10ʹ** │ 전날 50달러를 지불하고 산 티켓을 가지고 콘서트장에 갔는데 그 티켓을 잃어버린 사실을 알았다. 당일 티켓 역시 50달러인데 티켓을 살 것인가?

많은 사람들은 질문 10에서는 '네'라고 답하고 질문 10ʹ에서는 '아니오'라고 답하지 않을까? 트버스키와 카너먼의 실험에서는 '네'라고 대답한 사람은 질문 10에서는 88%, 질문 10ʹ에서는 46%였다.

양쪽 모두 50달러의 가치가 있는 것을 잃어버린 것에는 변함이 없는데 답변이 달라진 원인은 멘털 어카운팅으로 설명할 수 있다. 예를 들어, 티켓을 사는 행위는 '오락비'라는 계정항목에 포함되어 있고, 질문

10에서처럼 현금 50달러를 분실한 것은 이 '오락비' 계정 항목의 수지에 영향을 주지 않기 때문이다. 그러나 질문 10′에서는 동일한 콘서트를 보는 데 합계 100달러를 지불하는 격이기 때문에 '오락비'로는 너무 과하다는 생각이 들어서 지출을 주저하게 만든 것이다.

이것은 주류 경제학에서 가정한 화폐의 대체성(fungibility)에 역행한다. 화폐의 대체성이란 화폐를 어떤 경로로 얻건, 어떤 일에 지출되었건 간에 같은 화폐이기 때문에 완전히 서로 다른 용도로 변경(대체)이 가능한 것을 의미한다. 합리적 행동을 위해서는 필요한 원칙이라고 말할 수 있다. 그러나 실생활에서는 멘털 어카운팅에 따라 계정별로 할당된 돈은 각각의 계정별로 사용된다.

세일러와 존슨은 도박 등으로 딴 '불로소득'은 일상적인 보통의 수입과 달리 취급되어 다시 새로운 도박에 지출되는 경향이 있다는 사실을 확인했다. '부정하게 얻은 재물은 오래 가지 못한다'는 말이 맞다.

액수가 큰 지출의 일부로 사소하게 취급되는 경우도 자주 있다. 2,000만 원이나 하는 새 차를 구입할 때는 옵션으로 70만 원 정도인 네비게이션을 쉽게 구입할 수도 있지만, 현재 네비게이션이 없는 차에 70만 원짜리 네비게이션을 다는 일은 약간은 용기가 필요한 일이다.

TV나 오디오 등 가전제품을 사면 5,000원으로 2년간 품질을 보증하는 보험에 가입하지 않겠냐는 권유를 받고, 자신도 모르게 가입한 사람도 많을 것이다. 그러나 현재 보유한 TV나 오디오를 2년 동안 보험 없이 사용하고 있는 사람이 일부러 새롭게 2년간 보증해주는 보험에 과연 가입할까? 쇼핑을 할 때 금액이 크면 추가 금액이 적게 느껴지는 것처럼, 고장 났을 때 발생하는 비용에 대비해 무의식중에 보증보험에 가입해버리는 것이다. 가전업계와 보험업계의 교묘한 전략이라 할 수 있다.

매몰원가(Sunk Cost) 효과

연회비 50만 원을 지불하고 테니스 클럽에 가입했다. 연습장에 1개월 정도 다녔는데 관절을 다쳤다. 지금 그만두면 회비를 반환받을 수 없기 때문에 아픔을 참고 계속 연습장을 다녔다. 왜냐하면 '50만 원을 버리기 아까워서'라는 이야기를 자주 들을 수 있다.

코리안시리즈 티켓을 2만 원 주고 구입했는데 공교롭게도 감기 기운으로 몸이 좋지 않다. 야구장까지 혼잡한 전철을 타고 2시간이나 가야 된다면 경기를 보러 갈 것인가? 만일 이 티켓이 다른 사람에게서 받은 티켓이었다면 어떻게 했을까? 자신이 산 티켓이라면 경기를 보러 가겠지만, 다른 사람이 준 티켓이라면 가지 않겠다는 사람이 많을 것이다.

50,000원을 지불하고 뷔페 레스토랑에 갈 경우, 배가 가득 차서 그 이상 먹으면 배탈이 날 염려가 있거나 다이어트에 좋지 않다는 것을 알면서도 본전 생각에 과식하는 경우도 자주 있다.

경제학이나 경영학에서는 과거에 지불한 후 되찾을 수 없게 된 비용을 매몰원가(sunk cost) 또는 매몰비용이라고 한다. 그리고 현재의 의사결정에는 장래의 비용과 편익만을 고려 대상에 넣어야 하며, 매몰원가는 계산하지 않는 것이 합리적이라고 가르친다. 과거의 일은 잊으라고 말이다.

그러나 위의 예에서 살펴봤듯이 이미 지불한 매몰원가는 장래의 의사결정에 큰 영향을 끼친다. 매몰원가 효과란, 앞으로의 의사 결정에 관계가 없는 매몰원가를 고려 대상에 넣었기 때문에 비합리적인 결정을 해버리는 것을 말한다. 이 경우에는 금전적인 비용뿐만 아니라 노동력이나 시간도 포함된다.

막대한 노동력과 시간을 들였기 때문에 우선은 실행에 옮겨야 한다든지, '이미 배에 올라탔기 때문에 도중에 내릴 수 없다'는 주장은 회사나 관청, 개인을 막론하고 누구나 자주 하는 것이 아닐까? 더욱이 과거에 지불한 금액이 크면 클수록 장래의 결정에 더 큰 영향을 끼친다.

세일러는 매몰원가 효과가 왜 발생하는지 멘털 어카운팅으로 설명할 수 있다고 한다. 예를 들면 50,000원으로 콘서트 티켓을 사는 행위는 실제로 소비하는 날, 즉 콘서트에 가기 전에 이루어지는 것이 일반적이다. 티켓을 사는 당일 '콘서트'라는 계정 항목이 마음속에 개설되어 그 항목은 실제로 콘서트 장에 갔을 때 닫힌다. 만일 콘서트에 가지 않았다면 구좌는 계속 열려 있는 상태이기 때문에 매몰원가인 티켓 대금이 마음에 걸린 채 남아 있게 된다. 그리고 시간이 흐름에 따라 이 마음속 걸림돌은 사라져간다.

세일러는 비싼 가격으로 구입했지만 구두가 발에 잘 맞지 않아서 발이 아픈 구두를 어떻게 할지 생각해보면 이해하기 쉬울 것이라고 한다. 우선 몇 번인가 구두를 신기 위한 시도를 할 것이다. 이때 싼 구두보다는 비싼 구두를 샀을 때 더 많이 시도할 것이다. 끝내는 신발장에 넣어두겠지만 버리기는 쉽지 않다. 보관 기간은 값싼 구두보다 비싼 구두 쪽이 길다. 그리고 아무리 비싼 구두라도 마지막에는 버릴 결심을 한다. 구두 값에 대한 지불은 '상환된' 것으로 간주하고 시간이 흐름에 따라 매몰원가 효과는 점차 소멸해간다.

아크스(H. R. Arkes)와 블루머(C. Blumer)는, 6개월마다 회비를 지불하고 회원권을 갱신하는 헬스클럽에서 회비를 지불한 직후에는 운동하러 나오는 사람이 많지만 시간이 지나면서 점차 인원수가 줄다가 반 년 후 회원권 갱신 직후에 다시 증가하는 패턴을 발견했다.

쓸데없는 짓을 하지 말라

아크스와 블루머는 매몰원가 효과가 발생하는 원인으로 손실 회피성 이외에 2가지 요인을 더 들고 있다.

첫째, 평판의 유지다. 계속해서 투자하는 것이 무모한 짓이라면 도중에 계획을 중지해야 하지만, 이는 과거의 결정이 잘못된 것임을 의미한다. 이때 과거에 투자를 결정한 사람이나 조직은 '헛일을 했다'는 악평을 두려워하게 되고, 자존심이 상하는 것을 피하기 위해 사업을 중단하지 않고 지출을 계속하는 방법을 선택한다.

둘째, 휴리스틱 과잉의 일반화다. '쓸데없는 짓을 하지 말라'는 표어나 규칙은 어릴 때부터 자주 들어온 말로 의사 결정을 할 때 휴리스틱 역할을 한다. 이 휴리스틱은 다양한 곳에 적용되어 효력을 발휘하는데, 매몰원가 휴리스틱을 적용해서는 안 될 곳까지 적용해버려 착오가 발생하게 만든다. 즉 이미 지불해버린 비용을 '헛되지 않게' 만들려고 과거의 지출에 연연하게 된다.

아크스와 에이튼(P. Ayton)은 어린이가 매몰원가에 얽매이는지 여부를 확인하는 실험을 했다. 그리고 어린이는 매몰원가에 얽매이는 일이 드물지만, 연령이 많아짐에 따라 매몰원가 효과를 인정하게 된다는 것을 발견했다. 이것은 어린이들이 '쓸데없는 짓을 하지 말라'는 휴리스틱을 연령과 함께 몸에 익혀가고, 그것을 과잉 적용한 결과라는 것을 의미한다.

소먼(D. Soman)과 치머(A. Cheema)가 위의 사실을 증명하였다. 그들은 '굴러들어온 호박'으로 얻은 수입의 지출은 매몰원가 효과가 적다는 사실을 발견했다. 운 좋게 손에 넣은 돈을 지출할 때에는 '낭비'라는 심리가 별로 작용하지 않고, 매몰원가에 구애되지 않는다. 뜻밖에 얻은 수입은 어떻게 사용하든 낭비로 여기지 않는 것이다.

매몰원가 효과는 '콩코드(Concorde)의 착각'으로 불리기도 한다. 영국·프랑스가 공동 개발한 초음속 여객기 콩코드는 개발 도중 엄청난 경비를 들였고, 완성하더라도 채산을 맞출 가망성이 없었다. 그럼에도 이미 거액을 개발 자금으로 투자했기 때문에 도중에 중지하는 것은 더 큰 낭비라는 이유로 개발 작업이 계속 이어졌다고 한다.

미국에서는 1981년에 테네시 주 톰빅비(Tombigbee) 하수로 건설 사업에 대한 중지 여부를 논의한 일이 있다. 이때 사업 중지를 반대한 어느 상원 의원은 '만일 사업을 중지한다면 납세자의 세금을 함부로 사용하게 된 것'이라고 말한 사실이 있다.

각국의 공공사업에서도 장래 채산성이 나쁘고 환경 파괴를 초래할 가능성이 높고 계획한 목적을 달성할 수 없다는 것을 알게 되었다면 즉각 사업을 중지해야 하는데도, '지금까지 투자한 것이 헛되게 된다'는 이유로(그 밖에도 다른 이유도 있겠지만) 사업을 중지하지 않고 강행하는 사례가 있지 않을까 싶다.

'엎지른 물'이나 '과거에 연연하지 말라'는 말은 매몰원가에 얽매이지 말라는 것을 시사하는 휴리스틱이다.

선호는 상황에 따라 변한다

다시 한 번 사람들의 '선호' 특징에 대해 생각해보자. 트버스키와 세일러는 사람들이 사물을 판단하는 기호에 대해 재미있는 예를 들어 설명하고 있다.

그것은 다음과 같은 야구 심판 3명의 발언에서 엿볼 수 있다.

심판 1 : '본 대로 판정한다.'

심판 2 : '있는 그대로 판정한다.'

심판 3 : '내가 판정할 때까지 아무 일도 일어나지 않는다.'

각각의 발언을 가치나 선호로 바꿔 생각하면 가치나 선호의 성격이 다른 3가지 견해가 있음을 알 수 있다.

1. 가치는 존재한다, 체온처럼. 그리고 사람들은 그것을 느낀 채 점점 바이어스를 동반하여 보고한다. ─ 심판 1의 견해

2. 사람들은 가치나 선호를 구구단처럼 잘 알고 있다. ─ 심판 2의 견해

3. 가치나 선호는 도출 과정에서 만들어진다. ─ 심판 3의 견해

주류 경제학에서 합리성의 철저한 옹호론자였던 조지 스티글러(George Joseph Stigler)와 게리 베커(Gary Stanley Becker)는 '기호에 대해 논해도 소용없는 것은 로키 산맥에 대해 논해도 소용없는 것과 같다. 어느 쪽이나 거기에 있고, 내년에도 있을 것이다. 그것은 모든 사람에게 해당된다'고 서술하고, 모든 사람의 선호는 모순되지 않고 안정적으로 존재하기 때문에 사람들의 의사 결정에서 선호를 문제 삼는 것은 의미가 없다고 단정했다.

이와 달리, 트버스키와 세일러는 심판 3의 견해, 즉 선호는 의사 결정자나 결정해야 할 문제가 놓인 상황이나 문맥에 의존하여 형성된다는 사고방식을 강조한다.

주류 경제학에서는 선호에 대해 꽤 엄격한 가정하에서 설명하는데, 선호는 모든 선택 대안에서 판정을 내릴 수 있다고 보고 있다. '나하고 일 중에 어느 쪽이 중요해?', '그런 건 결정할 수 없어'라는 식이 아니라, 항상 어느 쪽이 좋은지를 결정할 수 있다는 것이다.

또한 선호는 일관성이 있기 때문에 모순되지 않고, 어떤 상황에서나 시간이 걸리더라도 일정하며 불변한다고 본다. 의사 결정자는 이와 같은 선호 체계, 이른바 선호 리스트를 가지고 그 내용을 숙지하고 있어서 선택 문제가 발생하면 선호 리스트와 대조해보고 가장 선호하는, 즉 가장 효용이 큰 선택 대안을 선택한다고 한다.

스파게티보다 라면이 좋고, 라면보다 메밀을 좋아한다면, 스파게티보다 메밀을 좋아한다는 선호는 자연스럽다. 이처럼 취향이 일관되어 있고 모순이 없는 것을 '선호의 이행성'(移行性, transitivity)이라 한다. 그러나 이처럼 극히 자연스러운 성질조차 만족시키지 않는 경우가 있다. 예를 들면, 과자를 사러 갔다고 가정하자. 과자 몇 종류가 있는데 가격 차이가 500원 이내라면 질이 좋은 쪽을 선택하고, 그 이상 가격 차가 벌어진다면 싼 쪽을 선택하는 것이 일상적인 쇼핑으로서는 타당한 기준일 것이다. 사도 좋을 만한 과자 3종류가 있는데, 품질에 따라 A는 2,500원, B는 2,000원, C는 1,500원이라 하자. 기준에 따르면 A와 B에서는 A(좋은 쪽)를 선택하게 되고, B와 C에서는 B(좋은 쪽)를 선택하지만, A와 C에서는 C(싼 쪽)를 선택하기 때문에 이행성을 충족할 수 없다.

또한 합리적인 선호 기준이라면 '관계없는 선택 대안으로부터의 독립성'이라는 기준이 충족되지 않으면 안 된다. 이것은 선택 대안 2개 사이에서 선호의 순서는 새로운 제3의 선택 대안이 등장해도 변하지 않는 것을 의미한다.

식당에 들어갔더니 오늘의 추천 정식으로 불고기 정식과 돈까스 정식이 있었다. 나는 '불고기 정식'으로 결정했는데 식당 주인이 '햄버거 정식도 있다'고 했을 때 '그럼 돈까스 정식으로 변경'하지는 않을 것이다. 식당 주인이 제시한 기준이 아주 강한 기준으로는 생각되지 않는다.

하지만 실생활에서는 식당 주인이 제시한 기준처럼 약한 기준 때문에 원래 선택이 깨지는 일이 수많은 사례에서 확인되고 있다.

중간 대안이 선택된다

시몬슨(I. Simonson)과 트버스키는 다음과 같은 실험을 했다. 학생 그룹에서 무작위로 선택한 사람에게 6달러를 준 다음 6달러를 그대로 가지고 있어도 되고, 고급 제품인 크로스 볼펜과 바꿔도 된다고 했다. 108명 중 64%가 6달러를 보관했고, 36%가 볼펜과 교환했다고 한다.

다음은 제3의 선택 대안으로서 싼 볼펜을 첨가하여 위와 마찬가지로 교환 희망자를 조사했다. 그러자 이번에는 52%가 6달러를 보관했고, 46%가 고급 볼펜과 바꾸기를 바랐다(나머지 2%는 싼 볼펜을 희망했다). 싼 볼펜이라는 제3의 선택 대안이 등장함에 따라 6달러와 고급 볼펜 사이의 선호가 바뀐 것이다.

또한 시몬슨과 트버스키는 품질이 좋은 순으로 가격도 올라가는 3가지 미놀타 카메라로 같은 실험을 했다. 카메라 A는 성능은 떨어지지만 값은 싸고(169.99달러), B는 양쪽의 중간 값(239.99달러)이며, C는 고성능이지만 비싼 카메라다(469.99달러).

우선 실험 참가자 106명에게 A와 B 중 어떤 카메라를 선택할지 물었더니 정확히 A와 B의 비율이 각각 50%씩이었다. 그런데 C를 추가해 세 종류 중에서 어떤 카메라를 선택할지 묻자 A 22%, B 57%, C 21%가 되었다. 양극단의 카메라는 배제되고 한중간의 제품이 선택된 것이다. 이 현상을 '극단 회피성'이나 '타협 효과'라고 말한다.

시몬슨은 더욱 인상적인 실험을 했다. 그는 탁상용 전자계산기 다섯 종류를 준비했다. A부터 E의 순으로 기능이 많아지지만 고장률도 높아진다.

우선 A, B, C 3종류를 보여주고 선택하게 했더니 5%, 48%, 47%로 나타났다. 그 다음 B, C, D 3종류에서는 순서대로 26%, 45%, 29%였고, B와 C 사이의 선호는 역전되었다. 뿐만 아니라 C, D, E에서는 순서대로 36%, 40%, 24%가 되어 C와 D 사이의 선호가 역전되었다. 어떤 경우에서든 중간에 놓인 선택 대안이 선택된 것이다.

장어 도시락 가게에서 송(松)·죽(竹)·매(梅) 3가지 장어 도시락이 있을 경우에는 죽을 선택하고, 횟집에서 회가 특상·상·보통이 있을 때 상당히 많은 사람들이 상을 선택하는 심리를 생각해보면 충분히 짐작할 수 있을 것이다.

이런 성향은 마케팅에서 자주 이용되고 있다. 특히 팔고자 하는 상품을 의도적으로 한중간 위치에 두는 경우도 있다.

이유 있는 선택

샤피르, 시몬슨, 트버스키는 '이유에 기초한 선택'(reason based choice)이라는 이론을 전개했다. 선택 대안을 고르거나 결정을 내리려면 그 선택 대안을 선택한 납득할 만한 이유나 스토리가 필요하며, 합당한 이유가 있고 선택을 합리화할 수 있으면 설령 모순되더라도 상관하지 않는다는 것이다.

샤피르 일행이 실험한 다음 사례를 살펴보자. 당신은 판사이며, 이혼 문제를 취급하고 있고, 아이에 대한 친권이 누구에게 있는지 판단해야 한다. 부모 A는 소득, 건강 상태, 노동시간이 평균적이며, 어린이와 관계가 원만하고 안정된 사회생활을 하고 있다고 가정하자. 부모 B는 소득이 평균 이상이고, 아이와 관계가 매우 친밀하며 사회생활도 매우 활동적이지만, 일 때문에 출장이 잦고, 건강 상태에 약간 문제가 있다고 가정하자.

1그룹의 실험 참가자들에게 만약 친권을 준다면 어느 쪽 부모가 좋을지 물었더니 B를 선택한 사람이 64%였다. 2그룹의 실험 참가자들에게는 어느 쪽에 친권을 주는 게 적당하지 않은지를 묻자 B를 선택한 사람이 55%였다. 즉 친권을 인정할 경우에도, 거부할 경우에도 B가 더 많이 선택된 것이다.

이 답변은 모순되지만 원인은 선택하기 쉬운 타당한 이유 여부에 있다고 생각된다. 부모 A는 매우 평범하며 친권을 주기에도 거부하기에도 적극적으로 판단할 재료가 빈약하다. 그러나 이에 비해 부모 B는 친권을 주기에 적합한 이유(아이와 친밀한 관계, 고수입)가 있지만, 거부하기에도 충분한 이유(건강 상태가 불안한 것과 잦은 출장으로 집을 비우는 일)가 있다. 이는 선택하기 쉬운 이유가 있기 때문에 선택된 것을 나타낸다.

마찬가지로 대학의 학과 선택, 선거 때 후보 선택, 리조트 호텔 선택 등에서도 충분한 이유가 있으면 대립하는 선택이 이루어지는 것이 다반사다. 이러한 사례는 대표성 휴리스틱에 의해 판단이 이루어진 것을 의미한다.

스토리가 있으면 선택된다

선택 대안이 대립하는 요소를 포함하고 있을 때, 선택이 어떻게 변하는지 샤피르와 그 동료들은 다음과 같은 실험을 했다.

소니와 아이와가 단 하루만 CD 플레이어를 바겐세일로 판매했다. 인기 있는 소니 CD 플레이어가 99달러, 아이와의 고급 CD 플레이어가 169달러였는데, 양쪽 모두 정가보다 훨씬 싸게 팔고 있다. 어느 쪽을 선택할지, 아니면 다른 플레이어를 좀더 조사하기 위해 구입을 미룰지 묻는 질문에 대해 아이와나 소니 제품 구입을 선택한 사람은 각각 27%씩이었으며, 구입을 미루겠다는 사람이 46%였다.

다음은 소니 CD 플레이어만 바겐세일을 하고 있었다. 인기 기종이며 가격은 99달러다. 이 제품을 구입할지, 아니면 구입을 미룰지를 묻는 질문에 66%가 구입하겠다, 34%가 구입을 미루겠다고 답변했다.

또한 셋째 상황으로, 똑같은 소니 모델에 가격은 99달러, 아이와의 하위 모델에 가격은 109달러 제품을 선택할 수 있도록 하였다. 답변은 소니 제품을 구입하겠다는 사람이 73%, 아이와를 구입하겠다는 사람이 3%, 구입을 미루겠다는 사람이 24%로 나타났다.

맨 처음 상황에서는 CD 플레이어를 싸게 살 수 있다는 게 매력적이었지만, 아이와를 구입할지 또는 소니를 구입할지 결정해야 하는 갈등 때문에 주저하게 된다. 이 상황에서 답변자의 과반수가 구입하겠다는 결정을 했지만, 나머지는 결정을 내리지 못하고 구입을 미루겠다고 판단했다. 둘째 상황처럼 성능이나 가격에서 매력적인 모델을 팔고 있으면, 구입 결정에 대한 갈등은 적어지게 된다. 따라서 구입하겠다는 결정을 내리기가 쉽다. 셋째 상황에서는 갈등이 더 줄어든다. 좋은 제품을 싸게 팔기 때문에 소니를 구입하겠다는 결정을 하기가 쉬운 것이다.

재미있는 것은, 둘째 상황에서 소니 제품을 구입하겠다고 결정한 사람이 답변자의 66%였는데, 셋째 상황에서는 73%로 증가했다는 점이다. 하위 선택 대안(아이와)이 존재함에 따라 제3장에서 살펴본 기준점

구실을 하였고, 이 때문에 소니 제품이 더 매력적으로 보여서 구입 의사를 결정하기 위한 충분한 이유가 생긴 것으로 판단된다. 첫째 상황에서 구입을 선택한 사람은 54%였지만, 둘째 상황에서는 66%로, 셋째 상황에서는 73%로 늘어났다. 이것은 갈등이 줄어들고 자기 자신을 납득시킬 만한 충분한 이유가 있는 상황에서는 구입 의사가 증가한다는 것을 보여준다.

실러는 주식시장의 행위에서도 합당한 이유를 기초로 한 선택이 영향을 준다고 주장하였다. 일반 투자가는 주식에 관한 수익률 같은 지표보다는 그 회사나 제품에 대한 역사, 세간의 평가 등 '소문'(이야기)에 더 큰 영향을 받기 쉽다.

이런 점을 미루어 볼 때, 사람들은 자신의 결정이 심플한 이유가 있거나, 소문에 따라 정당화되는 것을 희망한다는 것을 알 수 있다.

선택 대안은 많을수록 좋을까?

경제학이나 의사결정이론에서는 사람들이 자유롭게 선택할 수 있는 선택 대안이 많으면 많을수록 좋고, 사람들의 만족도가 커질 거라는 전제가 암묵적으로 존재한다. 과연 그럴까? 이 이론에 의문을 던진 시나 아이엔거(Sheena S. Iyengar)와 마크 레퍼(Mark R. Lepper)는 재미있는 실험을 했다.

슈퍼마켓에서 한 진열대에는 잼 6종류를, 다른 진열대에는 잼 24종류를 진열한 다음에 1달러 할인권을 건네주고 쇼핑객들에게 시식을 하게 했다. 두 진열대는 1시간마다 자리를 바꿔놓았다. 진열대가 있는 통로를 지나간 242명 중 40%가 잼 6종류가 놓인 진열대를 방문한 것에 반해 손님 60%는 24가지 잼이 놓인 진열대를 방문했다. 즉 처음에는 잼 종류가 많은 쪽이 매력적으로 느껴졌던 것이다.

그러나 6가지 잼이 놓인 진열대를 방문한 손님 중 실제로 구입한 사람은 30%였지만, 24가지 잼이 놓인 진열대를 방문한 손님 중 실제로 구입한 사람은 단 3%에 불과했다. 소비자는 다양한 선택 대안이 준비된 쪽에 매력을 느끼지만, 선택 대안이 너무 많으면 결국은 결정할 수 없게 된다.

그들은 다음 6가지 고급 초콜릿과 30가지 고급 초콜릿으로도 같은 실험을 했다. 이번에는 실험 참가자가 초콜릿 1개를 골라 자유롭게 시식하고 맛에 대해 10점 만점을 기준으로 평가하도록 했다. 6가지 초콜릿 중에서 선택한 사람들이 내린 평가의 평균치는 6.25였는데, 30가지 초콜릿 가운데 선택한 사람들이 내린 평가의 평균치는 5.5였다. 게다가 실험 참가자에게 실험에 참가한 답례로 5달러와 초콜릿 한 상자 중 어느 쪽이든 좋아하는 쪽을 선택하라고 했더니, 6가지 초콜릿 그룹에서는 47%가 초콜릿을 선택한 것에 반해 30가지 초콜릿 그룹에서는 초콜릿을 선택한 사람이 12%에 불과했다.

아이엔거는 이런 실험 결과를 정리하며, 선택자 입장에서는 개인이 파악 가능한 범의 내에서 선택이 이루어져야 하며, 선택 대안이 너무 많으면 오히려 잘못된 선택을 하지는 않을까 하는 일종의 후회스러움 또는 실패할지 모른다는 감정에 빠질 수도 있다고 지적한다.

만족화와 최대화 인간

위의 예처럼 사소한 선택 대안이 아니라, 인생을 좌우할 정도로 중요한 선택에서는 어떻게 할까?

이런 의문을 품은 슈워츠(Barry Schwartz)와 아이옌거는 대학 4년생의 구직 활동에 대해 조사했다. 결과는 다양한 직업군에서 직업을 선택할 수 있는 학생일수록 구직 활동에 대한 만족도가 낮은 것으로 나타났다. 특히 '최고의' 업무를 추구하는 학생들이 '적당한' 업무를 추구하는 학생에 견줘 실제로 업무 내용이나 조건이 훨씬 더 좋은 직책이 내정되어 있음에도 만족도가 낮았다. 그런 학생들일수록 낙담, 불안, 욕구불만, 후회 따위 감정이 더 두드러졌다.

또한 아이옌거와 잔은 미국의 퇴직연금제도인 '401(k) 플랜'(미국의 확정 기여형 기업연금제도)에서 선택 가능한 펀드가 너무 많지 않은가 하는 생각에 고용자를 상대로 광범위한 조사를 실시했다. 그 결과, 선택할 수 있는 펀드가 많아지면 401(k) 플랜 그 자체에 참가하는 인원수가 감소해버린다는 사실을 발견했다.

슈워츠는 이와 같은 현상을 '선택의 패러독스'라 부른다. 현대인에게는 선택 대안이 많을수록 자유롭게 선택할 수 있는 가능성이 넓어지고 충실도가 더 높아진다는 믿음이 있다. 이 발상은 자유주의 사상과도 연결되어 세상을 석권하고 있지만 이것은 환상에 지나지 않는다. 인간에게 선택 대안이 많은 것이 행복도를 높이기는커녕 오히려 저하시키고 있다.

슈워츠는 미국의 사례를 염두에 두고 있지만, 다른 나라에서도 상황은 마찬가지일 것이다. 슈워츠와 워드(A. Ward)는 무엇보다 최고를 추구하는 성향을 지닌 '최대화 인간'과 사이먼에서 착상을 얻은 '적당히' 만족하는 '만족화 인간'이 있다고 설정하고, 최대화 인간과 만족화 인간의 판정법을 고안하였다.

최대화 인간은 선택 대안이 증가하면 그것을 자세히 검토하고, 더 나은지 아닌지를 확인하지 않으면 직성이 풀리지 않지만, 만족화 인간은 일단 적당한 선택 대안을 발견하면 선택 대안이 증가해도 신경을 쓰지 않는다. 따라서 최대화 인간은 선택 결과에 대한 충실도가 낮을 뿐만 아니라 후회하는 경향이 있으며, 대개 행복도를 낮게 평가한다는 지적을 받고 있다.

행 동 경 제 학

제 7 장

근시안적인 마음

|

시간선호

'인간은 각각 사물을 보는 방법을 지니고 있다.

그리고 같은 사람이라도 시간이 바뀌면

같은 대상에 대해 다른 견해를 보인다.'

—

베카리아(Beccaria)《범죄와 형벌》

·

'해가 가면 사람들은 달라진다네

(年年歲歲人不同).'

—

《당시선(唐詩選)》

다른 시점 간의 선택

다이어트나 금연을 해야겠다고 굳게 맹세했는데, 막상 눈앞에 있는 초콜릿 케이크에 손이 가거나 담배 한 개비를 피워버린 경험은 누구나 한 번쯤 있을 것이다. 한 달 전에는 간단히 할 수 있을 거라 생각했는데, 매일 '내일부터 해야지' 하며 질질 끌면서 미루다 마감일이 되어서야 허겁지겁 일에 착수하는 것을 자주 볼 수 있다.

또, 즐거운 마음으로 결정해서 계획을 세운 여행이나 홈스테이가 막상 가까이 다가오면 점점 귀찮아지는 경우는 없었는가? 인플레이션이나 금융기관이 파산할 걱정만 없다면, 저마다 착실히 저축을 해서 노후에 대비하면 정부의 연금 신세를 질 필요는 없지 않을까?

이와 같은 문제를 생각하기 위해서는 시간이 효용이나 의사 결정에 미치는 영향에 대해 고찰해야 한다.

구매 결정 시점과 손익 시점이 시간적으로 떨어져 있을 때의 의사 결정을 '다른 시점(時點) 간의 선택'(intertemporal choice)이라고 한다. 일반적으로 거의 모든 경제활동의 의사 결정은 다른 시점 간의 선택이라 할 수 있다. 일상생활에서 쇼핑을 할 때도 사는 시점과 소비하는 시점은 아주 작은 시간 차이일지라도 시간적으로 떨어져 있기 때문이다.

내구재(耐久財)나 상급 학교 진학 등과 같이 오랜 시간에 걸쳐 조금씩 효용을 얻을 수 있는 경우도 있다. 또한 자기 규제 문제 역시 시간과 밀접한 관련이 있다. 현재의 소비 욕구를 참고 저축을 하거나, 담배 한 대 피우고 싶은 것을 참고 건강한 몸을 만들거나, 눈앞의 맛있는 케이크를 포기하고 날씬한 몸매를 만들거나 하는 것 등이 대표적인 예다. 그런가 하면 환경이나 연금제도처럼 자신이 살아 있는 시간뿐만 아니라 차세대

에까지 영향을 끼치는 공공 정책상의 큰 문제도 있다.

손실이나 이익이 의사 결정 시점에서가 아니라 시간적으로 떨어진 시점에서 발생할 때의 효용에 대한 평가는 어떻게 이루어질까? 그리고 선택 행위에 어떤 영향을 끼칠까? 이러한 문제들에 대해 살펴보는 것이 제7장의 주제다.

이자율과 할인율

현재의 1만 원은 1년 후에 얼마의 가치가 있을까? 이것을 계산하기 위해서는 이자율(연이율)을 고려 대상에 넣고,

$$1년 후 1만 원의 가치 = (1 + 이자율) \times 1만 원$$

으로 한다.

예를 들어 이자율이 연 5%면 1년 후에는 10,500원〔1만 원×(1+0.05)〕이 된다. 그러면 반대로 내년의 1만 원은 지금 얼마의 가치가 있다고 생각하는 것이 좋을까? 위의 식에서,

$$현재 1만 원의 가치 = \frac{1년 후 1만 원의 가치}{(1 + 이자율)}$$

가 되고 '이자율=5%'면, 1년 후의 1만 원은 현재 금액으로 약 9,524원이 된다. 이자율을 고려해서 장래의 1만 원을 생각하면 금액이 '할인'된다. 즉 줄어들게 된다.

마찬가지로 시간적으로 떨어져 발생하는 이익이나 손실의 효용을 생각할 때는 할인이라는 작업을 통해 현 시점의 효용을 구할 수 있다. 여

기서 현재 1만 원의 1년 후 효용은,

$$1만 \text{ 원의 효용} \times (1 + \text{할인율})$$

이 되고 반대로 1년 후 1만원의 현재 효용은,

$$1만 \text{ 원의 효용} / (1 + \text{할인율})$$

로 나타낼 수 있다. 즉 장래 시점의 (그 시점의) 효용을 '1 + 할인율'로 나누면 현재의 효용을 얻을 수 있다. 수식으로 나타내면,

$$지금 \text{ 현재 } 1만 \text{ 원의 효용} = \frac{1년 \text{ 후 } 1만 \text{ 원의 효용}}{1 + \text{할인율}}$$

이 된다.

혼동하기 쉬운 개념인데, '1 / (1 + 할인율)'을 통상적으로 할인 인자라고 한다. 할인율이 작아질수록 할인 인자는 커지므로 '1년 후 1만 원'의 현재 효용은 커지게 된다. 반대로 할인율이 커질수록 할인 인자는 작아지므로 '1년 후 1만 원'의 현재 효용은 줄어드는 관계가 성립한다.

위의 두 식에서 할인율은 이자율이기 때문에 사람들은 장래의 일에 대해 같은 이자율로 할인하여 가치를 평가해야 한다는 것이 주류 경제학의 가르침이다. 그러나 뒤에 서술하겠지만 실제로 사람들은 다른 시점 간의 가치를 측정할 때 꼭 그렇게 하지는 않는다.

| 왜 미래의 이익을 할인할까? |

사람들은 왜 미래의 이익을 할인하는 것일까? 현재의 1만 원은 지금 사용하면 효용을 얻지만, 1년 후의 1만 원은 현재 효용을 얻을 수 없다.

그래서 현재의 1만 원을 더 중요시하는 것이 자연스러운 일이다. 또한 미래는 불확실하기 때문에 실제로 손에 들어올지 여부를 알 수 없으며, 자신의 취향이 변할 수도 있다. 따라서 사람들이 미래보다 현재의 것을 더 중시하는 것도 당연한 일이다. '숲 속의 두 마리 새보다 수중의 한 마리 새가 더 낫다'는 속담이 가리키는 그대로다.

그뿐인가. 손실 회피성이 주는 영향도 고려해야 한다. 소비나 입수 시기가 연장되는 것 자체가 손실로 인식되므로 이러한 손실을 회피하려는 성향의 정도에 따라 장래 가치가 할인되기도 한다.

철학자 데렉 파피트(Derek Parfit)는, 사람들이 현재의 자신과 미래의 자신을 다른 인간으로 받아들일 수 있고, 그 관계는 자신과 타인의 관계와 같다고 주장한다. 그리고 자신과 타인의 사이가 멀어지면 관계가 소원해지듯이 현재의 자신과 미래의 자신도 어느 정도 먼 관계이기 때문에 미래의 자신이 얻게 될 효용을 현재의 자신이 할인해서 생각하는 것은 극히 자연스러운 현상이라고 주장한다.

지수형 할인

사람들은 할인율을 어떻게 생각하고 있을까? 어빙 피셔와 같은 고전파 경제학자들은 할인율이 복잡한 심리적 작용에 의해 결정되기 때문에 할인율의 결정에 대해서 신중한 태도를 취했다.

할인율을 일정한 가치로 가정하여 최초로 간단명료한 이론을 전개한 사람은 신고전파 경제학의 태두인 폴 새뮤얼슨이다. 당시 새뮤얼슨은 할인율이 일정하다는 가정이 지닌 비현실성에 대해 언급하기는 했다. 그렇지만 새뮤얼슨이 제시한 모델이 간결해 수식 전개가 용이하다는 점이 장점으로 꼽혔다. 이 때문에 새뮤얼슨이 제시한 모델이 순식간에 경제학계를 석권하였다. 참고로, 거시경제학이나 경제정책론에서는 할인율이 일정하다는 가정을 당연시해왔지만, 현실적 타당성이 논의된 적은 거의 없다.

$$현재\ 가치 = \frac{미래의\ 명목\ 가치}{(1 + 할인율)^d}$$

새뮤얼슨이 수식화한 다음 널리 사용하게 된 현재 가치의 계산법은 위의 식으로 나타낼 수 있다. 이 공식에서 d는 미래 시간을 나타낸다. 1년 후면 'd=1', 2년 후면 'd=2'처럼 표시한다.

그림 7-1에는 미래에 작은 효용을 줄 수 있는 선택 대안 A를 비롯해 미래에 더 큰 효용을 줄 수 있는 선택 대안 B와 시간의 경과에 따라 할인된 효용이 그려져 있다. 이 그림에서 A와 B, 그리고 효용의 대소 관계

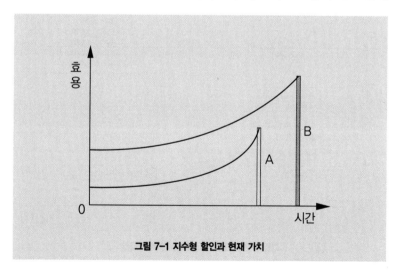

그림 7-1 지수형 할인과 현재 가치

는 시간에 따라 변하는 것이 아니라, 항상 A가 B보다 작아진다. 시간이 경과해도 효용 평가는 변하지 않고 일관되게 유지된다는 뜻이다.

이것이 주류 경제학에서 말하는 할인에 관한 개념인데, 어떤 대상에 있어서나 시간적으로 가깝거나 멀더라도 할인율은 일정하다고 본다. 위의 식처럼 현재 가치가 할인율의 지수함수로 나타나기 때문에 이런 할인법을 지수형 할인이라 한다.

쌍곡형 할인

지수형 할인에 대해 최초로 의문을 품은 사람은 스트로츠(R. H. Strotz)였다. 그는 할인율은 지수함수로 나타낼 수 없으며, 할인율은 시간의 경과와 함께 감소할 가능성이 있다고 주장한다.

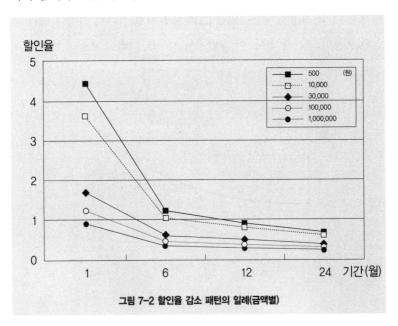

그림 7-2 할인율 감소 패턴의 일례(금액별)

행 동 경 제 학

하우스만(J. Hausman)은 실제로 소비자 구매 행동을 관찰한 결과, 초기 구입 비용은 높지만 뛰어난 에너지 절약형(가동 비용이 적은)인 에어컨이 인기가 없자 이를 해결하기 위해 할인율 25%를 도출해냈다.

최초로 실험을 통해 할인율을 산출한 사람은 세일러다. 그는 복권 당첨자가 상금을 바로 받거나 뒤로 미뤄도 좋지만, 나중에 받을 경우에 그 보상으로 얼마를 원하는지 조사했다. 그 다음 다시 설정을 바꿔 질문한 후 제출된 답변을 통해 할인율을 계산했다. 그 결과, 이익 측면에서 시간의 경과와 더불어 할인율이 함께 감소한다는 것을 증명하였다. 이 사실은 벤지온(U. Benzion) 등의 실험으로 재확인되었고, 그 후 비슷한 실험이 수없이 반복되었다. 필자도 실시했다. 그 결과 할인율에 대한 일정한 경향이 발견되었다.

필자는 학생들을 실험 참가자로 하여 5가지 금액과 금액의 수취일을 1개월, 6개월, 12개월, 24개월 뒤로 늦췄을 때, 최저 얼마를 원하는지 알아보는 실험을 했다. 그림 7-2에는 실험 참가자의 답변으로 계산된 할인율이 시간의 경과에 따라 낮아지는 모습이 그려져 있다. 즉 돈을 받는 시기를 뒤로 연기할수록 할인율은 낮아지지만 감소 폭은 점점 줄어든다.

할인 방법의 식을 몇 가지 생각할 수 있지만 가장 간단한 방법은 아래에 있는 식이다. 이 식은 쌍곡선 방정식이기 때문에 이런 방식의 할인법을 쌍곡형 할인(hyperbolic discounting)이라 한다. 여기서 d는 지수형 할인의 경우와 마찬가지로 미래 시간을 의미한다.

$$\text{현재 가치} = \frac{\text{미래의 명목 가치}}{1 + d}$$

두 가지 할인 방식

그림 7-3은 지수형 할인과 쌍곡형 할인으로 일정액의 이익이 미래로 연기될 경우에 시간이 경과함에 따라 어떻게 감소하는지를 나타낸 것이다.

그림 7-3에서, 위에 있는 곡선은 지수형 할인에 의한 가치의 감소를 보여주는 것으로, 시간의 경과와 더불어 일정한 비율로 가치가 감소하는 것을 나타낸다.

이에 반해 아래쪽 곡선은 쌍곡형 할인에 의해 가치가 감소하는 그래프로, 처음에는 급격히 감소하지만 시간이 흐르면서 가치가 감소하는 비율이 줄어드는 것을 보여주고 있다.

쌍곡형 할인의 특징은 현재를 특히 중시한다는 것이다. 그림 7-3에서 알 수 있듯이 평가 대상의 가치는 시간이 조금씩 경과함에 따라 크

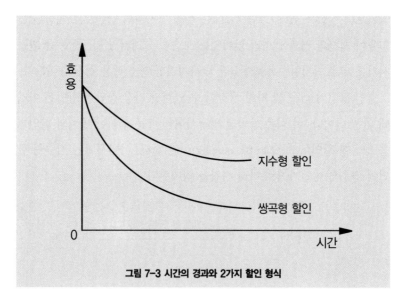

그림 7-3 시간의 경과와 2가지 할인 형식

행 동 경 제 학

게 감소한다. 사람들이 이처럼 현재를 중시하는 것을 '현재 지향 바이어스'라고 한다. 실제로 조금만 뒤로 미뤄져도 큰 폭으로 할인되기 때문에 사람들의 '인내심 부재'나 '급한 성질'을 나타내고 있다는 해석도 할 수 있다.

레입슨(D. Laibson)은 특히 이 점을 중시하여 가까운 미래에는 크게 할인되지만 그 후는 거의 일정치로 할인되어 수리(數理) 모델화하기 쉬운 '준쌍곡형 할인' 방식을 제시하였다. 준쌍곡형 할인이란 지수형 할인에 현재 지향 바이어스를 결합한 형태다. 이 모델은 수학적으로 취급하기가 손쉬워 레입슨과 그의 동료들은 이를 기초로 다양한 정책 방향을 제시하기에 이르렀다. 다만 현실적으로 타당성이 있는지는 의문이다.

할인율은 측정 가능한가?

할인율 측정에 관해서는 수많은 연구 결과가 보고되고 있는데, 할인율의 특징은 다음과 같은 성질이 있다고 한다.

첫째, 할인의 대상이 되는 금액이나 효용이 작을수록 할인율은 커지고, 금액이 큰 경우에 견줘 (시간의 경과에 따라) 급격하게 감소한다. 둘째, 할인율은 시간적으로 멀고 가까움에 따라 크게 달라지고, 이익이나 손실의 실현이 먼 미래 시점일수록 할인율은 작아진다. 셋째, 이익과 손실은 비대칭적이며, 지불(손실)일 때 적용하는 할인율이 수취(이익)일 때 적용하는 할인율에 비해 훨씬 작고, 또 수취 할인율은 급격히 감소한다. 그림 7-2에 있는 그래프를 보면 첫째와 둘째 특징이 명확하게 나타나 있다.

할인율의 크기에 대한 측정은 수없이 시도되었다. 가상이 아닌 실제

금전이나, 복권, 건강 상태 등 다양한 사물을 대상으로 측정이 이루어졌다. 앞에서 거론한 3가지 특징은 상당히 보편적인 할인율의 특징이라 할 수 있다. 그러나 뒤에 서술하겠지만 할인율의 이 같은 특징을 완전히 확립된 성질로 보기는 사실상 어렵다.

프레더릭과 그의 동료들은 할인율을 측정한 보고서 41개를 자세히 검토하고, 실험 결과의 해석은 신중해야 한다고 주장했다. 그 이유로 첫째, 측정된 할인율이 통계치에서 크게 벗어나 있기 쉽기 때문이다. 다양한 실험을 통해 측정된 할인율은 마이너스 6%에서 무한대까지 값이 너무 폭넓게 분포되어 있다. 제3장에서 손실 회피 계수가 대략 2~2.5라고 기술했는데, 이 수치는 수많은 검증을 거쳐 얻은 것으로 상당히 안정된 값이다. 이에 비해 실험 결과에서 나타난 할인율의 경우는 관측된 값들 사이에 차이가 너무 크다. 둘째, 측정 방법의 진보가 없고, 연구가 진전되어도 할인율 값의 분포가 축소되지 않는다는 점을 들 수 있다. 셋째, 할인율이 상식적으로 생각해도 너무 높다는 점이다.

이처럼 할인율 측정이 꼭 좋은 성과를 올리고 있다고 말할 수 없는 형편이다. 이 때문에 프레더릭은 할인율의 측정에 관해 더 근본적인 의문을 제기한다. 장래에 대한 할인이라는 행위는 매우 다양한 요인이 조합되어 발생하는 것이며, 그것을 할인율이라는 단일한 요소로 취급하기는 어려운 일이 아닌가 묻는다.

이에 대한 원인을 몇 가지 생각해볼 수 있다. 프레더릭은 무엇보다 할인율 크기의 차이가 시간의 연기(延期)에 대한 사람들의 반응(이를 시간선호라 한다)을 실제로 반영한 것인지, 또는 효용 함수의 성질이나 변화 때문에 초래된 것은 아닌지를 구별해야 한다고 지적한다.

실험적으로 얻을 수 있는 값은 이익의 효용을 할인한 값이다. 따라서

1년 후 2만 원이 현재의 1만 원과 같은 효용이라면,

$$효용(1만 원) = 효용(2만 원) / (1 + 할인율)$$

이 되고, 이 식에서 '할인율=1'이라는 값을 이끌어낼 수 있다. 하지만 이 경우에는 2만 원의 효용은 1만 원의 2배라는 암묵적인 전제가 성립되어야 한다. 즉 금액과 효용 사이에 금액이 2배라면 효용도 2배라는 선형(線型) 관계의 성립을 전제로 해야 한다.

그러나 주류 경제학에서 효용은 금액의 증가와 함께 체감하는 한계효용체감의 법칙이 적용되는 요소이며, 제4장에서 살펴봤듯이 가치 함수는 민감도 체감적이다. 따라서 금액이 2배라도 효용은 2배가 되지 않는다. 예를 들어 1.5배라면 '효용(2만 원)=1.5×효용(1만 원)'이기 때문에 할인율은 0.5가 되어[(1+0.5)에서 0.5가 할인율] 효용 함수가 선형의 경우와 비교하면 절반밖에 안 된다. 그런데도 거의 모든 실험에서 이를 감안하지 않고 할인율을 측정하고 있기 때문에 추정된 할인율이 너무 커지는 것이다.

로엔스틴과 프렐렉(D. Prelec)은 효용 함수가 제4장에서 설명한 가치 함수와 같은 성질인 준거점 의존성, 손실 회피성, 민감도 체감성을 충족하고 있으면, 할인율이 일정하더라도 위에서 기술한 3가지 경향을 이끌어낼 수 있다고 주장한다. 또한 효용 함수가 시간의 경과와 함께 변할 가능성도 있다. 여름에는 아이스크림이 비싸게 평가되지만, 겨울에는 평가가 낮아지는 것 같은 계절적 영향도 있다.

그러나 사람들이 장래 가치를 할인하는 행위의 본질을 할인율 측정 방법으로 정확하게 나타낼 수 있을지 큰 의문이 남는다.

마이너스 할인율

로엔스틴은 '좋아하는 영화배우와 키스하기', '한순간이지만 불쾌한 전기 쇼크'라는 약간 돌발적인 주제에 대한 할인율을 측정하였다. 실험 참가자들은 '영화배우와 키스하기'에서는 지금 당장이 아닌 3일 후로 연기하는 것을 가장 선호했다. 전기 쇼크는 장래로 연기하면 연기할수록 가치가 높다고 판정되었다.

이 결과는 현재보다도 장래의 가치를 높게 평가하는 것을 의미하며, 앞에서 서술한 할인율 계산법으로 계산하면 할인율은 마이너스가 된다. 기분 좋은 일은 어느 정도 시간을 두고 기다리는 즐거움이 있고, 공포감은 되도록이면 피하고 싶어하는 것은 자연스러운 현상일 것이다.

키스의 경우에는 '기분 좋은 기다림'이 가져다주는 플러스 효용이, 전기 쇼크의 경우에는 '불안감'이 만들어낸 마이너스 효용이 존재한다. 로엔스틴은 이 같은 기다림이나 불안감을 효용 함수의 변수로 보아 이런 종류의 선호는 할인율이 마이너스라는 것을 증명했다. 즉 이 결과는 시간선호가 아닌 효용 함수로 설명될 수 있다.

'점점 좋아짐'을 선호한다

이외에도 두드러진 경향으로서 한 묶음으로 선택하는 것과 하나하나 개별적으로 선택할 때의 차이가 문제 된다.

주류 경제학에서는 기간별 효용은 그 기간에서의 소비량에만 의존하여 결정된다고 보고 있다. 즉 하루의 효용은 그날 소비한 재화에 의해서만 결정되고, 다른 날에 무엇을 소비했는지 앞으로 무엇을 소비할 것인가 하는 것에는 영향을 받지 않는다는 뜻이다. 따라서 향후 1주일간의 총효용은 7일분(할인)의 효용을 합한 것이라는 전제가 된다. 이 성질을 가법분리성(加法分離性)이라 하는데, 이 법칙이 반드시 성립되지 않는다는 사실이 확인되고 있다.

필자는 학생들에게 무료 저녁 식사(음료수 포함) 초대권에 당첨될 경우, '고급 프랑스 레스토랑'과 '동네 라면 가게' 중 어느 쪽이 좋은지 물었더니 94%가 프랑스 레스토랑을 선택했다. 그 다음으로 시기를 선택한다면 '1개월 후 주말에 고급 프랑스 레스토랑에서의 저녁 식사'와 '2개월 후 주말에 고급 프랑스 레스토랑에서의 저녁 식사' 중 어느 쪽이 좋겠느냐는 질문에 대해서는 76%가 1개월 후, 24%가 2개월 후를 선택했다.

그런데 재미있는 것은 '1개월 후 주말에 고급 프랑스 레스토랑 + 2개월 후 주말에 동네 라면 가게'와 '1개월 후 주말에 동네 라면 가게 + 2개월 후 고급 프랑스 레스토랑' 사이의 선택에서는 전자를 선택한 사람이 30%, 후자가 70%였다. 이것은 마이너스 할인율을 의미한다.

그러나 다음 예에서처럼 사람들은 이익이나 임금은 총액이 일정하더라도 점점 상승하는 쪽을 선호하고 있다. 로엔스틴과 프렐렉은 총액이 일정하더라도 임금이 시간의 경과와 함께 상승하는 쪽을 선호한다는 것을 발견했다. 그들은 6년간 근무한 회사에서(전체적으로는 임금 총액이 같다) 처음에는 임금이 낮은 편이지만 점점 상승하는 패턴, 처음에는 임금이 높지만 점점 하락하는 패턴 중 어느 쪽을 선택할지를 일반인들에게 물었다.

처음에는 임금이 높고 그 후 하강하는 패턴이 합리적인 관점에서는 유리하다. 입사 초기에 받은 높은 임금을 다른 곳에 투자하면 수익을 얻을 수 있고, 도중에 퇴직하더라도 그 시점까지는 높은 임금을 받을 수

있기 때문이다. 그러나 답변자 중 하강 패턴을 선택한 사람은 불과 12%
였으며, 과반수 이상이 점점 상승하는 패턴을 선호했다.

상승하는 소비 방식이나 증가하는 임금 방식이 선호되는 것은 손실
회피성으로 설명할 수 있다. 예를 들면 최근의 임금이 준거점이 되면 다
음 번 임금이 감소하는 것은 손실처럼 받아들이게 된다. 따라서 상승 방
식을 선호하게 되는 것이다. 소비에서도 마찬가지 경향을 나타낸다.

배런(Paul Alexander Baran)은 이 같은 상승 방식의 선택을 사람들이
일종의 휴리스틱 기능으로 받아들임으로써 하강하는 임금 쪽이 더 합리
적임에도 상승 방식을 선택하게 된다고 지적한다.

유사성에 의한 선택과 할인

루빈스타인(Ariel Rubinstein)은 일반적으로 사람들이 선택을 결정할 때
선택 대안의 다양한 성질이 서로 얼마나 비슷한지 여부가 큰 영향을 끼
친다는 '유사성'을 기초로 한 선택 이론을 주장한다. 구체적으로 말하
면, 2가지 선택 대안의 여러 가지 성질 중에서 유사한 점은 무시되고,
유사하지 않은 점이 판단에 사용된다. 유사성이 일종의 휴리스틱 기능
을 하는 것이다.

예를 들면 아파트를 구할 때 비용과 역세권이 판단 기준이라고 하자.
양쪽을 모두 갖춘 좋은 아파트가 있으면 아무 문제없이 선택할 수 있다.
하지만 월세 20만 원에 역까지 15분 걸리는 아파트와 월세 25만 원에
역까지 3분 걸리는 아파트가 있을 때, 비용면에서는 전자가 유리하지만
양쪽이 비슷하기 때문에 무시된다. 오히려 역까지 걸리는 시간이 확실
히 단축되는 후자가 선택된다는 예상을 할 수 있다. 직감에 호소하는 상

당히 설득력 있는 이론이라 할 수 있다.

루빈스타인은 다른 시점 간의 선택에서도 같은 원리가 작용한다고 말한다. 그는 실험 참가자인 학생들에게 다음 2가지 선택 대안에 대한 답변을 요구했다.

첫째, '60일 후 배달 예정인 오디오를 960달러를 주고 주문했다. 지불은 제품 수령 후에 하면 된다. 배달이 하루 늦어지면 그 대신 2달러를 할인해주겠다는 제안을 받아들일 것인가?' 둘째, '내일 배달 예정인 오디오를 1,080달러를 주고 주문했다. 지불은 제품을 수령한 다음에 하면 된다. 배달이 60일 늦어지면 120달러를 할인해주겠다는 제안을 받아들일 것인가?'

쌍곡형 할인에서는 전자를 거부하는 사람은 반드시 후자도 거부하게 된다. 쌍곡형 할인에서는 하루 연기하는 경우에 보상액의 가치도 하루가 지날 때마다 반드시 줄어들기 때문이다(그림 7-3 참조). 후자의 경우에 60일분의 배송 지연 보상액이 120달러이기 때문에 마지막 날의 보상액은 2달러 이하가 된다. 전자에서 60일 후 배송 예정인 상품의 하루 연기 보상액이 2달러가 되지 않으면, 후자의 2달러 이하의 보상은 반드시 거부하게 된다.

그러나 실험 결과는 이와 반대로 나타났다. 전자를 거부한 사람은 43%였지만, 후자를 거부한 사람은 30%였다. 루빈스타인은 이를 유사성으로 설명한다. 전자의 958달러와 960달러라는 지불액은 유사하기 때문에 의사 결정에 영향을 끼치지 않고, 배송 지연 쪽이 중시되어 거부된다는 것이다. 한편 후자의 경우에는 1,080달러와 960달러는 금액이 비슷하지 않기 때문에 비용이 중시되어 배송 연기를 선택하는 것이라고 설명한다.

이 결과는 쌍곡형 할인에서는 설명할 수 없는 현상이 유사성에 의한 선택이라는 원리로 설명이 가능하다는 것을 나타내고 있다. 물론 이 원리에도 결점은 있다. 앞에서 예로 든 경우처럼 계량화할 수 있는 성질에서는 비교하기가 쉽지만, 차를 구입할 경우에 세단과 왜건의 비교라든지, 커피와 홍차의 비교 등에서는 명확한 예측을 얻을 수 없다. 그러나 쌍곡형 할인이 유력한 이론이라는 것에는 의문을 던진다.

또한 루빈스타인은, 쌍곡형 할인이 최근 경제학계에서는 거의 의문의 여지없이 성립하는 성질인 것처럼 간주되기도 하며, 이를 전제로 다양한 이론적·정책적 함의가 제시되는 경우가 많지만 이러한 현상은 매우 위험하다고 주장한다. 얼마 전까지는 지수형 할인이 표준이었고, 현실적 타당성에 대해서는 거론되지 않은 채 그것을 기초로 각종 이론과 정책이 수립되었다. 그러나 그 후 지수형 할인에 대한 비판이나 반례가 나타났고, 쌍곡형 할인이 제안되었다. 그러나 현재까지도 이전의 지수형 할인이 쌍곡형 할인으로 대체되었을 뿐 아무 반성 없이 사용되고 있다.

루빈스타인은 쌍곡형 할인은 수리 모델화가 용이하고 취급하기 쉽기 때문에 점점 사용 폭이 넓어지고 있지만, 그 심리학적 증명이 불충분하므로 경제학과 심리학을 아우르는 행동경제학의 연구 프로그램에는 가치가 없다고 일침을 놓고 있다.

시간에 관한 프레이밍 효과

할인율 측정 실험에서는 실험 참가자에게 보통 1개월 후나 6개월 후처럼 현재로부터의 시간 연기에 관해 평가하게 한다. 리드(D. Read)와 그의 동료들은 6개월 후라는 말 대신 2006년 7월 7일이라는 특정 날짜를 지정한 다음 할인율에 대해 물었다. 스트로츠는 이미 1955년에 쓴 논문에서 시간적인 연기와 함께 특정 날짜가 할인율에 영향을 준다는 사실을 지적했는데, 오랫동안 간과하고 있었던 것이다.

리드와 그의 동료들은 실험 참가자들에게 특정 날짜를 지정해주고 답변을 받아 그 수치로 할인율을 계산해보았더니 날짜를 어림잡아 연기했을 때와 비교해서 할인율이 꽤 작아지는 것을 발견하였다. 또한 그래프는 쌍곡형이 아닌 지수형에 더 가까운 것으로 나타났다. 시간 설정에서도 제시하는 방법에 따라 받아들이는 방식이 달라지는 프레이밍 효과가 작용하고 있었다.

이익을 얻는 시점이 연기될 때에는 '얼마나 기다려야 하는지'에 주의가 집중되지만, 리드의 실험처럼 특정 날짜를 지정해놓으면 그날 얻을 수 있는 이익의 크기에 주목하게 된다. 따라서 전자보다 후자 쪽이 더 인내심이 강해지게 된다. 달리 표현하면, 할인율이 작아지는 것이라고 리드는 지적하고 있다.

이 차이를 초래한 심리 기제의 하나로 추정되는 것이 앞에서 서술한 루빈스타인의 유사성이다. 예를 들어 3개월 후와 16개월 후의 차이와, 2006년 4월 10일과 2007년 6월 10일의 차이는 어떻게 판단될까? 3과 16은 약 '1 : 5'기 때문에 차이가 크지만, 2006과 2007 그리고 4와 6이라는 숫자 자체는 차이가 크게 나지 않는다.

따라서 전자는 할인 폭이 크고, 후자는 할인 폭이 작다. 즉 막연하게 늦어진다는 표현법이 특정 시점을 지정하는 것보다 할인 폭은 커지게 되는 것이다.

이러한 결과를 종합해보면, 시간을 나타낼 때에도 프레이밍 효과가 작용하며, 이런 발견 역시 쌍곡형 할인에 대한 의문점을 낳고 있다.

역전되는 선호

만일 사람들의 할인 행동이 쌍곡형이라면 그림 7-4와 같은 선호의 역전 현상이 발생할 수 있다. 설령 쌍곡형 할인의 타당성이 부정되더라도 장래의 커다란 이익(건강한 신체)보다도 눈앞의 작은 이익(담배 한 개비)을 선택하는 경향은 일상적으로 자주 접해온 경험을 통해 충분히 알 수 있다. 선호의 시간적인 역전 현상은 자주 있는 일이다.

그림 7-4에는 장래의 작은 이익 A와 장래의 큰 이익 B에 대한 특정 시점에서의 효용과 할인된 현재 효용이 나타나 있다.

처음에는 B의 효용이 크고 A의 효용은 작지만, 시간이 경과해 A가 현실이 되는 시점이 눈앞에 다가오면 효용의 크기가 역전돼 A가 B보다 커지게 된다. 사람들의 선호는 항상 일정해서 변하지 않는 것이 아니라, 시간의 경과와 함께 변한다는 것을 의미한다.

이 현상을 '시간적 비정합성'이라 한다. 예를 들면 지난밤 잠자기 전에 '내일은 반드시 아침 6시에 일어나리라'고 마음먹어도 막상 6시가 되면 도저히 일어날 수 없게 되거나, '이 일은 내일까지는 반드시 끝내겠다'고 맹세했는데도 막상 당일이 되면 또다시 '내일은 정말 반드시 할 거니까 오늘 TV를 본다고 해서 별 문제는 없을 것'이라고 생각하고 질질 끌면서 뒤로 미뤄버리는 경우가 자주 있다. 금연이나 다이어트 등의 경우와 신용카드를 남용하거나 대출금을 갚지 못하고 파산하는 경우도 마찬가지다. 요컨대 눈앞의 작은 이익에 넋이 나가 나중에 얻을 큰 이익을 잃어버리게 되는 것이다.

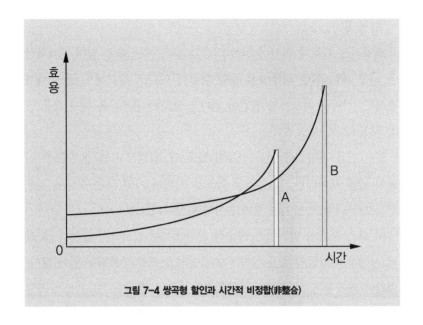

그림 7-4 쌍곡형 할인과 시간적 비정합(非整合)

이 같은 선호는 현재를 미래보다 훨씬 중시한다는 점에서 '현재 지향 바이어스'라고 말하기도 하고, 눈앞의 이익에만 연연한다고 해서 '근시 안적'이라고 하기도 한다.

세일러는 이 현상을 '내일의 사과 둘보다 오늘의 사과 하나를 선택하는 사람은 1년 후의 사과 하나보다 1년 1일 후의 사과 둘을 선택한다'라는 인상적인 표현으로 설명했다. '내일의 백보다 오늘의 오십'이라는 말처럼 평소에 자주 볼 수 있는 현상이다.

철학자 데이비드 흄(David Hume)은 다음과 같이 서술한다. '지금부터 12개월 후에 내가 할 수 있는 행동을 생각해볼 때, 나는 항상 선한 쪽을 선택할 마음이 있다―설령 시간적으로 그것이 가깝든지 멀든지 상관없이. …… 그러나 선택해야 할 순간에 접근해갈수록 새로운 경향이 생겨 내가 처음 결심했던 내 행동 지침을 바꾸지 않고 고수하는 일

이 쉽지 않다.'

세일러는 피부과 의사가 말한 다음과 같은 예를 들고 있다. '자외선을 너무 많이 쬐면 피부암에 걸릴 위험이 있다고 경고해도 별 효과가 없지만, 기미나 여드름의 원인이 된다고 말하면 환자들은 의사 말을 잘 따른다.'

높은 건물 가까이에 낮은 건물이 있을 때, 멀리서 보면 진짜 높은 건물이 높게 보이지만, 낮은 건물 쪽으로 가까이 가면 낮은 건물이 높은 건물보다 더 높게 보이는 것과 유사한 현상이다(그림 7-5).

이 같은 시간적 비정합은 지수형 할인에서는 발생하지 않는다. 따라서 시간적 비정합의 발생이 쌍곡형 할인의 근거로 거론되는 일이 많다. 그러나 쌍곡형 할인이 시간적 비정합을 발생시킬 수는 있지만, 쌍곡형 할인만이 시간적 비정합을 발생시킨다고 한정할 수는 없다.

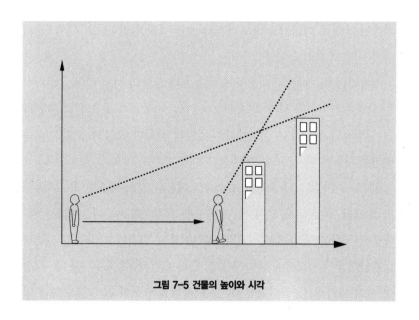

그림 7-5 건물의 높이와 시각

행 동 경 제 학

시간 해석 이론

쌍곡형 할인이라는 전혀 다른 관점에서 시간적 비정합성과 같은 다른 시점 간 선택에 대해 접근한다는 것이, 심리학자 야콥 트롭(Yaccov Trope)과 니라 리버먼(Nira Liberman)이 주장하는 '시간 해석 이론'이다.

시간 해석 이론은 다른 시점 간의 선택을 다룬 실험 결과와도 일치하고, 직감적으로도 매우 설득력이 있다. 또한 이 이론은 쌍곡형 할인 이론의 보완적 역할을 한다. 더욱이 쌍곡형 할인으로 설명할 수 없는 시간적 비정합성을 훌륭하게 설명할 수 있다는 데 뛰어난 특징이 있다.

시간 해석 이론은, 사람이 어떤 대상의 가치를 평가할 때에 그 대상을 마음속으로 해석하고, 그 해석에 따라 평가나 선호가 결정된다고 주장한다. 그리고 대상이 시간적으로 멀리 있는 경우와 가까운 경우에 동일 대상이라도 바라보는 관점이 달라진다고 주장한다.

사람들은 시간적으로 멀리 있는 대상에 대해서는 상대적으로 훨씬 더 추상적·본질적·특징적인 점에 착안해 해석하고, 시간적으로 가까운 대상에 대해서는 더 구체적이고 표면적일 뿐만 아니라 사소한 점에 주목해 해석한다.

설령 정보가 동일하더라도 이 차이는 발생한다. 대상의 추상적·본질적·특징적인 점에 주목하여 해석하는 것을 '고차원 수준'의 해석, 구체적·표면적·사소한 점에 착안하여 이루어지는 해석을 '저차원 수준'의 해석이라고 한다. 간단히 말하면 고차원 수준의 성질은 그 대상이 지닌 본질적·중심적인 성질이며, 저차원 수준의 성질은 그 대상이 지닌 주변적·부수적인 성질이다. 이 양자 사이의 구별은 자의적이기는 하지만 다음과 같은 예를 생각하면 이해하기 쉽다.

예정된 강연회에서 주제가 변경되었을 경우와 강연 시작 시간이 바뀌었을 경우를 비교하면, 전자는 전혀 다른 강연이 될지 모르지만 후자는 다른 강연으로 간주되지 않는다. 이 강연에 흥미를 잃을 가능성은 전자의 경우가 훨씬 높다. 따라서 강연 시간보다는 강연 내용이 상대적으로 성질이 고차원적 수준이라는 것을 알 수 있다.

일상적 경험에 비춰보더라도—예를 들어 친구와 여행 갈 것을 생각하면—여행이 아직 먼 훗날일 경우에는 좋은 경치, 맛있는 음식, 친구와의 즐거운 대화 등을 상상하겠지만, 여행 날짜가 다가올수록 약속 장소라든지, 챙겨 갈 물건, 역이나 공항 가는 길 등 세부적인 사항에 신경을 쓰게 된다.

트롭과 리버먼은 어떤 대상이나 일이 시간적으로 떨어져 있을 때 그것에 대해 고차원 수준의 해석을 훨씬 강하게 만들지만 시간적으로 가까워지면 고차원적인 해석의 비중이 점점 낮아지고, 반대로 저차원 수준의 해석은 시간적으로 떨어져 있을 때에는 약하지만 시간적으로 가까워지면 우세하게 된다는 것을 다양한 실험과 실례를 통해 증명하였다. 멀리서는 숲 전체만 보이고 개개의 나무는 보이지 않지만, 가까이 가면 나무 한 그루 한 그루는 보이는 대신 숲 전체 모습은 볼 수 없는 것과 마찬가지다.

세세한 점은 가까워지기까지 신경 쓰지 않아도 되기 때문에 무시하는 것이라 주장할 수도 있다. 그러나 동일한 정보가 제공되어도 먼 장래의 일에 그 정보를 이용하여 세부적인 검토를 할 수 있고, 반대로 가까운 장래의 일에 대해서 본질적인 해석을 행할 수 있더라도 사람들은 그렇게 하지 않는 경향이 있다는 것이다.

트롭과 리버먼은 또 다음과 같은 실험을 실시해 흥미로운 결과를 이

행 동 경 제 학

끌어냈다. 이 실험은 만화나 영화의 조크처럼 흥미로운 작업과, 데이터 체크나 숫자 리스트 조합 같은 지루한 작업에 시간을 결부시켜 실험 참가자들이 어떤 반응을 보이는지 알아보는 것이었다. 이를 위해 그들은 흥미로운 작업과 지루한 작업을 한 세트로 묶어서 각각이 주 작업인 경우와 보조 작업인 경우로 조합해 32가지로 편성하였다. 동시에 그 과제를 곧바로 시행하는 경우와 4~6주 후에 시행하는 경우를 추가하였다.

이 실험에서 제시된 것 중 하나를 예로 들면, '주 작업으로 만화가 재미있는지 판정하고, 보조 작업으로 데이터 체크 과제를 지금 바로 시작한다'는 식이다. 실험 항목은 작업 · 재미 · 시간을 조합하여 총 64가지로 구성되었다. 그리고 실험 참가자에게는 과제의 선호도를 9단계로 판정하도록 했다.

그 결과 비교적 시간이 많이 남아 있는 경우에는 주 작업의 '재미'에 따른 평가가 이루어져 지루한 과제에 비해 재미있는 과제가 훨씬 매력도가 높다고 판정되었다. 반대로 시간이 촉박한 경우에는 보조 작업이 재미있는 과제가 시시한 과제보다도 한층 매력적이라고 판정되었다. 이 실험 결과에서 얻을 수 있는 정보는 이렇다. 완전히 동일한 과제임에도 선호의 변동이 나타나는 것은 사람이 지닌 특성 때문이라고 추정된다는 점이다.

또한 트롭과 리버먼은 재물의 선호에 대해서도 같은 원리가 작동한다는 것을 확인했다. 예를 들어 시계가 달린 라디오에 대한 평가에서, 라디오로 음악을 듣는 것이 주 목적이라면 음질이 고차원 성질이 되지만, 라디오가 아침 자명종 역할을 하는 것이 목적이라면 시계의 정확성이 고차원 성질이 된다. 그리고 각각 다른 한쪽의 성질은 저차원이 된다.

실험 참가자에게 어떤 상품을 곧바로 살 경우와 1년 후에 살 경우로 나누어서 평가하도록 했더니, 시간적으로 먼 경우에는 고차원적 해석에 따라, 가까울 경우에는 저차원 해석에 따라 선호가 결정된다는 것이 확인되었다.

시간 해석의 원인

위의 경우처럼 시간적 거리에 따른 해석의 차이는 왜 일어나는 것일까? 트롭과 리버먼은 휴리스틱을 사용하는 것이라고 설명한다. 현실에서는 미래에 관한 지식이 부족한 것이 보통이다. 저차원 정보는 신뢰성이 낮거나 입수할 수 없는 경우도 있다. 또한 먼 미래에 관한 결정은 변경하거나 연기할 수도 있다. 따라서 먼 미래에 관한 저차원적 해석은 무시할 수 있다.

이런 일을 반복적으로 경험함에 따라 자동적으로 먼 미래의 일은 고차원, 가까운 장래의 일은 저차원적 해석이 중심이 되는 것은 아닐까? 바로 그 때문에 먼 미래의 일과 가까운 미래의 일에 대해 동일한 정보를 지니게 될지라도, 그것을 다르게 해석하는 휴리스틱이 작용한 것이라고 그들은 설명한다.

희망과 실현 가능성

어떤 목표건 달성하는 것이 자신에게 좋다는 의미로 '희망'과 '실현 가능성' 두 가지 측면이 있다. '좋은 성적을 거두자'는 목표를 세웠다면 그 희망과 실현 가능성이라는 양 측면이 있는 것이다. 희망은 고차원적 성질이고, 실현 가능성은 저차원적 성질이다. 이 특성은 이상과 현실이라는 말로 표현할 수도 있다. 시간 해석 이론은, 사람은 시간적으로 먼 목표에 대해서는 희망을 중시하지만, 시간적으로 접근해가면 실현성을 중시하게 된다고 설명한다.

트롭과 리버먼은 이스라엘 대학생들을 대상으로, 별로 도움이 되지는 않지만 쉬운 리포트와 재미있고 도움이 되지만 어려운 리포트를 작성해서 1주일 후 또는 9주일 후에 제출하는 경우에 대한 선호도를 물었다. 예상대로, 가까운 미래인 경우에는 하찮더라도 실현 가능성이 높은 과제를 선택했고, 먼 미래의 경우에는 어렵지만 재미있는 과제를 선호하였다. 시간적으로 떨어져 있을 때에는 희망이, 가까울 때에는 실현 가능성이 고려된다는 가설이 입증된 것이다.

많은 사람들에게 도박은 상금 획득이 주된 목적일 것이다. 상금은 희망을 나타내고, 상금을 얻을 수 있는 확률은 실현 가능성을 의미한다. 사람들은 시간적으로 멀리 떨어져 있을 때에는 상금액을 중시하고, 시간이 가까워지면 확률을 더 중시하게 된다는 사실이 새그리스타노 (Michael Sagristano) 등의 실험에서도 입증되고 있다.

현재 지향 바이어스와 시간 해석 이론

쌍곡형 할인의 특징인 '현재 지향 바이어스'를 시간 해석 이론으로 설명하면 다음과 같다. 미래 이익에 대한 평가에서는 이익의 크기는 고차원적 성질이고, 시간의 연기(延期)는 저차원적 성질이다. 따라서 가까운 미래의 이익을 평가할 경우에는 이익의 크기보다도 시간 연기의 의미가 중시되며, 거기서 조금 뒤의 일일지라도 크게 할인된다. 즉 먼 미래에 관해서는 이익의 크기가 문제지만, 가까운 미래에 관해서는 시간의 연기가 중요한 것이다.

또한 쌍곡형 할인의 배경에는 장래가 불확실하다는 무의식적인 인식이 작용하기 때문인지도 모른다. 실험에서 '3개월 후 1만 원'의 현재 가치를 물었을 때, 3개월 후에 1만 원이 반드시 수중에 들어온다는 전제가 있어도 실험 참가자는 시간의 지연과 불확실성을 밀접하게 연관지어 시간의 지연, 즉 그 돈을 입수할 수 있을지 여부에 대해 불확실하게 느낄지도 모른다. 그렇다면 시간적으로 먼 미래에서는 고차원적 해석인 이익 금액이 중시되고, 시간적으로 가까울 경우에는 저차원적 해석인 입수 가능성이 중시되는 것이다. 따라서 이익 규모가 같다면 먼 미래 쪽이 가까운 미래에 비하여 할인율이 낮아지게 된다. 또 동일 시점에서 큰 이익이 적은 이익보다 더 매력적이므로 큰 이익의 할인율이 낮아진다.

시간적으로 멀고 가까움에 따라 대상의 해석 수준이 달라지면서 시간적인 선호 역전(시간적 비정합)이 발생할 수 있는 것이다. 홈 파티를 연다고 가정하자. 파티 날짜가 아직 며칠 남은 동안에는 파티 날이 빨리 왔으면 하고 기다려지지만, 정작 그날이 가까워지면 파티 준비에 따른 세세한 일들이 걱정되기 시작한다. 심하면 차라리 파티를 취소하고 싶은 마음까지 들기도 한다. 시간의 경과에 따라 선호가 역전된 것이다.

마찬가지로 즐거움으로 여기고 있던 여행이 날짜가 다가옴에 따라 귀찮아지거나, 결혼식 직전에 '매리지 블루'(marriage blue : 결혼을 앞둔 사람에게 흔히 나타나는 심리 불안 현상)에 빠지는 경우도 흔히 볼 수 있다. 스카이다이빙이나 번지점프도 아직 시간이 많이 남은 경우에는 기대감이 강하지만 실행 시기가 가까워짐에 따라 급격히 불안해진다. 이것도 마찬가지 현상이다.

이런 시간적 비정합을 쌍곡형 할인으로 설명할 수 없는 것은 다음과 같은 이유 때문이다. 식사 준비나 파티 뒷정리 등은 파티를 여는 데 따르는 비용(손실)이며, 파티에서 담소하거나 교류하는 것은 이익이다. 쌍곡형 할인 이론이 설명하는 바로는, 이익은 시간이 흐름에 따라 급격히 감소하지만, 손실은 감소가 완만하다.

한 달 뒤에 파티를 열겠다고 결정한 것은 이익을 할인한 현재 가치가 손실의 현재 가치를 상회한다는 것을 의미한다. 그리고 시간이 경과하여 파티 날이 다가옴에 따라 이익 평가는 급격히 상승하고, 손실 평가는 완만하게 상승하기 때문에 선호가 역전되는 것은 있을 수 없는 일이다.

실제 경험에 비추어 보면 시간 해석 이론에 대한 설명이 이해될 것이다. 세부적인 사항이 신경 쓰이고 비용이 과하다고 느껴지며 파티 본래의 목적이 지닌 의미가 줄어든다고 느껴진다면, 파티의 이익보다 비용(손실)이 커지게 되고, 심지어는 파티를 취소하는 경우도 생길 수 있다. 선호의 역전이 일어난 것이다.

다이어트, 저축·금연·마감일 준수·파티 개최 등 현실적인 의사 결정 문제는 복잡한 원인을 지니고 있다. 금전적인 이익을 평가하는 단순한 과제에 대해 쌍곡형 할인이 적용되기 때문에 이와 같은 복잡한 요소를 바탕으로 하는 일상적 의사 결정에 그대로 적용할 수 있을지 큰 의문이 남는다.

건강과 할인율

높은 할인율을 요구하는 사람은 현재를 특히 중시하는 사람들이다. 따라서 눈앞의 유혹에 쉽게 빠지거나, 낭비가 심해 노후 대책이 충분하지 않거나, 다이어트에 실패할 확률이 높고, 알코올이나 담배의 유혹에 빠지기 쉬울 것처럼 보이지만 사실은 그렇지 않다.

빅켈과 존슨은 마약 따위에 집착하는 등 기벽이 강한 사람은 그렇지 않은 사람보다 금전에 대해 높은 할인율을 요구한다는 것을 발견했지만, 거꾸로 기벽이 금전에 대해 높은 할인율을 요구할지도 모른다고 했다.

담배나 마약을 끊는 데 성공한 사람들은 금전에 대한 할인율이 낮아진다는 사실도 알아냈다. 비만이나 그것에 관련된 건강 문제가 선진국에서는 사회적으로도 큰 문제가 되고 있는데, 이미 유럽이나 미국에서는 체중이 계속 증가하는 추세를 보이고 있다. 이런 현상은 근시안적 습성이 워낙 강해서 눈앞의 유혹에 쉽게 빠져들어 결국에는 다이어트에 실패할 것이기 때문에 비만과 할인율이 상관관계일 것이라는 의문이 제기되고 있다.

비만도를 측정하는 표준으로 비만도지수〔BMI, 몸무게(kg) ÷ 키(m)^2〕가 세계 공통으로 사용되고 있다. 보건스(L. Borghans) 등은 네덜란드인을 대상으로 BMI와 할인율의 관련성을 조사했다. 그들은 개인의 비만도와 장래의 건강에 관한 할인율 사이에 다소 관련성은 있지만, 최근의 비만 증가를 할인율 상승과 연결 지어 생각할 수는 없다고 결론지었다. 최근의 비만 증가 추세는 고칼로리 식품을 싼 값에 입수하게 된 것이 직접적인 원인일 것으로 짐작된다.

다른 시점 간 선택의 어려움

지금까지 살펴본 바로는 다른 시점 간의 선택이 경제학에서 매우 중요한 문제지만 충분한 이론 전개는 얻을 수 없었다.

이 문제에 대해 로엔스틴 등은 다음과 같은 결론을 내렸다. '다른 시점 간의 선택을 이해하는 길은 더 나은 할인 함수를 도출하는 것보다 미래 의사 결정과 관련 있는 다양한 심리 프로세스를 파악하는 데 있다.' 또한 리드도 '다른 시점 간의 선택은 복잡한 현상이며, 필시 많은 메커니즘에 따라 결정된다' 며 심리학적인 연구가 필요하다고 보았다.

피크 엔드 효과

화제를 바꿔 시간의 경과가 사람의 효용 판단에 미치는 영향에 대해 살펴보자. 과거에 경험한 일이 앞으로도 발생할 것 같아서 선호하는 현상은 현재의 의사 결정에 큰 영향을 끼친다. 예전에 먹어보고 맛있다고 생각한 그런 과자를 다음에도 사려고 하는 것은 매우 당연한 일이다.

카너먼 등은 사람이 과거에 소비한 재화에서 얻은 효용이나 사건의 유쾌함과 불쾌함을 얼마나 기억하고 어떻게 평가하는지를 조사했다.

레델마이어(D. A. Redelmaeier)와 카너먼은 결장경 검사를 받고 있는 환자 154명을 대상으로 고통의 정도와 검사의 전반적인 느낌을 조사했다. 환자에게는 검사 중 1분마다 고통의 정도를 보고하도록 하고, 검사 후에 전체적인 평가나 인상을 물어봤다. 조사 결과 결장경 검사에 대한 전반적인 느낌은 고통이 가장 컸을 때와 마지막 3분 동안 느낀 고통의 평균치에 따라 좌우되는 것으로 밝혀졌다.

또 검사 시간이 4분에서 69분까지 큰 차이가 있었지만, 검사에 걸린 시간은 평가와 관계가 없었다. 고통이 가장 심할 때와 마지막 몇 분 동안 느끼게 되는 고통스런 기억이 조사 전체의 인상을 결정하기 때문이었다. 이에 따라 카너먼 일행은 '피크 엔드(peak end) 효과' 라 명명하고, 검사 시간의 길이는 검사의 전반적인 느낌과 관계가 없다는 특징을 부각시켜 '지속 시간의 무시'라고 부르게 되었다.

사람들이 기억에 의존하여 과거 사상(事象)에 대한 효용 판단을 내릴 때 이 2가지 특징이 강하게 나타난다. 즉 개별적인 경험을 종합하여 전체를 평가하는 것이 아니라, 그 중에서 가장 강한 부분과 마지막 부분의 느낌이 매우 강하게 작용(피크 엔드 효과)할 뿐, 사상(事象)의 지속 시간과는 관계가 없다는 사실이다.

아인슈타인은 '뜨거운 스토브에 1분간 손을 올려놓아보세요. 마치 1시간 정도로 느껴질 겁니다. 그런데 귀여운 여자와 함께 있으면 1시간이 지나도 아마 1분 정도로밖에 느껴지지 않을 겁니다'라고 하였다. 바로 이것이 '상대성'인데, 사건에 대한 기억 역시 상대적인 것이다.

카너먼과 레델마이어는 한 걸음 더 나아가 검사가 끝났을 때 결장경을 곧바로 환자 몸에서 꺼내지 말고 1분 정도 기다렸다가 얼마 후 천천히 꺼내도록 하였다. 이 행위 자체는 불쾌한 일이지만 고통을 동반하는 일은 아니다. 그러자 환자가 검사 전반에 대해 기억하고 있는 인상이 일반적인 조치를 취할 때보다도 꽤 나아졌다. 피크 엔드 효과의 대표적인 예로서 '마지막이 좋으면 모든 게 좋다'는 뜻을 함축하고 있다.

예전 검사 과정에서 느꼈던 고통의 정도가 다음 번에 다시 같은 검사를 받을지 여부를 결정하는 중요한 요인이 되기 때문에 검사 과정의 고통을 줄이는 일은 매우 중요하다. 검사를 받을 때 느끼는 고통을 줄이면 정기검진을 받는 환자가 증가하고, 그에 따라 병의 조기 발견·조기 치료로 연결되기 때문에 검사 과정에서 고통을 감소시키는 것은 의료 정책상으로도 의미가 크다고 할 수 있다.

냉수 실험

카너먼과 프레드릭슨(B. L. Fredrickson) 등은 위와 같은 효과를 다른 실험에서도 확인했다. 그들은 실험 참가자에게 섭씨 14도인 차가운 물에 한쪽 손을 1분 동안 담근 다음에 곧바로 수건으로 물기를 닦게 했다. 다음에는 한쪽 손을 먼저 섭씨 14도인 물에 1분 동안 담그고 난 후 30초 동안 서서히 수온을 섭씨 15도로 올렸다. 실험이 끝났을 때 실험 참가자에게 다시 한 번 손을 물에 담가야 하는데, 1분 만에 끝나는 짧은 쪽과 1분 30초 걸리는 긴 쪽 중 어느 쪽을 선택할지를 물었다.

시간이 길게 걸린 쪽에서 마지막에 불쾌감이 줄어들었다고 느낀 실험 참가자 중 80%는 긴 시간 쪽을 선택했다. 그러나 불쾌감이 가벼워지지 않았다고 느낀 실험 참가자는 40%만이 긴 시간 쪽을 선택했다. 불쾌한 시간이 길었음에도 마지막에 불쾌감이 감소했다고 느낀 사람은 긴 시간 쪽을 선택한 것이다. 이 역시 피크 엔드 효과가 나타난 것이다.

불쾌감의 정도가 같다고 대답한 사람들은 시간이 짧은 쪽과 긴 쪽을 대략 반반씩 선택해 시간의 길이를 무시하였음을 보여준다. 그리고 실험 참가자들은 마지막 30초를 제외하면 시간이 길거나 짧거나 간에 수온이 같다고 느끼지 않았다. 긴 쪽의 싫은 순간은 최후가 좋아짐에 따라 약해진 것이다. 카너먼은 과거의 일은 영화 같은 연속적인 흐름으로서가 아니라 스냅사진처럼 단편적으로 기억되는 것은 아닐까라고 지적하였다.

금전적 이익의 평가

이상의 관찰이나 실험은 아픔이나 불쾌감 등의 감정적인 자극에 대한 평가였지만, 금전적 이익에서도 마찬가지로 피크 엔드 효과나 지속 시간을 무시하는 경향이 나타날 것인가? 이런 의문을 품은 랭거(T. Langer) 등은 다음과 같은 실험을 실시했다.

그들은 독일 학생을 대상으로 일련의 과제에 대답하게 하고, 실제로 이익을 돈으로 지불했다. 그들의 실험은 컴퓨터 화면에 'A+4'가 표시되면 A의 네 번째 뒤에 나오는 알파벳을 답변하는 방식으로 진행되었다. 물론 정답은 E다. 이와 같은 문제를 10~20개씩 묶어 1개 유형을 구성하였다.

처음에는 실험 참가자에게 일정 금액을 주었지만, 제한 시간을 초과하거나 오답을 말하면 금액을 깎았다. 그리고 2가지 유형의 문제에 답변토록 한 뒤 '어느 쪽 문제에서 많은 돈을 얻었다고 생각하는가'와 '어느 쪽 문제가 어려웠는가' 하는 2가지 질문에 대답하게 했다.

그 결과, 실제로는 공제된 금액이 큰 긴 문제 유형 쪽에서 얻은 금액이 크다고 판단하는 지속 시간의 무시와, 마지막 문제의 난이도와 공제된 금액이 큰 문제의 갯수가 문제 유형 전체의 난이도를 결정하는 피크 엔드 효과 등이 많이 나타났다. 공제된 금액이 적고 획득 금액이 큰 문제 유형 역시 그렇다고 인식되지 않는 경우도 많았다.

아픔이나 불쾌감 등과 같은 감상적인 인상뿐만 아니라 상당히 객관적인 평가를 할 수 있을 법한 금전적인 이익에 관해서도 같은 효용 평가 방법이 적용된 것이다.

예측하기 어려운 장래의 선호

로엔스틴과 아들러(D. Adler)는 실험 참가자들에게 머그 컵을 보여준 후 그것을 가지게 되었다는 상상을 하게 했다. 그런 다음 머그 컵을 가져도 되고 팔아도 좋은데, 팔 경우에는 얼마에 처분할지를 물었다. 팔아도 되겠다고 답변한 평균 금액은 3.73달러였다.

다음 단계로 머그 컵을 실제로 실험 참가자에게 주고, 팔아도 될 가격을 물었다. 평균액은 4.89달러로 상승했다. 불과 몇 분 전에 예측한 금액보다 훨씬 상승한 것이다.

이것은 소유 효과가 작용하여 나타난 결과라고 생각되지만, 자기 수중에 들어오면 그 가치를 높게 평가하는 소유 효과가 작용한다고 말할 수는 없다. 오히려 자신의 장래 효용이나 평가 예측을 정확하게 할 수 없다는 것을 의미한다.

시몬슨은 학생들에게 학급 미팅에서 먹을 스낵류를 고르게 하고, 효용 예측의 정확성을 조사하는 실험을 실시했다. 3주간 계속해서 실시되는 학급 미팅용으로 스낵 몇 가지를 준비하고 매번 미팅 때마다 하나씩 고르게 하자, 많은 실험 참가자들이 매번 종류가 같거나 거의 비슷한 스낵을 선택했다. 그러나 3회분 과자를 한꺼번에 고르게 하자 각기 다른 스낵 3가지를 선택한 학생이 대다수였다.

더욱 흥미로운 일은, 매회 하나씩 고르라고 하면 어느 것을 선택할지 사전에 예측하게 했더니 거의 같은 것을 선택한다는 답변이 많았다. 즉 예측 단계에서는 매회 거의 동일한 것을 선호한다는 것을 알고 있으면서 실제로 정리하여 선택하게 하면 그 예측에 반하는 행동을 취하는 것이다. 이처럼 자신이 예측하는 것과 실제 행동은 서로 다른 것이다.

18세기 공리주의 철학자이자 경제학자인 제러미 벤담(Jeremy Bentham)
이 기초를 만들고, 고전파 경제학자들이 사용해온 효용 개념은 실제 경
험에 따라 얻게 되는 효용이었다.

벤담은 그의 저서 《도덕과 입법의 원리 서설》에서 이렇게 서술하고
있다. '자연은 인류를 즐거움과 고통이라는 두 지도자의 지배 아래 두
었다. 우리들이 달성해야 할 일을 지시함과 동시에 마찬가지로 우리들
이 달성하게 될 일을 결정하는 자는 역시 군주뿐이다.' 이 말은 고통과
쾌락이 효용 그 자체를 나타낸다는 것이었다.

한편, 근대경제학에서 효용은 점차 선호라는 개념으로 바뀌었다. 이
에 따라 A가 선택되고 B가 선택되지 않은 것은 A가 B보다 선호된, 즉 A
가 B보다 효용이 크기 때문이라고 생각되며, 반대로 A가 B보다 선호되
었다면 B가 아닌 A가 선택된다는 '현시 선호 이론'(顯示選好理論)이 적
용되기에 이르렀다. 이로써 이론상 선호와 선택은 일치하는 것으로 받
아들여지고 있다.

바꿔 말하면 경험에 따라 얻은 효용과 의사 결정 단계에 상정된 효용
은 항상 같다고 생각된 것이다. 이 책에서도 선호와 선택이라는 단어는
동의어로 사용되고 있다.

카너먼은 벤담이 말한 유쾌·불쾌 경험에서 얻은 효용을 '경험 효용'
이라 부르고, 사건을 기억에 따라 평가할 때 이용되는 효용을 '기억 효
용'이라 부르며, 양자를 구별했다.

이 구별이 의미 있다는 것은 앞에서 이야기한 그대로다. 실제로 경험
한 효용과 기억에 의한 효용은 다르다. 그리고 무엇을 살지, 무엇을 먹

을지, 어느 만큼 저축할지 등 미래에 관한 의사 결정에서는 장래에 자신이 얻을 효용을 예측하지 않으면 안 된다. 이 효용의 예측은 의사 결정을 위해 필요하기 때문에 '결정 효용'이라 부른다. 그리고 결정은 과거 사건에서 얻은 기억 효용에 기초를 두고 행해지기 때문에 앞으로 자신이 얻을 경험 효용과는 다른 두려움이 있다.

과거의 경험에서 배우는 학습으로 장래에 무엇을 해야 할지를 결정하기 때문에 기억 바이어스는 중요하다. 기억에 바이어스가 있으면 장래의 선택에도 바이어스가 걸리기 때문이다. 합리적인 선택을 위해서 이는 중요한 문제다.

카너먼은 이 같은 효용 개념의 분류는 주류 경제학의 합리성에 대한 새로운 도전이라고 규정했다. 즉 주류 경제학에서는 자신이 경험한, 또는 경험할 소비나 사건에서 얻을 효용을 정확히 파악하고 있고, 그것을 기초로 하여 장래의 의사 결정을 행하면(암묵적으로 가정되어 있지만) 그것은 성립되지 않는다고 본다. 경험 효용, 기억 효용, 결정 효용은 서로 다른 개념이다.

만족을 최대화할 수 있을까?

제6장과 제7장에서 살펴본 바로는, 사람들이 지니고 있는 선호나 효용에 관한 다양한 성질 때문에 '효용 최대화'는 상당히 어려운 요구라는 것을 알 수 있다.

사람들은 경험 효용에서 얻을 수 있는 만족을 최대화하고 있는 것일까? 히시(Hsee) 등은 사람들이 만족을 최대화하지 않고 있거나, 혹은 최대화할 수 없을지도 모른다고 주장한다.

원인은 크게 두 가지로 나눌 수 있다. 하나는 어느 선택 대안을 선택해야 장래의 만족감이 최대화되는지 알 수 없다는 점이다. 또 하나는 만족을 최대화할 선택 대안을 알았다고 해도 실제로 그것을 선택한다고 단정지을 수 없다. 양쪽 모두 발생할 때도 있다.

첫째, 장래의 경험 효용에 대해 정확히 예측할 수 없다는 데 문제가 있다. 그 원인 가운데 하나는 앞에서 살펴본 바와 같이 카너먼 등이 지적한 경험 효용과 기억 효용의 불일치 때문이다.

둘째, 로엔스틴 등이 말한 '투영 바이어스'가 있다. 사람은 장차 자신이 무엇을 선호할 것인지를 예측할 때 현재 자신의 상태를 과대평가하여 향후 시점에서도 그 상태가 계속될 것이라고 강하게 믿어버리는 경향이 있다. 쉬운 예로, 사람들이 배가 고플 때는 슈퍼마켓에서 식료품을 너무 많이 사버리는 현상을 자주 볼 수 있다. 현재의 감정 상태나 식욕, 성욕과 같은 본능은 그 상태를 지속하기 어려운데, 장래 시점에서도 그런 상태가 오래 계속될 것이라고 오해하여 예측하기 때문에 나중에 후회할 선택을 하기 쉬운 것이다. 현재의 그림자가 장래에 투영되었다는 의미이다.

셋째, 히시 등이 말하는 '과다 구별 바이어스'(distinction bias)다. 예를 들면, 급료는 높지만 지루한 업무와, 급료는 적지만 재미있는 업무 중 어느 쪽을 선택할지를 결정할 경우에서는 수량적인 차이(급료의 차이)는 과대평가되기 쉽고, 질적인 차이(재미의 차이)는 과소평가되기 쉽다고 한다. 그리고 어느 쪽을 선택할지 결정할 때에 고려될 결정 효용과 실제로 일을 하게 된 후에 느끼는 경험 효용은 다른 것이다. 이 때문에 만족을 최대화할 수 없을 가능성이 있다.

넷째, 제6장에서 서술했듯이 선택 대안이 많은 것이 과연 좋은가 하는 문제다. 선택 대안이 많으면 많을수록 언뜻 만족도 역시 높아질 것으로 생각되겠지만 반드시 그렇다고는 단정할 수 없다. 예를 들어 추첨에서 파리 여행이 당첨되면 기쁘고, 하와이 여행이라도 기쁘다. 그러나 파리 여행과 하와이 여행을 직접 선택할 수 있다면 만족도가 낮아진다. 파리를 선택한 사람은 '파리에는 바다가 없다'고 불만을 느낄 테고, 하와이를 선택한 사람은 '하와이에는 훌륭한 미술관이 없다'는 불평을 늘어놓을 것이다.

또한 실제로 만족을 최대화하는 선택 대안을 알았다 해도 그대로 선택한다고 단정할 수 없는 문제가 있다. 우선 제7장에서 서술한 '충동성' 또는 '근시안성'이 좋은 예다. 먼 장래의 건강을 생각해서 지금 즉시 다이어트를 해야 하는데, 그리고 그 사실을 충분히 알고 있는데도 눈앞의 케이크에 손이 가버린다. 최선의 선택 대안은 알고 있지만, 실행으로 옮길 수 없는 것이다.

둘째 문제로는 룰에 따른 선택이 있다. 제6장에서 서술했듯이 다양한 선택 대안을 선호하는 경향이라든지, 매몰원가 효과의 원인이 되는 '헛된 일을 하지 말라'는 행동 규범을 들 수 있다. 휴리스틱에 따른 선택 역시 룰에 따른 선택의 일종이다.

셋째로 제6장에서 다루었듯이 사람들은 설령 만족도를 낮추더라도 어떤 이유에 근거를 두어 설명할 수 있는 선택 대안을 고르는 경향이 있다. 히시 등은 이를 '소박 합리주의'라 명명했다. 이를 '소박 경제주의'로 말하는 사람도 있다. 예를 들면 그들의 실험에서는, 50센트짜리 하트 모양 초콜릿과 2달러짜리 바퀴벌레 모양 초콜릿을 고르게 하면 2달러짜리를 고르는 사람이 많은 것으로 조사되었다. 그러나 실제로 먹을 때에 어느 쪽이 만족도가 높을지를 물으면 하트 모양이라고 답하는 사람이 많았다.

그 다음으로는 역시 히시와 동료 학자들이 '수단의 극대화'(medium maximization)라 부르는 현상이 있다. 실제 상품보다는 상품 구입 후 받게 되는 포인트라든지 마일리지 같은 수단을 모으는 일이 더 중요한 목적이 된 것을 말한다. 평소에 자주 경험하는 일이지만 이런 행위 역시 실험으로 확인되었다.

실험 참가자 중 어떤 그룹에게는 즐거운 과제와 노력이 필요한 과제를 고르게 하고, 그 대가로 전자에게는 바닐라 아이스크림을 후자에게는 피스타치오 아이스크림을 준다고 했다. 다른 그룹에게는 즐거운 과제에 60포인트를 주고, 그것을 바닐라 아이스크림과 교환할 수 있는 권리를 주었다. 노력이 필요한 과제에는 100포인트를 주고, 피스타치오 아이스크림과 교환할 권리를 주었다. 하지만 이 포인트는 다른 곳에서는 사용할 길이 없다.

매개 수단이 없는 그룹에 속한 사람들 대부분은 즐거운 과제를 선택하고 바닐라 아이스크림을 얻었다. 그러나 포인트를 매개로 한 그룹에 속한 사람들 대부분은 노력이 필요한 과제를 선택하고 피스타치오 아이스크림을 획득했다. 그러나 모든 참가자에게 아이스크림의 선호도를 묻자 거의가 바닐라라고 대답했다. 이 결과는 단순한 매개인 포인트가 높은 쪽으로 이끌렸다고밖에 생각할 수 없다.

돈도 역시 매개에 지나지 않다. 그러나 사람들은 그 돈을 얻으려고 열심히 일하지만 반드시 만족감이나 행복으로 연결된다고 단정할 수 없다. 로버트 프랭크(R. H. Frank)는 다양하고 풍부한 문헌과 데이터를 통해 절대적인 소득수준이 행복감으로 연결되지 않는다는 점을 보여주고 있다.

　　　　　　　　　　　　　　　행 동 경 제 학

행복에 관한 연구가 최근 경제학이나 심리학의 중요한 주제 가운데 하나가 되었지만, 사람이 무엇을 행복하다고 생각하는지 그것을 달성할 수 있을지 하는 테마를 중심 주제로 삼고 있다. 여기서 서술했듯이 사람들이 과연 만족을 최대화할 수 있을지 하는 문제야말로 행복 연구의 중요한 주제라 할 수 있다.

제 8 장

타인을 돌아보는 마음

|

사회적 선호

'인간은 대개 자기중심으로 살아가는 동물이다.
하지만 세상 밖에서 살 수는 없다.'

―

야마모토 슈고로(山本周五郎) 《인 고개》

'노력해서 자신의 이익을 달성하고 싶다면 우선 타인을 위해야 한다.
자신의 이익만 추구하면 자신의 이익은 달성되지 않는다.'

―

티베트 불교 사캬(Sakya)학파의 격언

인터넷에서 현물을 보지 않고도 상품을 구입한 적이 있을 것이다. 인터넷으로 쇼핑을 할 때 판매자에게 자신의 신용카드 정보를 흘린 적은 없을까? 통신판매 회사가 지로 용지를 동봉하여 상품을 보내온 경우가 있을 것이다. 상품이 모조품이었다면 어떻게 할 것인가. 카드 번호가 부정하게 사용될 염려는 없을까?

최근에는 가까운 장소, 동네, 소규모 기업 등과 같이 서로 잘 아는 사람들 사이의 공동 작업이나 매매 같은 거래 관계는 점차 감소하는 추세에 있다. 외국과의 거래, 인터넷 거래 등이 번창함에 따라 잘 알지 못하는 상대와 하는 1회성 거래가 점점 빈번해지고 있다.

거래 범위와 거래 상대가 확산된다고 해서 모든 사람이 신뢰할 만하다는 의미는 아니다. 소비자를 속이는 사람도 있고, 그런 행위를 방지하기 위한 법과 다양한 제도도 있다. 그렇지만 모든 거래를 일일이 상세한 계약을 주고받을 수는 없고, 계약의 실행 여부에 대한 검증도 쉽지가 않다. 이 때문에 법이나 계약이 미치지 않는 신뢰 관계가 중요하다.

고용자와 피고용자의 관계에서는 성실히 일할 것과 노동자가 제공하는 노동에 보답하는 일은 세부적인 사항에 따라 계약되는 것이 아니라, 일종의 신뢰 관계에 의해 성립되고 있다. 상품의 매매도 그렇다. 상품의 품질이나 배송 조건을 지킬 것, 구입자가 확실히 대금을 지불할 것 등은 계약이 아니라, 신뢰에 의존하는 부분이 크다.

이 같은 신뢰 관계는 원활한 경제활동에 필수 불가결하다. 그래서 애로는 다음과 같이 서술한다. '사실상 모든 상거래에는 신뢰 요소가 포함된다. …… 세계경제가 지체되는 원인 대부분은 상호 신뢰의 결여로

설명할 수 있다.'

신뢰를 바탕으로 한 거래는 왜 가능한가? 사람들은 자신의 행위를 결정하기에 앞서서 다른 사람의 행위를 어떻게 평가하고, 어떻게 고려하고 있는 것일까?

자기 자신뿐 아니라 타인의 이익도 고려하는 선호를 '사회적 선호'라고 한다. 제8장에서는 사람들이 어떤 사회적인 선호를 지니고 있는지, 그리고 사회적 선호가 사람들의 협력 행동에 어떤 영향을 끼치는지 하는 점을 중심으로 살펴본다.

이 주제를 진행하기 전에 제8장에 자주 등장하는 '이타성'(利他性)과 '이기성'(利己性)이라는 단어의 의미를 먼저 정리해두자. 이타성이란 자신의 물질적인 이익 감소라는 비용을 무릅쓰고 타인의 물질적인 이익을 증대시키는 행위나 성질을 말한다. 이기성은 오직 자신의 이익만을 추구하는 행위나 성질이며, 경제적 인간이 지니고 있는 특징이다. 주류 경제학에서는 이기적인 경제적 인간만이 존재한다고 가정하고 있다.

| 공공재 게임 |

당신 친구가 커다란 짐을 들고 길을 건너려 하는 노인을 도와주고 있는 모습을 당신이 목격했다고 가정하자. 친구가 왜 그런 친절한 행동을 하는 걸까? 몇 가지 이유를 생각해볼 수 있다. 노인은 친구의 친척일지도 모른다. 친구는 노인이나 목격자인 당신이 자신의 명성을 높여줄 것을 노리고 있을지도 모른다. 친구는 나중에 노인에게 보답을 기대해서 친절을 베푸는 것일지도 모른다. 또는 모르는 사람을 돕는 일을 순수한 마음으로 기쁘게 여길지도 모른다.

타인의 마음속을 정확히 알 수는 없기 때문에 이 같은 추측은 단순한 억측에 불과할 수도 있다. 일상생활에서 일어나는 갖가지 행위에 대한 관찰이나 경험에서 무엇이 참된 이유인지 밝혀내는 일은 상당히 어렵다. 바로 이 점 때문에 다양한 실험이 실시된다. 실험을 통해 협력 행동에 영향을 끼치는 다양한 요인을 조절하는 것 가운데 어떤 것이 중요한지를 발견할 수 있기 때문이다.

사람들의 사회적 행동을 확인하기 위해 '공공재 게임'이라는 실험 게임이 자주 이용된다. 이 게임에서는 몇 명, 예를 들면 4명으로 그룹을 만들고 각 개인에게 초기 자금으로 1,000원씩 준다. 각 개인은 1,000원 중 얼마를 그룹(공공)을 위해 지출할지 결정한다. 실험자는 각 개인의 기부금을 합하고, 이를 2배 하여 그것을 전원에게 균등하게 배분한다. 만약 모든 구성원이 400원씩 기부했다면 합계 1,600원의 2배인 3,200원을 4명에게 분배하기 때문에 각 개인은 수중에 있는 600원과 분배된 800원을 합한 1,400원을 보유하게 된다.

자신은 한 푼도 기부하지 않고 다른 사람들만 기부한다면, 어떻게 될까. 예를 들어, 자신의 기부액은 '0'원이고, 나머지 3명이 전액을 기부했다면 자신의 몫은 2,500원이 되기 때문에 이 같은 '무임승차'는 매력적이 아닐 수 없다.

반대로 자신은 1,000원 전액을 냈는데 다른 사람이 '0'원을 기부했다면, 자신의 몫은 500원뿐이다. 초기 금액보다 적은 액수다. 이런 경우에 자신의 이익이 많아지리라 생각하고 기부했겠지만, 결과적으로 손실이 발생하였다. 따라서 누구라도 무임승차 유혹을 느끼게 될 것이다. 어느 한 사람이 무임승차하고 나머지 사람이 모두 전액을 기부하게 되면 그룹의 이익금 총액은 7,000원이 된다.

한편, 전원이 전액을 공공을 위해 사용하면 각 개인의 이익은 2,000원이기 때문에 그룹 전체의 이익은 8,000원이 되고, 무임승차하는 사람이 있을 경우보다 커진다. 전원이 무임승차를 하게 되면, 각 개인의 이익은 초기 금액인 1,000원뿐이다. 공공재 게임은 모두가 힘을 합쳐 일을 하면 커다란 성과를 얻을 수 있지만, 모두가 다른 사람의 노동만을 기대하고 게으름을 피우려는 유혹을 느끼는 상황에서 진행된다.

환경문제, 공유지 사용 문제 등도 같은 구조를 지닌 문제로서 경제학뿐만 아니라 사회 전반에 걸쳐 나타나는 상황이다. 공공재 게임은 잘 알려진 '죄수의 딜레마'(제2장)에서 인원수만 늘어난 버전이기 때문에 '사회적인 딜레마'로 불리기도 한다.

공공재 게임에서 경제적 인간은 어떻게 행동할까? 당연히 무임승차다. 전원이 그렇기 때문에 기부금액은 제로이며, 따라서 각 개인의 몫은 초기 금액과 일치하게 된다. 그러면 실제로 이 게임을 실시하면 어떻게 될까? 과연 이 예상은 맞을까?

위태로운 협력 관계

공공재 게임 실험은 수없이 행해져 왔지만 대략 다음과 같은 결과를 얻을 수 있다. 우선 매회 구성원을 달리하여 10회 반복 시행하기로 한다. 처음에는 평균적으로 초기 보유액의 30~40%를 기부하는 협력 행동이 나타나지만, 협력의 정도는 점차 감소한다. 10회째에는 10% 정도까지 떨어져버린다.

또한 같은 구성원으로 게임을 반복하여 실시하면 처음에는 기부 금액이 약 50%에 달해 높은 협력 행동을 볼 수 있지만, 역시 협력은 점차 감소하고 최종회에서는 15% 정도까지 감소한다.

 이 실험 결과를 통해 몇 가지 시사점을 찾을 수 있다. 우선, 모든 사람이 항상 이기적인 행동을 취하는 것은 아니라는 점이다. 반대로 완전히 이타적인 사람도 없지만, 간혹 있다고 해도 극히 소수에 불과하다는 점이다. 그리고 협력 관계는 방치해두면 붕괴해버리는 약한 관계라는 점을 보여준다. 더욱이 첫 번째 협력 행동만을 보고 사람이 이타적이라든지, 또는 협력이 무너진 결과만을 보고 사람이 이기적이라고 판단하는 것은 경솔한 생각이라는 점을 말해준다.

 예전에는 경험을 통한 학습으로 협력 행동이 줄어든다는 설명이 가능한 적도 있다. 처음에는 게임 구조를 잘 모르기 때문에 잘못해서 협력하지만, 점차 게임 구조를 학습하기 때문에 기부 금액이 감소해간다는 설명(혼란 가설)이다.

 그러나 안드레오니(J. Andreoni)는 이 설명만으로는 불충분하다는 것을 보여주었다. 그는 구성원을 바꾸지 않고 10회 반복하여 게임을 시행했다. 다른 경우와 마찬가지로 협력은 점차 감소하였다. 그러다가 그룹을 바꿔 다른 구성원으로 같은 게임을 반복하자, 재차 초기에 기부 금액이 많아졌다가 점차 감소하는 현상이 발견되었다. 따라서 협력은 경험에 의한 학습으로 감소한다는 설명은 적합하지 않게 되었다.

| 조건부 협력 |

공공재 게임에서 행동 패턴을 살펴보자. 피슈바셔(U. Fischbacher)의 실험에서, 참가자의 50%는 타인이 협력한다면 나도 협력하겠다고 했다. 그 중에서도 전체의 약 10%는 다른 구성원의 기부금(의 예상치)에 완전

히 맞추려는 경향이 있었다. 전체의 40%에 해당하는 사람은 그것보다 조금 적은 금액을 기부했다. 30%는 완전히 무임승차한 사람들이다. 14%는 전체 기부금의 평균이 초기 보유액의 반이 될 때까지는 구성원에게 맞추지만, 전체 기부금의 평균이 초기 보유액을 초과하면 반대로 기부금을 점점 낮추는 경향이 있었다. 나머지 소수는 매우 무작위한 행동을 취했다. 전체 평균 이상으로 항상 기부하려는 완전히 이타적인 사람은 없었다.

또한 자신 이외의 구성원들의 평균 기부금이 많아지면 각 개인의 기부금도 많아지는 것을 확인할 수 있다. 즉 대다수 사람들은 타인이 협력적이라면 자신도 협력하려는 '조건부 협력자'였다.

조건부 협력이라고 해도 완전하지 않을 때가 많고, 다른 구성원이 내는 기부금 평균치보다 조금 적은 액수를 기부한다. 이처럼 약한 조건부 협력자와 이기적인 행동을 취하는 사람이 다수일 때, 반복된 실험 결과는 그룹 내의 기부금 평균치가 점점 감소해가는 현상을 보였다. 즉 협력 관계는 점차 쇠퇴하고 마침내 붕괴하는 상황을 상상하기가 그리 어렵지 않은 일이다.

처벌의 도입

협력 관계는 어떻게 하면 성립되고, 무엇에 따라 유지되는 것일까? 협력을 촉진하는 제도로서 처벌의 역할이 점점 커지고 있다는 사실은 이미 잘 알려져 있다. 일상적인 경험이나 관찰에서도 처벌 제도―반드시 형벌이나 벌금 형식의 처벌뿐 아니라 악평, 따돌림 등도 처벌에 들어간다―가 있으면 처벌을 피하기 위해 협력적인 행동을 하는 것은 흔히 있는 일이다. 공공재 게임에서도 마찬가지로 처벌을 도입하면 협력 비율이 극적으로 상승한다는 사실은 잘 알려져 있다.

페르와 게비타는 그룹의 다른 구성원을 처벌하는, 즉 다른 사람의 이익을 삭감하도록 룰을 정하고 공공재 게임을 실시하였다. 단, 처벌하는 쪽도 비용이 들게 된다. 예를 들면 처벌로 이익 300원을 줄이기 위해서는 처벌하는 사람도 100원을 비용으로 부담하도록 하는 규정을 정했다. 물론 익명성을 보장하고 구성원이 누구인지는 특정(特定)하지 않도록 되어 있다.

이 게임에서는 참가자 4명이 동시에 기부금을 결정한 다음 각 개인의 기부금 정보를 준다. 이 정보에 따라 참가자를 처벌할 수 있다. 페르 등은 이처럼 처벌이 가능한 게임을 그룹 구성원을 고정하여 10회 실시하였다. 그 결과, 1회에서 이미 참가자의 70% 정도가 협력성을 나타냈다. 그러다가 4회 이후부터는 협력성이 90%를 초과한 상태로 유지되었다. 매회 구성원을 교체하여 같은 구성원과는 두 번 같은 조가 되지 않도록 설정한 경우에도 1회에서는 40% 정도의 협력성을 보였고, 점차 상승하여 10회째에는 70% 정도가 되었다.

처벌을 피하겠다는 동기가 협력 행동을 유지시킨다는 사실을 알게 하는 대목이다. 완전한 이기주의자라도 처벌로 자신의 이익이 감소할 것을 두려워하여 협력 행동을 취하는 것이다.

처벌의 동기

처벌은 빈번히 실행되었다. 페르와 게비타가 실시한 다른 실험에서는 처벌이 있는 경우와 없는 경우로 설정해 각각 6회씩 공공재 게임을 진행했다. 4명이 한 조가 되어 그룹을 구성하고, 구성원은 매번 교체되었다. 처벌을 하려면 처벌자도 비용을 부담하도록 했다.

실험 결과, 84%는 최저 1번은 처벌을 실행했고, 34%는 5회 이상 실행했다. 처벌은 그룹 내의 누가 누구에 대해 실행해도 상관없지만, 처벌된 사람은 비협력자(평균 이하의 기부밖에 하지 않은 사람)가 대부분(75%)이며, 처벌을 행한 자는 협력자(평균 이상을 기부한 사람)가 대부분이었다.

이 실험은 처벌이 없는 게임을 먼저 6회 실행하고, 이어서 처벌이 있는 게임을 6회 실행했다. 그 결과, 처벌이 없을 때는 평균 협력률이 1회 55%에서 6회째는 30%로 점차 감소해갔다. 그러나 처벌이 있을 때에는 평균 협력률은 1회 60%에서 6회째는 85%로 착실히 증가해갔다.

순서를 반대로 하여 처벌이 있는 게임을 먼저 6회 실행하고, 뒤이어 처벌이 없는 게임을 6회 실행했을 경우에도 마찬가지로 처벌이 있는 경우 쪽이 훨씬 큰 협력성을 나타냈다. 처벌이 협력을 이끌어내고 유지시킬 수 있었던 것이다.

여기서, 그때까지 이기적으로 무임승차를 했던 사람이 처벌의 도입에 따라 이타적인 사람으로 변한 것이 아니라는 점에 주의할 필요가 있다. 처벌의 도입에 따라 이익 구조가 바뀌고, 배신보다는 협력하는 쪽이 자신의 이익을 증가하게 만들었을 뿐이다. 즉 협력해야만 이익 구조가 유리해지기 때문에 이기주의자가 협력을 선택하고, 조건부 협력자는 다른 협력자가 많기 때문에 자신도 협력하게 된 것이다.

하지만 주의해야 할 점은 처벌이라는 행위가 반드시 자신의 이익 증가로 연결되지 않는다는 점이다. 매회 구성원이 교체되고 같은 상대와는 두 번 이상 만나지 않기 때문에 어느 회차에서 처벌을 받은 자가 그 이후 회차에서 기부금을 늘린다고 한다면, 그에 따라 이익을 보는 사람은 처벌을 한 자가 아니라, 처벌을 받았기 때문에 기부금을 늘린 사람을 그 후에 만나는 다른 사람이다. 자신의 이익과는 직접적인 연관이 없음에도 비용을 걸고 처벌을 감행하는 것이다. 이 같은 처벌은 타인을 보호하는 행위이기 때문에 '이타적인 처벌'이라 말하기도 한다.

경제적인 인간은 협력하지 않으며 처벌도 하지 않을 것이다. 왜냐하면 타인도 자기와 마찬가지로 경제적 인간이라고 한다면, 협력도 처벌도 양쪽 모두 자신의 이익을 증가시키지 않기 때문이다. 따라서 처벌 기회가 있는 것과 처벌을 실행하는 것이 협력을 위한 포인트가 된다.

구성원이 고정된 공공재 게임에서는 한 번 처벌을 받은 사람은 이후에 협력도가 높아지지만 고정 구성원의 처벌 행위가 반드시 이타적이라고 말할 수 없다. 처벌한 사람이 향후 자신의 이익을 증가시킬 목적으로 처벌할지도 모르기 때문이다.

그러나 페르 등의 실험에서는 구성원을 고정한 조건에서 피처벌자의 협력 증가와 구성원을 교체하는 조건에서 피처벌자의 협력 증가를 비교할 때 거의 차이점을 찾아볼 수 없었다. 처벌 행동에도 차이는 없었다. 즉 처벌이 자신의 이익 증가와 이어지지 않을 경우에도 처벌은 실행되었다. 처벌은 배신을 억제하는, 즉 협력의 촉진책으로서 실행되기보다 배신 행위에 대한 당연한 보복으로 실행된다는 사회 심리학자의 설명과 일치한다.

그러면 처벌의 비용이 높아지면 처벌은 실행될까? 이 의문에 대해서는 앤더슨(C. M. Anderson)과 퍼터먼(L. Putterman)이 답변한다. 그들의 실험에서는 처벌 비용이 높아지면 처벌이 감소한다는 수요의 법칙에 따른다는 것이 발견되었다.

이처럼 처벌은 결코 사익을 추구하기 위해 실행한다고 말할 수 없지만 많은 비용을 지불하더라도 실행하겠다는 의미는 아니기 때문에 순수하게 이타적이라고 말할 수도 없고, 사익을 추구하는 측면을 무시할 수도 없다.

제3자에 의한 처벌

공공재 게임에서 처벌의 도입은 협력을 촉진시키지만, 같은 그룹을 이루는 구성원에 의한 처벌이었다. 페르와 피슈바셔는 게임 구성원이 아닌 제3자가 게임 구성원의 행동을 관찰하고 처벌할 수 있다는 설정 아래 '제3자 처벌 게임'이라는 실험을 실시했다.

게임 조건은 다음과 같다. 즉 구성원 2명이 죄수의 딜레마를 실행하여 협력과 배신 두 가지 방법을 동시에 선택한다. 게임은 반복되지 않고 1회만 실시한다. 제3자는 게임자의 선택 결과를 보고 나서 비용을 걸고 게임을 실행하는 자를 처벌할 수 있다. 죄수의 딜레마는 2명만이 하는 공공재 게임이기 때문에 이 게임은 제3자의 처벌을 동반하는 공공재 게임으로 간주할 수 있다.

실험 결과, 죄수의 딜레마에서 배신을 선택한 사람은 약 70%가 처벌을 받았다. 특히 상대가 협력을 선택했는데도 배신을 선택한 사람은 반수 가까이 처벌을 받았다. 이에 비해 쌍방이 배신을 선택한 경우에는 처벌이 20% 정도에 그쳤다.

이 실험 결과도 매우 흥미롭다. 이 게임은 반복 없이 1회 한정 게임이며, 제3자를 포함한 게임자의 익명성이 보장되기 때문에 제3자가 자기의 이익을 고려하여 처벌을 실행한다고는 도저히 생각할 수 없다. 그럼

행 동 경 제 학

에도 처벌은 실행되었던 것이다. 이때의 제3자 처벌은 매우 이타적인 행위라 말해도 좋다.

처벌과 감정

왜 사람은 처벌이라는 행위를 하는 것일까? 여기서 감정의 역할에 대해 생각해보자. 공공재 게임에서 배신 행위가 협력자에게 분노 같은 강한 감정을 불러일으킨다는 사실은 상상하기 어렵지 않은 일이다. 이런 감정이 처벌 행동으로 나타나는 것이다.

페르 등은 처벌이 있는 공공재 게임을 실험한 다음에 무임승차에 느끼는 분노나 불쾌감에 대해 다음과 같이 두 가지로 나눠 실험 참가자에게 질문했다.

'당신이 16(5) 포인트를 기부했다고 하자. 다른 사람은 14(3) 포인트, 또 다른 사람은 18(7) 포인트를 기부했다. 그런데 한 사람은 2(2) 포인트밖에 기부하지 않았다고 한다. 실험 후 그 사람을 우연히 만난다면 이 사람에 대해 어떤 감정을 품을 것인가?' (괄호 안에 있는 숫자는 두번째 질문에 나오는 포인트)

이 질문을 읽고 분노나 불쾌감의 정도를 가장 약한 레벨1에서부터 최강도인 레벨7까지 7단계로 나누어 평가하게 했다. 그러자 첫 질문에서는 레벨6 이상으로 강한 분노를 느낀 사람이 47%, 레벨5인 분노를 느낀 사람이 37%였다. 괄호 안에 있는 숫자로 두 번째 질문을 했을 때는 레벨6 이상으로 강한 분노를 느낀 사람이 17%, 레벨4나 레벨5인 분노를 느낀 사람이 81%였다. 무임승차에 대한 분노를 느끼는 정도는 그 사람의 기부 금액과 그룹 내 다른 사람의 기부 금액 차이에 영향을 받는다는 사실을 나타낸다.

반대로, 자신이 무임승차를 한 경우에는 다른 사람이 분노를 느낀다고 생각하는지를 물었다. 이 질문에 대해서는 많은 사람들이 역시 그룹의 다른 구성원의 차이가 클수록 강한 분노를 품을 것이라고 예상했다. 앞의 실험 결과를 보면 그룹의 다른 구성원에 비해 기부 금액이 적을수록 처벌받는 경우가 많았고, 처벌도 엄했다(이익이 크게 좌우한다). 또한 처벌을 도입하면 그것을 두려워하여 기부 금액이 증가했다. 이 결과는 위의 질문 결과와 완전히 일치한다.

따라서 무임승차에 대한 분노의 감정이 처벌 행동을 일으키는 중요한 요인으로 추정된다. 또한 제3자에 의한 처벌은 당사자가 느끼는 분노의 감정과는 조금 다른 감정으로서 일종의 의분(義憤)과 같은 감정에 의한 것이다. 처벌이 감정에 따라 일어난다고 해서 감정적인 처벌이 비합리적이라든지, 희망하지 않는다는 의미는 아니다. 이처럼 감정이 지닌 의의성에 대해서는 다음 장에서 논하겠다.

강한 상호성(Reciprocity)

다른 사람이 협력하기 때문에 나도 협력한다는 '조건부 협력'은 종종 '양의 상호성'이라 불린다. 타인이 협력한다면 나도 협력하고, 비협력적이라면 나도 협력하지 않는다는 태도다. 또한 비협력적이라면 그에 대해 처벌하는 것을 '음의 상호성'이라 한다. 양쪽을 합쳐서 '강한 상호성'이라 말하기도 한다. 협력자에게는 협력을, 비협력자에게는 처벌을 하는 행동이다. 이것은 다른 사람이 협력하지 않으면 나도 협력하지 않겠다는 의미도 포함된다. 선에는 선으로, 악에는 악으로 되돌려준다는

'피차일반' 원리 또는 'give and take'와 같은 생각이다.

호혜성이라는 것은 상호 편의를 도모하는 것이기 때문에 여기서 말하는 양의 상호성만을 의미하는 단어다. 또한 보복이라든지 '눈에는 눈, 이에는 이'라는 말은 여기서 말하는 음의 상호성 부분만을 가리키는 단어다. 양쪽을 합친 단어로서 가장 적합한 용어는 없지만, 사회학이나 문화인류학에서 사용하는 '상호성'이라는 단어가 가장 적합하다.

행동의 의도

사람들의 행동이 타인에게나 사회에서 어떤 판단을 받을지는 그 행동이 초래하는 결과뿐만 아니라 행위자의 의도에도 좌우된다. '악의는 없기 때문에 용서하겠다'는 말처럼 말이다.

형법에서는 사람을 죽였다는 결과는 같아도 고의로 그랬다면 살인죄, 실수로 그랬다면 과실치사죄로 구분해 형벌이 크게 달라진다. 이처럼 행동의 결과뿐만 아니라, 의도가 타인의 행동에 큰 영향을 끼치는 경우가 있다.

의도를 명확히 알 수 있는 대표적인 게임으로 어빙 피셔 등이 고안한 '밤도둑(질) 게임'이 있다. 이 게임에서는 참가자 A(도둑)가 참가자 B(두목)의 명령을 받고 일(도둑질)을 하는 상황을 모방한다. 도둑은 도둑질을 해서 얻은 돈을 모두 자기가 가질 수 있고, 두목에게 바칠 수도 있다. 두목은 도둑의 활동에 대해 보상을 하거나 처벌을 함으로써 상호성을 탐색할 수 있는 게임이다.

게임 참가자는 2명, 게임은 1회만 실행한다. 게임은 2단계로 나뉘어 있고, 참가자 A와 B 모두 초기 금액으로 12포인트씩을 받았다.

우선 참가자 A는 마이너스 6 이상과 플러스 6 이하인 정수를 하나 선택한다. 그것을 a라고 하자. a가 양수라면 그것의 3배인 3a가 B에게 건네진다. A가 벌어들인 금액을 B에게 준다는 의미이다. a가 음수라면 a 포인트(정확히는 a의 절대치)를 B한테서 빼앗을 수 있다.

　그런 다음에 B는 a를 알고 난 다음 마이너스 6 이상 플러스 18 이하인 정수 b를 하나 선택한다. b가 양수면 B는 b를 A에게 준다. 즉 B는 A에게 보상 b를 지불하게 된다. 만일 b가 음수라면 B는 b포인트(정확히는 b의 절대치)를 잃고, A는 b의 3배인 3b를 잃는다. 즉 A는 3b를 삭감당하는 처벌을 받는 것이며 b는 처벌에 드는 비용이다.

　이 게임에서 A는 B에게 포인트를 줄 수도 있고 빼앗을 수도 있다. 이에 대해 B는 A의 행위에 보상을 주든지 또는 처벌할 수 있다. 즉 B의 양의 상호성과 음의 상호성이 동시에 점검된다는 뜻이다.

　포크(A. Falk) 등은 행위자의 의도가 명확히 나타나는 설정으로 밤도둑 게임 실험을 실시하고 상대의 의도를 추측함으로써 사람의 행동이 어떻게 영향을 받는지를 연구했다. 그들은 위와 같은 구조로 설정된 밤도둑 게임을 두 가지 조건에서 실행한 다음 그 결과를 비교했다.

　첫째 조건은 A의 의도가 명확해지는 것(의도 조건)으로 A는 임의로 a를 선택할 수 있다. 둘째 조건은 a값을 주사위를 이용하여 무작위로 결정(무작위 조건)한다. 이 경우 A의 의도는 명확하지 않다.

　이 게임에서 만일 B가 사익 추구적 인간이라면 항상 'b=0'을 선택해서 A에게 보상도 징벌도 하지 않는다. 보상이나 징벌 양쪽 모두 비용이 들고, 게임은 1회밖에 실시하지 않기 때문이다. 참가자 B가 사익 추구적인 인간이 아니라고 해도 결과에 얽매여 상대의 의도에는 무관심하다면 양 조건에서 어떤 행위를 하든 차이가 없을 것이다.

만일 B가 A의 의도에만 관심이 있다면, 무작위 조건에서는 A를 처벌도 하지 않고 보상도 주지 않을 것이다. 그러나 의도 조건에서는 a가 클 때는 보상을 주고, 작을 때는 처벌을 할 것이다.

실험 결과, B의 행동은 양 조건에서 크게 다른 양상을 보였다. B에게서 A가 보상이나 처벌을 받는 일은 무작위 조건일 때보다 의도 조건일 때 훨씬 많았다. 또한 B 중에서는 의도 조건일 때 이기적으로 행동('b=0'을 선택)한 사람은 전혀 없었지만, 무작위 조건에서는 30%가 이기적이었다. 즉 많은 사람들이 결과뿐만 아니라 상대방 의도에도 반응한 것이다. 상호성에는 결과에 대해서뿐만 아니라 상대방의 의도에 대한 반응도 포함하게 된다. 따라서 같은 결과라도 받는 쪽의 해석이 달라지며, 그것이 다른 행동을 일으키게 한다.

매케이브(K. A. McCabe)와 그의 동료들은 조금 다르게 게임을 설정하고, 마찬가지로 의도와 상호성의 관계를 조사했다. 그 게임에는 참가자 A와 B 두 명이 참여한다.

우선 참가자 A가 자신과 B에게 '20, 20'이라는 배분을 선택할지, 패스하여 B에게 선택을 일임할지를 결정한다. 전자의 경우에는 거기서 게임이 종료된다. 만일 A가 패스하여 B의 순서가 되면 B는 '25, 25'라는 평등한 배분을 하든지, '15, 30'으로 자신에게 유리한 배분을 선택하고 게임은 종료된다. 이 게임은 A의 자발적 선택권이 있는 게임과 선택권이 없는 조건의 두 가지로 실험이 실시되었다.

둘째 조건에서는 A에게는 선택권이 없고, B가 '25, 25'라는 평등한 배분을 하든지 '15, 30'으로 자신에게 유리한 배분을 선택하고 게임이 종료된다.

결과에 관한 불평등을 회피하는 것이 공정하다는 가설을 세우면 B의 선택에 따라 생기는 이익 배분은 어느 쪽 조건에서도 같기 때문에 B의 선택에 차이는 없다. 그러나 실험 결과는 달랐다. 우선 최초로 A가 선택할 수 있는 조건에서는 37%가 '20, 20'을 선택하고, 63%는 패스하여 B에게 결정을 위임했다. 결정을 위임받은 B 가운데 65%는 평등한 배분 '25, 25'을 선택하고, 35%가 이기적인 배분 '15, 30'을 선택했다. 이에 대해 A에게 선택권이 없고 처음부터 B가 선택하는 조건에서는 평등한 배분을 선택한 것이 33%뿐이었으며, 67%는 이기적인 배분을 선택했다. 양 조건에서 B의 선택은 차이가 명확하다.

그 이유는 A의 의도를 B가 이해했는지에 따라 설명할 수 있다. A가 '20, 20'을 포기하고 B에게 선택을 일임한 것은 평등하게 또는 두 사람 모두 이익금이 많아지게 선택 대안 '25, 25'를 B가 선택할 것으로 기대했다는 의미다. 바꿔 말하면 A는 B를 신뢰한다는 의도가 느껴진다. B는 그 신뢰에 응함으로써 대다수가 '25, 25'를 선택했다고 생각된다.

한편, A에게 선택권이 없는 조건에서는 A의 의도 또는 계획과 관계없이 B가 선택할 수 있으므로 '15, 30'이라는 이기적인 배분을 많이 선택하게 됐다고 해석할 수 있다.

| '세상'이란 참조 그룹 |

협력이나 처벌이 그것을 실행하는 사람의 경제적·물질적 이익으로 연결되지 않는다면 대체 사람들은 왜 그런 행동을 하는 것일까?

그 이유 중의 하나로 추정되는 것이 공정한 것을 추구하는 사람의 특성이다. 무엇을 공정하다고 간주할까? 가장 일반적으로 생각할 수 있는 것이 불평등 회피성이다. 즉 자신과 타인의 이익 차이가 가능한 한 적어지는 것을 더욱 공정하다고 간주하는 사고방식이다. 타인의 이익이 준거점이 되고, 그것과 비교하여 자신의 이익 차이가 크면 불공정하다고 판단하는 것이다.

여기서 타인이란 일반적인 타인을 뜻하는 것이 아니라, 자신과 연관성이 깊은 주변에 있는 사람을 가리킨다. 지역 사회나 근무처, 학교 등의 동료, 친구, 지인 등을 말한다. 이 같은 사람들을 '준거점 그룹'이라한다. 다른 사람에 대해 신경을 쓰는 경우는 그 사람이 이 같은 준거점 그룹에 속하는 사람이기 때문이며 그 밖의 타인은 아무래도 좋다.

주변 사람이 차를 새로 바꾼 것을 알면 조금 부러운 마음이 들지만, 유명인이 별장이나 고급 외제차를 가지고 있는 것을 TV에서 본다면 호기심은 나겠지만 질투심은 생기지 않을 것이다. 다른 세계에 사는 사람이기 때문이다. 처음에 234쪽에 인용한 야마모토 슈고로나 제5장 첫 부분에 인용한 수필가 해즐릿이 쓴 문장 중에 있는 '세상'이란 바로 이 같은 참조 그룹을 말한다.

그러면 처벌 역시 불평등을 회피하려는 동기에 기초를 두고 있을지도 모른다. 포크 등은 처벌 비용 1단계로 피처벌자의 이익 한 단위가 공제되는 설정으로 실험을 실시했다. 이 설정에서 처벌은 이익 격차를 시정하는 데에는 도움이 되지 않는다. 그럼에도 처벌은 빈번히 행해졌다.

역시 그들은 이 같은 처벌 조건에서 구성원을 고정한 게임 실험과 매회 구성원을 교체하는 게임 실험을 실시했는데, 양쪽에서 처벌 행동에는 거의 차이가 나타나지 않았다. 즉 불평등 회피성으로는 잘 설명할 수 없는 처벌 행동이 나타난 것이다.

앞에서 서술했듯이 결과뿐만 아니라 행위자의 의도도 공정한 판단을 내릴 때에는 매우 중요한 요소다. 그러나 의도가 없는 경우에도 처벌은 발생했다. 즉 결과에 대해서도 반응한다. 이처럼 상호성은 결과와 의도 양쪽의 공정성에 대한 판단에서 성립된다고 생각된다.

평판 형성과 간접적인 상호성

다른 사람에게 선행을 베풀면 도움을 받은 당사자가 아니라 그 외 다른 사람에게서 선의(善意)가 되돌아올 때가 있다. 훌륭한 행동을 했다는 평판이 나면 다른 사람들에게 좋은 평가를 받게 된다는 뜻이다. 이처럼 당사자 외 제3자와 맺는 상호적인 관계를 간접적인 상호성이라 하고, 선의를 베푼 상대방한테서 답례가 돌아오는 것은 직접적인 상호성이라 할 수 있다.

간접적인 상호성이 기능하기 위해서는 어떤 사람이 훌륭한 일을 한다는 사실을 당사자가 아닌 다른 사람에게서 듣지 않으면 안 된다. 여기서 평판이나 명성이 중요해진다. 좋은 사람이라는 평판이 나면 다른 사람들이 그 사람에게 친절하게 대하는 것을 자주 볼 수 있다.

'남에게 인정을 베풀면 반드시 나에게 돌아온다'는 속담이 있다. 최근 이 속담을 '정을 베푸는 것은 남을 위하는 일이 아니기 때문에 베풀지 않는 게 좋다'는 말로 이해하는 사람이 늘고 있다고 한다. 사족이지만 타인에게 선행을 하면 돌고 돌아서 자신에게 좋은 일이 되어 되돌아온다는 의미이며, 이것이 바로 간접적 상호성이다.

인정을 베풀면 반드시 돌아온다

간접적인 상호성이 협력 행동을 추진하고 유지하는 강한 동력이 된다는 것을 밝히기 위해 베데킨트(C. Wedekind)와 밀린스키(M. Milinski)는 간접적인 상호성 게임을 고안했다.

참가자 중 한쪽이 제공자, 다른 쪽이 수령자 역할을 맡고, 제공자는 일정한 초기 금액을 받는다. 제공자는 초기 금액 중 미리 정해진 일정액을 수령자에게 기부할지 말지를 결정한다. 기부액은, 예를 들면 2배로 수령자에게 건네진다.

한 그룹은 여러 명으로 되어 있고, 구성원은 제공자와 수령자 역할을 무작위로 할당받는다. 게임은 여러 번(예를 들면 20회) 반복되지만, 같은 상대와는 다시 한 조가 되지 않기 때문에 이전에 기부를 받았다고 해서 돌려주는 직접적인 '반환'은 할 수 없게 되어 있다.

간접적인 상호성 게임의 특징은 참가자가 과거에 어떤 결정을 했는지가 공개된다는 점이다. 모든 참가자는 실명을 밝히지 않고 가명을 쓰고 있으며, 게임에서 어떤 가명을 쓰는 사람이 어떤 행동을 해왔는지 그 이력을 전원이 알 수 있다. 즉 기부라는 관대한 행위를 해온 사람인지, 그렇지 않은지가 전원에게 알려져 있고, 평판(명성)이 형성된다.

이 게임을 실제로 실행하면 50~90%의 협력률(기부한다)을 얻을 수 있지만, 이전에 기부를 해왔던 사람은 다른 사람들에게서 기부를 받을 가능성이 매우 높다. 즉 친절한 사람은 자신이 친절하게 대하지 않은 다른 사람들한테서 친절하게 대접받는다. 이는 바로 '남에게 인정을 베풀면 반드시 돌아온다'는 것을 말하는 것이다.

밀린스키 등의 실험에서는 기부자가 다른 사람에게 기부했는지 여부가 공개되고, 게다가 복지 단체인 유니세프에 기부할지 말지를 묻는 질문도 받는다(실험이 끝나고 실제로 기부했다). 마지막으로 학생회 대표를 결정하는(가상적) 선거를 했다. 기부 액수가 많을수록 다른 사람에게서 기부를 받은 경우도 많고, 기부를 많이 한 사람일수록 득표수가 많다는 상관관계를 알 수 있었다. 좋은 행동을 취하면 좋은 평판이 형성되고, 그것이 경제적으로뿐만 아니라 정치적인 입지도 좋게 만드는 것이다.

저명한 진화생물학자 리처드 알렉산더(Richard Alexander)는 다음과 같이 서술한다. '많은 상호성을 포함한 복잡한 사회 시스템에서는 상호적인 관계에서 매력적이라고 판단되는 것이 성공을 위해 매우 중요한 요소다.'

간접적인 상호성 게임과 공공재 게임

밀린스키 등은 실험을 더 심화하였다. 실험 참가자는 6명을 고정 멤버로 하여 10개 그룹을 만들었고, 모두 초기 보유 금액으로 20마르크를 받았다.

이 실험은 각 그룹이 간접적인 상호성 게임과 공공재 게임을 교대로 함께 20회 실행하는 것이 특징이다. 간접적 상호성 게임에서는 기부자가 2.5마르크를 기부할지 여부를 결정하고, 수령자는 4마르크를 수령한다. 공공재 게임에서는 일정액(2.5마르크)의 기부 여부에 대한 결정만 내린다. 기부 총액은 2배를 곱해 6명에게 분배된다.

우선 간접적 상호성 게임, 다음에 공공재 게임의 순으로 양 게임을 교대로 16회까지 시행하되, 마지막 4회는 공공재 게임만 실시한다. 또한 실험은 두 가지 설정으로 나뉘어 5개 그룹에게는 17회째 이후는 공공재 게임만을 실시한다는 사실을 사전에 알려주지만[기지 조건(旣知條件)], 나머지 5개 그룹에게는 알려주지 않는다[미지 조건(未知條件)]. 중요한 것은 간접적 상호성 게임을 할 때는 참가자들이 두 가지 게임을 하면서 그때까지 어떻게 행동했는지, 즉 기부에 대한 모든 이력이 공개된다는 점이다. 물론 멤버의 익명성은 보장한다.

이 실험 결과 16회째까지의 모든 공공재 게임에서 90% 이상의 협력(기부한다)이 달성되었다. 17회째 이후는 나머지 모두가 공공재 게임인 것을 알고 있는지 아닌지에 따라 큰 차이를 보였다. 기지 조건 그룹에서는 회를 더할 때마다 협력률은 점점 저하됐고, 20회째에는 겨우 40%가 되었다. 한편 미지 조건 그룹에서는 협력률은 떨어지긴 했지만, 그 크기는 미미했다. 또한 직전 공공재 게임에서 협력을 거부한 사람은 다음의 간접적 상호성 게임에서는 60%의 확률로 기부를 받지 못했다. 그리고 공공재 게임에서 기부를 하면, 간접적 상호성 게임에서 거부될 확률이 20% 정도였다.

이 결과의 의미는 이해하기 쉽다. 공공재 게임에서 기부를 하지 않으면 간접적 상호성 게임에서 그 정보가 공개되어 기부를 받지 못하게 되는 것이다.

이른바 악평이 나면 이익이 줄어들 것을 염려하여 협력하게 되는 것이다. 이것은 마지막 4회에서 정보를 공개하지 않는 공공재 게임만 한다는 것을 알고 있는 그룹과 모르는 그룹의 협력 행동 차이에서 명료하게 나타난다. 기지 조건 그룹에서는 자신의 평판에 더는 신경을 쓸 필요가 없기 때문에 협력률은 현저히 저하되지만, 미지조건 그룹에서는 재차 간접적 상호성 게임이 시행될 가능성이 있다고 판단하기 때문에 명성을 유지하려고 한다.

평판 형성이 협력 행동을 강력하게 촉진하는 것을 알 수 있었다. 기부를 하지 않는다는 것은 일종의 처벌이라고 생각된다. 이 경우에 기부하지 않는다는 처벌에는 비용이 들지 않고, 오히려 자신의 이익을 증가시키는 일이기 때문에 더 한층 효과적이다. 앞에서 서술한 공공재 게임에서 처벌해야 하는데 비용이 들기 때문에 처벌을 실행하지 않고, 다른 사람이 처벌할 것을 기대하는 '처벌의 무임승차'라는 이차적인 무임승차 문제가 수반된다. 그러나 간접적 상호성에서는 이런 문제가 발생하지 않는다는 이점이 있다.

평판 형성 자체는 이타심이나 공정성의 표현이라고 생각할 수는 없다. 평판이 이익 증가로 연결되는 것을 이해하고 있기 때문에 나타나는 이기적인 행위일 뿐이다.

경제적 인간과 호혜적 인간의 상호 작용

강한 상호성이 동기로 작용해 행동하는 사람을 '호혜적 인간'(Homo Reciprocans)이라 부른다고 하자. 여기서는 사람이 경제적 인간인가 호혜적 인간인가 하는 문제가 아니라, 사회에 경제적 인간과 호혜적 인간 두 부류가 있다면 어떤 사태가 발생할 것인가에 대해 생각해보자.

공공재 게임에서 살펴보았듯이 실험에서 경제적 인간과 호혜적 인간, 그리고 성향이 또 다른 인간이 있다는 사실을 알 수 있다. 그리고 처벌이라는 제도가 있으면 호혜적 인간이 경제적 인간에게 협력 행동을 하도록 이끌 수 있다.

최근 카머러와 페르는, 인간을 이와 같이 두 가지 성향으로 나눴을 때 그들의 상호 작용에 따라, 그리고 그 시기의 경제 제도에 따라서는, 경제적 인간 타입밖에 없다고 주장하는 기존 경제학 모델로 전혀 설명할 수 없는 현상이 발생한다는 논문을 발표했다.

다음 예를 생각해보자. A와 B 두 사람에게 각각 재산이 있지만 서로 자신이 가지고 있는 재산의 가치는 10, 상대가 가지고 있는 재산의 가치는 20으로 평가하는 것으로 가정하자. 서로 재산을 교환하면 양쪽 모두 만족도는 커진다.

지금 두 사람은 지리적으로 멀리 떨어진 곳에 살고 있기 때문에 직접 교환은 할 수 없고, 교환하기 위해서는 발송할 수밖에 없다고 한다. 또한 법적 구속력을 지닌 엄밀한 거래 계약을 작성할 수도 없다고 한다. 이 상태는 죄수의 딜레마와 같은 구조다. 여기서 양쪽 모두 경제적 인간이라면 두 사람 모두 발송하지 않을 것이다. 즉 만족을 높일 기회를 두 사람 모두 놓쳐버린다. 양쪽 모두 호혜적 인간이며 서로 그것을 알고 있거나 그렇게 믿고 있다면, 교환은 순조롭게 성립되고 양쪽 모두 만족도를 높인다.

그러면 B가 호혜적 인간이고 A가 경제적 인간이며, 서로 그것을 알고 있다고 하자. 이 죄수의 딜레마 게임을 동시에 시행하면 B는 A가 경제적 인간인 것을 알고 있기 때문에 발송하지 않을 것이다. 경제적 인간인 A도 물론 발송하지 않으므로 거래는 성립되지 않는다. 경제적 인간 A의 존재가 호혜적 인간 B에게 비협력적인 행동을 취하게 만든 것이다.

그런데 이 실험의 조건을 바꾸어 시행하면 상황이 바뀐다. A는 B가 호혜적 인간인 것을 알고 있기 때문에 발송한다. 그 후 B는 물론 발송한다. 교환이 성립되고 양쪽 모두 만족한다. A가 발송을 한 것은 사익을 위해서지만, 이 경우에는 호혜적 인간 B의 존재가 경제적 인간 A에게 발송이라는 협력 행동을 취하게 할 수 있었던 것이다.

이번에는 A도 B도 경제적 인간이지만 서로 상대가 호혜적 인간이라 믿는 이유가 있다고 하자. 그리고 위와 마찬가지로 교대로 죄수의 딜레마를 10회 진행하도록 한다.

A는 상대가 호혜적 인간일 확률 r이 0.5보다 크다고 믿고 있으면, 마지막 회차에서라도 협력하는 것(발송)이 이익을 높이는 것이 된다. 왜냐하면,

$$r \times 20 + (1 - r) \times 0 > 10$$

이기 때문이다.

여기서 '$(1 - r) \times 0$'은 상대가 경제적 인간일 확률$(1-r)$에 재산을 받아들일 수 없음의 가치 '0'을 건 것이다. 경제적 인간 B는 마지막 회차를 제외하곤 재산을 발송한다. 도중에 발송을 멈추면 자신이 경제적 인간인 것을 A에게 알려주게 되고, 그 후의 협력은 기대할 수 없기 때문이다. 즉 이익을 잃어버리기 때문이다.

따라서 경제적 인간이라도 단순히 상대가 호혜적 인간이라고 믿고 있으면 협력적인 관계가 구축된다. 호혜적 인간이라고 믿기 위해서는 호혜적 인간이 실제로 존재하지 않으면 안 된다. 따라서 경제적 인간만이 존재한다는 전제에서는 이런 결론은 이끌어낼 수 없다.

이상의 예는 제도나 조직의 형태에 따라 다르기는 하나 호혜적 인간의 존재가 경제적 인간의 행동을 변화시키거나, 경제적 인간이 호혜적 인간을 경제적 인간처럼 행동하게 하는 경우가 있다는 것을 의미한다. 단순히 경제적 인간의 존재만을 전제로 하는 주류 경제학에서는 결코 이해할 수 없는 일이다.

처벌의 역효과

처벌이 매우 유효하게 협력을 촉진하는 것을 살펴보았지만, 여기서는 반대로 처벌이 협력을 억제하는 경우가 있다는 것에 대해 알아보자.

공공재 게임이나 죄수의 딜레마와 마찬가지로 사회적인 상황에서 협력 관계를 실험적으로 검토할 수 있는 게임으로 신뢰 게임이라는 것이 있다.

예를 들자면 신뢰 게임은 이렇게 진행된다. 참가자 A가 초기 보유액 1,000원을 가지고, 그 중에서 얼마를 B에게 건넬지 결정한다. 금액이 400원이었다고 하자. 실험자는 그 금액을 3배 하여 참가자 B에게 건넨다. 참가자 B는 건네받은 금액 1,200원 중 주고 싶은 만큼 A에게 돌려주는 게임이다.

참가자 A는 B를 신뢰한다. 참가자 B는 신뢰를 받는, 또는 신뢰에 응하는 처지여서 이 게임을 신뢰 게임이라 부른다. A가 B를 신뢰하여 투자를 결정하고, B는 투자한 금액의 성과금 중에서 얼마를 A에게 반환하는 관계를 모방한 게임이다. 참가자 A의 이익은 '(초기 보유액)−(투자액)+(B에게 돌려받는 반환금)'이 되고, B의 이익은 '(A가 투자한 돈의 3배)−(반환금)'이다.

이때 양쪽 모두 경제적 인간이라면 이 게임에서 어떤 일이 일어날지 명백하다. 참가자 B는 A에게 돈을 전혀 반환하지 않을 것이다. 전액을 자신이 가져가버릴 것이다. 참가자 A는 이를 예측하고 있기 때문에 최초의 투자액은 0원이다. 따라서 이전(移轉)은 전혀 일어나지 않고, 이익은 A가 1,000원, B가 0원이 되어 게임은 종료된다.

필자의 실험에서는 A는 평균 초기 금액의 53%를 투자하고, B는 받은 금액의 30~40%를 돌려주었다.

페르와 로켄바흐(B. Rockenbach)는 신뢰 게임에 처벌 기회를 도입한 실험을 실시해 처벌이 협력을 억제하는 경우가 있다는 것을 발견했다.

그들은 처벌할 기회가 있는 조건과 없는 조건에서 신뢰 게임 실험을

1회 실시했다. 처벌 기회가 없는 신뢰 게임은 통상의 신뢰 게임과 마찬가지다. 처벌 기회가 있는 조건에서는 참가자 A는 투자를 함과 동시에 B로부터 얼마를 돌려받고 싶은지 요구한다. 이 요구가 충족되지 않을 때에는 A는 B의 이익 중 일정액을 삭감하는 처벌을 할 수 있는데, A는 이 처벌을 발동할지 말지도 동시에 선언하는 것이다. 어느 쪽 조건에서도 B가 얼마를 되돌려줄지는 B가 정한다.

어느 쪽 조건에서도 A의 투자액이 커질수록 B의 반환금도 커진다는 상호적인 행동을 볼 수 있었다. 단 이 실험은 1회 한정이기 때문에 이 행동은 장래의 이익을 기대한 것은 아니다. 순수하게 신뢰하고 신뢰에 응한다는 상호성을 반영한 것이라 생각된다.

흥미로운 것은 조건의 차이에 따른 참가자의 행동 차이다. 참가자 A의 투자액도 B가 A에게 건넨 반환액도 가장 커졌을 때는 처벌이 가능하면서 그것을 발동하지 않을 때였다. 액수가 가장 적었던 때는 처벌을 실제로 행한다고 선언했을 때였다.

처벌이 없는 조건에서는 액수가 양쪽의 중간 정도였다. 또한 A가 처벌 가능한데도 자중했을 경우에는 B 역할을 맡은 사람 가운데 반환금을 한 푼도 돌려주지 않은 사람은 없었다. 하지만 처벌을 가했을 경우에는 B 가운데 33%는 반환금으로 0원을 선택했다.

평균 반환금은 후자에서는 전자의 절반 이하였다. 최종 참가자 A의 이익도 B의 이익도 처벌 가능하지만 발동하지 않았을 때가 가장 많았으며, 처벌 없는 조건에서가 그 다음으로 많았고, 처벌 발동을 한 경우가 가장 적었다.

즉 처벌이 가능하지만 그 기회를 포기하는 경우에 신뢰 관계가 형성되고, 신뢰에 응하려는 참가자 B의 반응을 이끌어냈으나, 처벌은 신뢰 관계를 깨뜨리는 결과를 가져왔다.

앞에서 서술했듯이 공공재 게임에서는 처벌이 협력을 이끌어내기 위한 유력한 수단이었다. 그러나 신뢰 게임에서는 그렇지 않았다. 이 차이점은 왜 발생하는 것인가? 공공재 게임에서 무임승차한 자는 처벌에 따라 자기 이익이 감소할 것을 두려워하여 협력적인 태도가 되고, 무임승차한 자를 처벌하는 일은 윤리에 맞는 이타적인 행위로 간주된다. 그러나 신뢰 게임에서는 처벌의 실행은 참가자 A가 자신의 이익을 늘리려는 이기적이고 불공정한 행위로 간주되기 때문에 참가자 B는 비협력적이 된다. 반대로 처벌 기회가 있으면서 실행하지 않는 것은 관대하고 공정한 행위가 되어 B가 협력적 행동을 하도록 유도한다는 것이다.

처벌로 저하되는 윤리

그니지(U. Gneezy)와 러스티치니는 처벌과 윤리 관계에 관한 흥미로운 실험을 실시했다. 아이를 맡아 돌보는 데이케어(day care) 센터에서는 약속 시간에 부모가 아이를 데리러 오게 되어 있지만 지각하는 부모도 가끔 볼 수 있다. 그들은 이스라엘의 데이케어 센터 몇 군데를 골라 지각하는 부모에게 지각 시각에 따라 벌금을 약간 부과하도록 했다.

통상적인 예측으로는 지각은 감소할 것이다. 그런데 이 제도가 실시된 후에 오히려 지각하는 부모가 증가하였다. 이 실험은 20주 동안 실시되었고, 4주가 경과한 후에 벌금제가 도입되었다. 그러자 6주 후에 지각하는 부모가 증가하기 시작하더니, 7주 이후에는 지각하는 부모가 벌금제 도입 이전의 2배가 되었다. 16주 후에 다시 벌금을 부과하지 않게 되었지만 지각은 높은 수준인 채 그대로였다.

그니지와 러스티치니는 벌금이 없을 때는 부모가 지각하는 것에 대해 죄의식을 느꼈고, 그 감정이 지각을 예방한 것이라고 설명한다. 그런데 벌금제가 도입된 후에는 '시간을 돈으로 사겠다'는 거래의 일종으로 여기게 됨으로써 양심의 가책을 느끼지 않고 지각을 할 수 있게 된 것은 아닌가 하고 설명한다.

벌금 부과를 중지한 후에도 지각이 이전 수준으로 돌아오지 않은 것은 단순히 벌금이 제로가 되었을 뿐이라고 받아들였기 때문이다. 즉 제재 시스템이 도입됨으로써 사회규범이나 윤리에 따라 규제되던 행동이 시장에서 거래되는 것처럼 느끼게 된 것이다.

프랑스의 시인 폴 발레리가 이 점을 예리하게 지적하고 있다. '벌하는 것이 도덕심을 약화시켜버린다. 그 의미는 벌하는 것으로 죄의 대가는 끝났다고 생각하기 때문이다. 벌은 죄에 대한 공포심을 형벌에 대한 공포심으로 떨어뜨린다.' ― 요컨대 죄를 허용해야 한다는 뜻이다. 벌금은 죄를 거래할 수 있는, 계량할 수 있는 것으로 바꿔버린다. 값을 깎는 일도 가능하다.

공공재 게임에서 처벌 도입으로 협력이 증가한 것은 순수한 사익 추구가 동기다. 즉 이익이 바뀜으로써 협력이 유도되었다. 그 배후에 있는 것은 역시 강한 상호성이다. 협력에는 협력을, 배신에는 처벌을 돌려줌으로써 협력을 유도할 수 있다. 또한 신뢰 게임에서 처벌이 오히려 협력을 감소시킨 것도 마찬가지로 상호성 때문이다. 처벌이 가능함에도 발동하지 않은 것은 선의의 행위며, 그에 대해 선의를 품고 되돌려주는 것이다. 처벌을 하겠다는 협박은 악의로 받아들이기 때문에 악의로 돌려주는 것이다.

참가자 A의 요구는 이기적으로 간주되기 때문에 처벌된 것이다. 또한 데이케어 센터에서 매기는 벌금이 지각을 증가시킨 것은 사회규범을 시장 거래로 바꿔놓았기 때문이다. 이 경우에는 개인 내부의 문제이기 때문에 상호성과는 관계가 없다.

이상의 사례에서 처벌이라는 수단 하나에도 다양한 효과가 있다는 사실을 알 수 있다. 이는 경제적 인간만이 존재한다는 전제에서는 결코 이끌어낼 수 없다.

최종 제안 게임

58쪽에서 소개한 최종 제안 게임은 최후통첩 게임이라고도 하는데, 간소하지만 사람들의 사회적인 선호에 대해 시사하는 바가 풍부한 실험 게임이다. 복습한다는 기분으로 다시 살펴보자. 이 게임에서는 참가자 2명(제안자와 응답자)이 필요하다. 제안자는 초기 금액(예를 들면 1,000원) 중얼마(예를 들면 300원)를 응답자에게 건네준다는 제안을 한다. 그 다음 응답자는 그 제안을 수락할지 거부할지를 결정한다.

수락한다면 제안대로 분배되고, 이익은 제안자가 700원이고 응답자는 300원으로 게임은 종료된다. 응답자가 제안을 거부했을 경우에는 양쪽 모두 이익은 제로인 채 게임이 종료된다. 양쪽 모두 경제적 인간이었다고 가정한다면 응답자는 1원을 제안받았다 하더라도 0원보다는 낫기 때문에 수락해야 한다. 제안자는 이 사실을 정확히 파악하고 1원을 준다는 제안을 한다. 따라서 이익은 제안자가 999원, 응답자는 1원을 가질 것이다.

이 게임은 간단하고 실험하기가 쉽기 때문에 실제로 다양한 설정으로 실험이 실행되고 있다. 많은 실험 결과에서 공통된 사항은 제안자의 평균적인 제안액은 45% 전후(필자가 학생을 대상으로 실행한 실험에서는 48%)이며, 최대치는 50%다. 또한 30% 이하를 제안한 것 중 반 정도는 응답자가 거부했다(필자의 실험에서도 동일). 3개월치 월급을 초기 금액으로 한 실험이 실시된 적도 있었는데 결과에 큰 차이점은 없었다.

유일한 예외라고 말할 수 있는 것이, 힐(E. L. Hill)과 샐리(D. Sally)가 자폐증 환자를 실험 참가자로 정해 시행한 최종 제안 게임 실험이다. 제안자가 된 자폐증 환자 중 대략 3분의 1은 0원을 제안했다. 자폐증 환자는 타인의 마음을 잘 읽지 못하는 특징이 있고, 응답자가 거부할지 말지를 대부분 예측할 수 없기 때문이다. 얄궂게도 이것이 경제적 인간의 행동 예측에 가장 잘 합치되는 예다.

제안과 거부의 동기

최종 제안 게임 실험에서 제안자와 응답자의 행동은 어떤 동기를 따르는 것일까? 제안자의 행동 동기 중 하나는 공정성에 대한 선호다. 대략 반반이라는 제안이 공정한 사고방식과 합치되기 때문에 공정함을 추구하여 행동하는 것이다.

이익 최대화 행동에 대해서도 설명이 가능하다. 제안자는 응답자가 거부하지 않으면, 즉 (제안자가) 예측할 수 있는 최저 금액을 제시한다고 생각하면 게임 이론에서 말하는 최적 반응으로서 매우 합리적인 행동으로 여겨진다.

로스(A. E. Roth) 등은 학생인 실험 참가자의 거부 행동으로부터 제안액을 어느 정도 얻을 수 있을지 기대치를 구하고, 거기에서 거부되지 않을 최저 금액을 추정했다. 예를 들어 1,000원 중 300원을 제안했을 때

25% 승인되었다고 하면, 이 제안에 따른 이익의 기대치는 175원(700원 ×0.25)이다. 그리고 실제로 제안 행동은 거의 기대 이익을 최대화하도록 이뤄지는 것을 발견했다.

한편 응답자의 행동은 어떨까? 응답자는 불공정하다고 생각되는 낮은 금액을 제안받으면 거부한다. 이 행동은 불공정한 제안자에 대해서는 비용이 들더라도 처벌하는 것으로 해석될 수 있다. 응답자의 이런 태도는 경제적인 사익 추구라고는 생각되지는 않지만, 다른 사람이 사익을 얻을 수도 없기 때문에 이타적인 처벌이라고도 말할 수 없다. 그러나 제안자의 불공정한 제안에 대한 분노, 또는 제안자만이 많은 이익을 얻는 것에 대한 질투라는 감정을 고려해보면 합리적인 행동이라고 말할 수 있다.

샤오(E. Xiao)와 하우저(D. Houser)는 응답자가 제안자에 대해 자신의 기분(감정)을 표현할 기회가 있다는 설정으로 최종 제안 게임 실험을 실시하고, 그 기회가 없을 경우와 비교하였다.

응답자는 제안을 받은 후에 거부와 수락을 선택할 뿐만 아니라 제안자에 대한 감정을 기술하여 제안자에게 알릴 수 있도록 했다. 이 실험 결과, 감정을 표현할 기회가 있는 경우가 없는 경우보다 불공정한 제안을 거부하는 비율이 줄어들었다.

즉 제안을 거부하는 것은 감정을 표현하는 한 방법이며, 글로 써서 표현함으로써 부분적으로 감정의 대체가 이루어졌다. 다시 말하면 불만을 표출함으로써 불공정성에 대한 분노가 다소 줄어들고, 그 때문에 거부가 줄었다고 할 수 있다. 응답자의 태도는 감정에 따라 결정되는 부분이 있다는 사실이 증명된 것이다.

일상생활에서도 경제적인 이익은 증가하지 않는데도 직접 상대에게 항의하거나 불만을 토로함으로써 만족하는 경우를 자주 경험한다.

최종 제안 게임과 의도

최종 제안 게임에서도 신뢰 게임과 마찬가지로 제안자의 의도가 응답자의 거부 행동에 매우 중요한 영향을 끼친다는 것을 알 수 있다. 포크 등은 제안자의 의도를 응답자가 알 수 있는, 다음과 같은 미니 최종 제안게임 실험을 실시했다.

제안자는 자신과 응답자에 대해, 예를 들면 '8:2'라는 자신에게 유리한 배분이나, '5:5'라는 공정한 배분 중 한쪽을 제안한다. 제안자의 선택 대안은 이 두 가지밖에 없다. 응답자가 수락하면 제안은 실행되고, 거부하면 양쪽 모두 이익은 제로인 것은 다른 실험과 마찬가지다. 포크 등은 이밖에도 '8:2'와 '2:8'처럼 한쪽으로 치우친 분배, '8:2'와 '8:2'라는 선택의 여지가 없는 분배, '8:2'와 '10:0'이라는 제안자에게 아주 유리한 분배로 합계 네 가지에 대해 응답자의 행동을 조사했다.

'8:2'는 선택별로 공통으로 있기 때문에 상대가 되는 배분을 지정하여 분류하도록 한다. 예를 들면 두 가지 배분 '8:2'와 '2:8' 중에서 선택하도록 제안하는 게임을 '2:8' 게임, '8:2'와 '5:5' 중에서 선택하도록 제안하는 게임을 '5:5' 게임 등으로 부르기로 한다.

'8:2'라는, 제안자에게 유리한 배분은 상대 분배 조합이 어떤 것인가에 따라 크게 달라지는 것이 특징이다. '5:5' 게임에서 '8:2'는 불공정하다는 의미가 될 것이며, '2:8' 게임에서 '8:2'는 제안자의 선택으로서는 어쩔 수 없다고 여겨질 것이다. '8:2' 게임(두 가지 선택이 모두 '8:2'인 게임: 역주)에서는 불공정하지만 다른 것을 선택할 여지가 없다. '10:0' 게임에서는 '8:2'가 불공정하지만 다른 선택보다 좋은 것임을 의미할 것이다.

실험 결과 '8:2'라는 제안을 거부할 확률은, '5:5' 게임에서는 44%, '2:8' 게임에서는 27%, '8:2' 게임에서는 18%, '10:0' 게임에서는 9%였다. 각 게임에서 '8:2'가 지닌 의미가 그대로 반영되었다고 할 수 있다. '8:2' 게임에서 제안별 성립된 비율과 그때의 '8:2'의 기대치, 다른 편 배분의 기대치는 각각 아래에 있는 표와 같다.

'5 : 5' 게임 :	31%	4.44	5.00
'2 : 8' 게임 :	73%	5.87	1.96
'10 : 0' 게임 :	100%	7.29	1.11

제안자도 응답자의 마음을 잘 짐작하여 거부될 가능성이 적고 또한 기대 이익이 커지는 제안을 하는 경우가 많은 것으로 나타났다. 이 실험에서는 '8:2'라는 배분 결과뿐만 아니라 제안자가 다른 선택 대안이 있는데도 '8:2'를 제안했다는 사실에서 나타나는 제안자의 의도에 응답자가 반응한 것을 확인할 수 있다.

의도뿐만 아니라 다른 선택 대안이 없는 '8:2' 게임에서도 18%는 거부되었기 때문에 응답자는 결과도 중시한다는 것을 알 수 있다. 결과의 공정성과 의도의 공정성 양쪽이 응답자의 태도를 결정하는 동기가 되었던 것이다. 마찬가지로 의도가 중요하다는 것을 보여준 것이 블라운트 (S. Blount)의 실험이다. 이 실험에서는 컴퓨터를 이용해 낮은 금액을 제안(응답자는 컴퓨터를 이용한 제안이라는 사실을 알고 있다)하면 사람이 제안할 때보다 거부율이 상당히 줄어든다는 사실을 발견했다. 컴퓨터의 제안에는 의도가 느껴지지 않기 때문에 거부할 마음이 줄어든 것이다.

경쟁하에서의 거래

카머러와 페르는 호혜적 인간과 경제적 인간의 상호 작용이 경쟁에 미치는 영향을 최종 제안 게임을 이용하여 살펴봤다.

최종 제안 게임에 참가하는 사람을 어떤 상품의 판매자와 구매자라고 하자. 구매자가 판매자에게 그 상품을 가격 p에 팔도록 제안한다. 논의를 단순화하기 위해 구매자는 그 상품 가치를 100으로, 판매자는 제로라고 생각한다고 하자. 구매자는 단 1회밖에 판매자에게 제안할 수 없다.

판매자가 가격 p를 수락한 경우에 거래는 성립된다. 판매자가 경제적 인간이라면 'p=1'일지라도 거래를 수락할 것이다. 여기서 구매자도 경제적 인간이라면 1을 제안하고 거래는 성립될 것이다. 하지만 앞에서 살펴보았듯이 이런 경우는 실험에서는 거의 발생하지 않는 예다.

여기서 판매자 측에 약간의 경쟁 요소를 도입하여 재화의 판매자가 두 사람이라 가정하자. 구매자는 재차 가격을 제안하지만 이번에는 판매자 중 한 사람이라도 수락하면 거래가 성립되고, 두 판매자가 모두 거부하면 거래가 성립되지 않는다. 이 같은 설정에서 실험을 하면 거의 모든 경우에 구매자의 제안 가격도, 판매자가 수락하여 성립하는 가격도 모두 저하된다.

피셔 등이 실험한 바로는, 가치가 100인 재화를 판매하는 판매자가 한 사람일 때 거래 가격은 40~50이었던 것이 판매자가 두 사람이 되면 10~25로 확연히 감소하고, 다섯 사람이 되면 5~10으로까지 떨어져버린다.

이 같은 현상은 왜 발생하는 것일까? 사람이 공정성을 추구한다는 이유로는 설명할 수 없고, 호혜적 인간만이 존재할 경우에도 설명할 수 없

268

행 동 경 제 학

다. 역시 호혜적 인간과 경제적 인간의 쌍방이 있다는 전제라야 설명이 들어맞는다.

역시 앞에서 설명했듯이 호혜적 인간은 불공정한 결과나 의도에 기초하여 처벌을 실행한다. 그러나 경제적 인간과 호혜적 인간이 혼재할 경우, 경쟁이 있으면 처벌이라는 행동이 의미를 잃게 될 염려가 있다.

합리적인 호혜적 인간은 판매자 중에 경제적 인간이 있고 어떤 가격이라도 수락할 확률이 제로가 아닌 것을 알고 있다. 또한 판매자 수가 증가하면 가격을 수락할 가능성이 높아진다는 사실도 알고 있다. 만일 호혜적인 판매자의 경쟁 판매자가 경제적 인간이고 낮은 금액의 제안을 받아들인다면, 호혜적인 판매자는 불공정한 제안을 거부하는 처벌을 구매자에게 줄 기회를 잃게 된다.

여기서 거부 자체의 의미는 상실되고 호혜적인 판매자 역시 낮은 제안 금액을 받아들이게 된다. 즉 경제적 인간의 존재가 호혜적 인간을 경제적 인간처럼 행동하도록 만들게 된 것이다.

문화로 달라지는 행동 경향

이전에 행해진 최종 제안 게임 실험에서는 실험 참가자가 대부분 경제 선진국의 학생이어서 위에서 서술했듯이 전형적인 결과가 도출되고 나라에 따른 차이는 거의 없다. 그러면 더욱 다양한 민족이나 문화의 차이, 또는 사회의 차이에 따라 사람들의 사회적인 선호는 달라질까?

다양한 지역에 사는 수많은 민족을 대상으로 최종 제안 게임을 실험하기 위해, 조셉 헨리치(J. Henrich)와 같은 인류학자, 로버트 보이드(Robert Boyd)를 비롯한 진화생물학자, 카머러와 페르를 포함한 행동경제학자 등 모두 17명으로 연구 그룹을 꾸려, 민족지적(民族誌的) 조사를 대규모로 실행했다.

그들은 4대륙 12개국에 걸친 15개 소규모 부족을 조사했으며, 생활 방식은 수렵 채집, 화전 농업, 방목, 소규모 농업 등이다. 구체적으로 화전 농업을 주로 하는 마치겐거족, 아추아족, 케추아족(페루), 츠이메네족(볼리비아), 아체족(파라과이), 수렵 채집민인 하도저족(탄자니아), 오우족, 구노우족(파푸아뉴기니), 라마레라족(인도네시아), 유목민인 트르구드족, 카저프족(몽골) 등이다.

흥미롭게도 제안액이나 수락 · 거부 형태가 선진국 학생을 실험 참가자로 한 실험 결과와 큰 차이를 보였다. 집단별 제안액 평균치는 25~57%로 차이가 많았다. 거부에 관해서는 더 큰 차이점이 있다. 오우족과 구노우족의 경우, 50% 이상의 '아주 공정한' 제안이 거부되었다. 다른 4개 집단에서는 어떤 제안이라도 거부는 없었다. 그 중 아체족의 평균 제안액은 50%였기 때문에 거부되지 않은 것은 당연하지만, 츠이메네족과 케추아족의 제안 중에는 절반이 30% 이하였지만 모두 수락되었다.

앞에서 제안자의 행동이나, 응답자의 행동을 어떤 의미에서는 합리적이라고 서술했지만 소수민족 중에는 그것으로는 설명할 수 없는 패턴이 나타났다. 앞서 말한 4개 집단의 예에서는 거부를 행사하지 않았기 때문에 '거부되지 않는 최저액'을 특정할 수 없다. 또한 오우족과 구노우족에서는 공정한 제안이 거부되는 행동도 나타났고, 라마레라족의 제안액은 평균 57%로 올라가 합리적인 이익 최대화에서 빗나가 있다.

이처럼 소수민족을 대상으로 한 실험에서 제안이나 거부 패턴이 모두 선진국과 큰 차이가 있었다. 이에 따라 헨리치 등은 소수민족 집단의 경제적 · 사회적인 환경과 제안액 사이에 상관관계가 있는지 여부를 계속

행 동 경 제 학

연구했다. 연구 결과, 가족을 기본단위로 생산이 이뤄지는 것이 아니라 집단적으로 이뤄지기 때문에 가족 이외의 사람들과 협력하는 정도가 클수록 최종 제안 게임에서 제안하는 금액도 크다는 점, 즉 사회적 협력이 중요한 집단일수록 제안액도 크다는 사실을 발견했다.

더욱이 시장에서 판매가 일상적으로 행해질수록 제안액이 커지는 것도 판명되었다. 이런 의미에서 경제적·사회적으로 발전하고 그것이 생활에 뿌리 깊게 박혀 있는 집단일수록 제안액도 커지고 더욱 공정하고 협력적인 태도를 보여주게 된다.

다만 이런 상관관계가 어떤 인과관계를 의미하는지는 명확히 밝혀지지 않았다. 즉 생활 속에서 협력 행동이나 시장에서 거래해본 경험으로 인해 협력적인 태도를 몸에 익혔고, 그 결과 최종 제안 게임에서 제안액이 커지는 것인지, 또는 이런 종류의 사람들이 원래부터 협력적인 성향을 지니고 있기 때문에 한편으로는 협력 체제가 잘 진행되어 시장 거래가 활발해지고, 다른 한편으로는 최종 제안 게임에서 제안액이 커지는 것인지는 단정할 수 없다.

그들 사회에서는 선물을 줌으로써 자신의 지위를 높이려 하는 관습이 있을 뿐만 아니라 선물을 받는 일은 장래에 반드시 보답하겠다는 강한 의무를 지는 일을 의미하고 있었다. 또한 답례를 하지 않고 부채로 남으면 수취자의 지위가 떨어지게 된다.

라마레라족을 대상으로 한 최종 제안 게임에서는 평균 제안액이 57%에 달했다. 라마레라족은 고래잡이로 생계를 꾸려가고 있는데, 포획된 고래는 우선 실제로 고래잡이에 참가한 사람들이나 배를 만든 사람들에게 분배되지만 포획과는 직접적인 관계가 없는 사람들에게도 분배되는 관대한 관습이 있다.

이같이 일상생활의 관습이나 규범이 다르면, 즉 문화의 차이가 최종 제안 게임에서 다양한 행동으로 표현된다는 사실을 시사한다. 그러나 이런 대규모 실험으로 밝혀진 사실 중 하나는 경제적 인간의 가설이 들어맞을 법한 행동을 취한 집단은 전무했다는 사실이다. 역시 연령, 성별, 개인의 재산 등 개인적인 속성과 제안·거부 행동의 관련성은 전혀 발견되지 않았다.

경제학을 배우면 이기적이 된다?

마지막으로 '경제학을 배우면 이기적이 된다'는 쇼킹한 보고를 소개하겠다. 이를 최초로 밝힌 사람은 마웰(G. Marwell)과 에임스(R. Ames)이며, 그 후 프랭크 등이 재확인했다.

마웰과 에임스는 경제학 전공자와 기타 전공 학생을 대상으로 공공재 게임 실험을 실시했다. 놀랍게도 경제학 전공자의 평균 기부율은 초기 금액의 20%밖에 되지 않았다. 기타 전공자는 49%였기 때문에 상당히 큰 차이를 보였다.

프랭크와 그의 동료들은 마웰 등의 연구에 박차를 가해 다양한 관점에서 '경제학을 배우면 이기적이 되는지'에 대해 검토했다. 우선 그들은 자선사업 등에 돈을 기부했는지 여부를 설문 조사했다. 조사 대상은 각 분야의 대학교수 124명이다. 그 결과, 1년간 전혀 기부를 하지 않은 사람의 비율은 경제학자가 9.3%로 최고였고, 전문직 과정(음악·교육·비즈니스)이 1.1%로 최저였다. 그 밖의 교수는 2.9~4.2%로, 경제학자의 냉담함이 두드러진 결과였다. 그러나 자원 봉사 활동이나 대통령 선거 투표에 있어서는 거의 차이가 나타나지 않았다.

272

이어서 프랭크는 경제학 전공 학생과 기타 전공 학생을 대상으로 죄수의 딜레마 실험을 1회 실시했다. 그 결과, '배신'을 선택한 비율은 경제학 전공 학생이 60.4%, 기타 전공 학생이 38.8%였다. 기타 전공 학생도 수업에서 죄수의 딜레마에 대해 배운 사람들로만 이루어졌고, 실험 과정에서도 설명을 들었기 때문에 이해가 부족했거나 잘못 알고 선택한 것으로 보기는 어렵다.

경제학을 배운 사람이 우울해지는 예는 계속된다. 다음과 같이 가상으로 질문했다. ① '어느 작은 회사의 경영자가 컴퓨터를 10대 주문했는데 대금 청구서에는 9대 값만 청구되었다.' ①-1: 이 경영자는 컴퓨터 판매회사의 잘못을 지적하고 10대 값을 지불하려 할까? ①-2: 자신이 경영자였다면 어떻게 할까? ② '100달러가 들어 있는 봉투를 떨어뜨렸다. 봉투에는 주소와 이름이 적혀 있다.' ②-1: 자신이 떨어뜨렸다면 누군가가 주워서 가져다 줄 것이라고 생각하는가? ②-2: 반대로 자신이 그 봉투를 줍는다면 주인에게 가져다줄 것인가?

답변자는 세 그룹으로 나뉘었다. 첫째 그룹은 미시경제학 A를 수강하고 있는 학생들로, 담당 교수는 주류 경제학, 특히 게임이론과 산업조직론을 전공했으며 학생들에게 죄수의 딜레마에서 배신이 유리하다거나 협력하는 것이 어렵다는 것을 강조하고 있다. 다음은 미시경제학 B를 수강하고 있는 학생들로, 담당 교수는 중국 경제 발전을 전공하였고 죄수의 딜레마는 강조하지 않는다. 마지막 그룹은 천문학을 전공하는 학생들이다.

각각의 질문에 대해 도덕적이지 못한 답변을 한 사람의 비율을 다음 페이지에 표로 정리했다(단위 : %).

	①-1	①-2	②-1	②-2
미시경제학 A	45.8	42.7	43.8	29.2
미시경제학 B	33.9	34.8	38.3	25.2
천문학	33.3	23.3	40.0	10.0

경제학을 배우면 이기적이 되는 것일까? 또는 반대로 이기적인 사람이 경제학을 전공하는 것으로도 생각할 수 있다.

프랭크 등은 학생의 차이에 따라 죄수의 딜레마에서 배신을 선택한 사람이 어떻게 변화할지를 조사했다. 이 조사 결과를 보면, 비경제학 전공자 가운데 배신을 선택한 비율은 1·2학년이 53.7%, 3·4학년이 40.2%였다. 연령이 높아지면 배신을 선택하는 사람이 줄어드는 것이 일반적인 경향이기 때문에 이것은 그 사실과 일치한다. 한편 경제학 전공자 가운데 배신을 선택한 비율은 1·2학년이 73.7%, 3·4학년이 70.0%였고, 연령이 높아져도 배신을 선택하는 사람의 비율은 조금밖에 줄어들지 않았다. 경제학을 배우면 이기적이 된다고 말할 만하다.

그러나 경제학자에게 다행스런 소식도 있다. 프랭크 등이 조사해 내린 결론이 전폭적인 지지를 받고 있는 것은 아니라는 사실이다. 예를 들면 프레이(B. S. Frey)와 마이어(S. Meier)는 이 결론에 부정적인 실험 결과를 보고했다.

제 9 장

이성과 감정의 댄스

|

행동경제학의 최전선

'우리 문화에서 사고와 감정은 거의 관계가 없는,
별개의 세계에 있는 것으로 잘못 가르쳐왔다.
그러나 실제로는 사고와 감정은 항상 서로 얽히고설켜 있다.'

―

M. 민스키(Marvin Minsky) 《마음의 사회》

'마음에는 이성이 모르는 이유가 있다.'

―

파스칼 《팡세》

'감정이 인간을 지배할 때에는 이성은 손발을 쓸 수 없다.'

―

대니얼 골먼 《EQ―마음의 지능지수》

이 책에서 지금까지 살펴봤듯이 합리적으로 추론하고 냉정히 결정해서 계획을 세운다고 반드시 잘 진행되는 것은 아니다. 뜻밖이라 생각할지 모르겠지만 더 좋은 의사 결정을 하는 데 감정이 중요한 구실을 한다는 사실이 최근 심리학이나 뇌신경과학의 발전에 따라 밝혀지고 있다. 행동경제학의 최전선 테마도 감정의 적극적인 의의와 관련이 깊다.

제9장에서는 우선, 감정이 지닌 플러스적인 측면에 초점을 맞춰 이성과 감정의 상호 작용에 대해 뇌신경과학이 연구해온 방법에 따라 탐구하려 한다. 둘째로는, 신경경제학이라는 새로운 연구 영역에 대해 소개하고, 셋째로 제8장에서 살펴본 협력 행동을 지지하는 감정이 진화의 힘에 따라 어떻게 형성되어왔는지를 살펴본다.

1. 감정의 움직임

우리들은 어릴적부터 줄곧 '감정적이 되지 말라', '냉정히 판단하라'는 교육을 받아왔다. 또 감정이 합리적인 판단이나 결정에 장애가 되는 사례를 드는 일은 용이하지만, 반대로 감정이 없으면 합리적인 결정을 할 수 없다고 생각해보지 않았을지 모르겠다. 경제학을 공부한 사람은 교과서나 수업에서 감정이라는 단어를 한 번도 들어본 적이 없었던 것은 아닐까?

수중에 있는 주류 경제학 교과서를 20권 정도 조사해봤지만 색인에 '감정'이라는 항목이 있는 책은 한 권밖에 없었다. 그 유일한 예외는 로버트 프랭크가 쓴《미시경제학과 행동》이라는 영문 저서다. 뒤에 서술하겠지만, 프랭크는 경제학의 세계에 감정의 중요성을 주입하려 한 선구자 가운데 한 사람이기 때문에 완전히 예외에 속한다.

지금까지 경제학에서는 사람의 감정 따위는 불필요한 것으로 여겨져 왔다. 그러나 엄밀히 말하면 '선호'는 취향이기 때문에 감정에 의해 결정된다. 즉 주류 경제학에도 감정이라는 요소는 들어가 있는 것이다. 다만 사람들에게 일관성 있고 안정된 선호가 있다고 가정되었을 뿐이며, 감정이 본질적인 기능을 다한다는 의미는 아니다.

경제적 인간은 감정에 좌우되지 않고 오직 계산에 따라 움직이는 사람들이다. 경제적 인간은 시장은 중시하지만 사정(私情)이나 시정(詩情)에는 관심이 없다. 금전에 관련한 일을 좋아하지만 다른 사람의 진정한 마음을 아는 일에는 흥미가 없는 사람들이다.

심리학이나 의사결정이론에서도 제3장에서 설명한 시스템 II에 속하는 인지나 심사숙고 같은 사고가 중시되고, 시스템 I에 속하는 감정이나 정서 등의 역할은 완전히 무시되어왔거나 또는 합리적 결정을 교란하는 요인으로밖에 간주되지 않았다.

그러나 심리학자 로버트 제이존크(R. B. Zajonc) 등의 연구를 계기로 판단이나 의사 결정에 감정이 담당하는 역할의 중요성이 평가되기 시작했다. 또한 안토니오 다마지오(Antonio R. Damasio)나 조지프 르두 같은 신경 과학자는 감정이 맡은 적극적인 역할, 즉 감정이 없으면 적절한 판단이나 결정을 할 수 없다는 사실을 밝혀냈다. 사이먼은 애초부터 이 사실을 꿰뚫고 있었고, '인간의 합리성에 관한 완전한 이론을 얻기 위해서는 감정의 기능에 대해 이해해야 한다'고 하였다.

윤리에 관한 감정 연구를 전문으로 하는 심리학자인 조너던 하이트(J. Haidt)는 감정이 머리고, 합리성은 꼬리에 불과하다고 말한다. 그는 '머리가 서쪽을 향하면 꼬리는 동쪽'이라고 주장한다. 머리 즉 감정이 주도하고, 꼬리 즉 합리성은 뒤에 따라오는 것이라는 표현이다.

TV 드라마 〈스타 트렉〉에 등장하는 스포크 함장과 데이터 소령은 모두 인간이 아니다. 벌컨 행성 사람인 스포크 함장과 안드로이드인 데이터 소령은 전혀 감정에 휘말리지 않은 채 오직 이성과 합리적 계산만으로 엔터프라이즈호를 이끈다. 과연 우리들은 그이들처럼 행동하는 것이 가능할까?

휴리스틱으로 작용하는 감정

제3장에서 살펴보았듯이 사람의 판단이나 의사 결정은 휴리스틱에 의해 결정되는 경우가 많다. 휴리스틱의 대표적인 예로서 이용 가능성, 대표성, 기준점과 조정 등이 있다.

여기서는 감정이 휴리스틱의 기능을 담당하는 경우를 살펴보자. 폴 슬로빅 등은, 감정이 확률 판단을 포함한 여러 형태의 다양한 판단이나 의사 결정에서 휴리스틱으로서 작용한다고 주장한다.

사람은 선택 문제에 직면하면 가장 먼저 선택 대상이 '좋은지' '나쁜지' 또는 '유쾌한지' '불쾌한지' 하는 감정을 직감적으로 파악하고, 그것을 가이드라인으로 하여 또는 그에 따라 선택 대안을 압축한 다음 그 중에서 최종 대상에 대한 판단을 의식적으로 하게 된다.

제이존크는, 모든 지각은 반드시 어떤 감정을 동반한다고 주장한다. 그는 '우리들은 단순히 집을 보는 것이 아니다. 아름다운 집이든 추한 집이든 외관을 꾸민 집을 보는 것이다'라고 표현한다. 또한 제이존크는 사람들이 다양한 선택 대안의 모든 이점이나 차선책을 적절히 고려하여 합리적인 방법으로 심사숙고하여 판단한다고 생각하지만 그런 경우는 희박하다 말한다. 실제로 'X를 선택하기로 결정했다'는 사실은 단순히 'X가 좋다'라고 말하는 것이며, 좋아하는 차를 사고, 좋아하는 일자리를 얻고, 매력적인 집을 사고, 나중에 그 선택에 대해 다양한 이유를 들어 정당화하는 것이라고 주장한다. 제6장에서 서술한 '이유에 기초한 선택'의 배후에는 이와 같은 감정의 움직임이 있을지 모른다.

감정은 시스템 I에 속하며 신속하고 자동적으로 일어난다. 선택 대상을 자세히 음미하고 그것의 장점(merit)과 단점(demerit)을 다양한 관점에서 측정하는 것에 비해, 대상에 대한 감정적인 인상은 훨씬 빠르고 효율적으로 얻을 수 있다. 문제가 복잡하고 어떤 대상을 충분히 검토하기 위한 시간이나 인지 자원이 부족할 때에는 특히 그렇다. 따라서 감정이 휴리스틱의 기능을 담당한다고 보아야 한다.

판단이나 결정은, 시스템 I에 속하는 감정이나 직감과 시스템 II에 속하는 사고가 협동하는, 이른바 '감정과 이성의 댄스'[피너켄(M. L. Finucane) 등]에 의해 실행되는 것이다. 그러나 경우에 따라서는 감정이 더 뛰어날 수 있다.

감정이 휴리스틱 기능을 하는 예를 살펴보자. 원자력·약품·기계류 등에 대해서는 리스크와 편익은 플러스 상관관계일 때가 많다. 즉 편익이 큰 경우는 리스크도 크고, 반대로 편익이 작은 경우는 리스크도 적기 때문이다. 그런데 사람들은 이런 반대의 상관관계, 즉 편익이 크면 리스크가 적고, 편익이 적으면 리스크가 크다고 생각하는 경향이 있다. 슬로빅 등은 농약 같은 약품 사용에 대해서, 농약이 초래할 편익과 농약을 사용함으로써 일어날 수 있는 리스크 사이의 관계는 강한 플러스 마이너스 감정으로 연결되어 있다는 사실을 발견했다. 즉 어떤 활동이나 기술의 리스크와 편익에 대한 판단은 그것을 어떻다고 생각하는가뿐만 아

행 동 경 제 학

니라 어떻다고 느끼는가에 따라 결정된다.

　사람들에게는 어떤 활동을 좋아하고 플러스 감정을 품고 있다면 그 활동으로 수반되는 리스크는 작고 또한 편익은 크다고 간주하는 경향이 있다. 반대로 그 활동을 싫어하고 마이너스 감정을 품고 있으면 그 활동으로부터 초래되는 리스크는 크고, 편익은 작다고 간주하는 경향이 있다. 즉 편익이 크다(작다)는 정보가 나타나면 리스크는 작다(크다)고 추론한다.

　슬로빅 등은 사람들이 원자력에 대해 이런 판단을 한다는 것을 확인했으며, 또한 영국 독극물협회에 소속된 전문가들조차도 독극물의 리스크와 편익 사이에 이 같은 관계가 있다고 간주하는 사실을 나타냈다.

　그리고 피너켄과 슬로빅 등은 시간이 한정되어 있는 경우 사람들의 판단 방법을 조사했다. 이를 위해 실험을 할 때 질문을 하고 답변 시간을 짧게 제한하였다. 그러자 예상대로 편익과 리스크에 관한 역(逆)상관관계가 더욱 강하게 드러났다. 생각할 시간이 없기 때문에 감정이 우세해져 판단에 반영된 것이다.

　시프(B. Shiv)와 페도리킨(A. Fedorikhin)은 선택에 대한 감정과 사고의 영향에 대해 매우 인상적인 실험을 실시했다. 그들은 실험 참가자인 학생들에게 두 자리 또는 일곱 자리 숫자를 기억하게 한 다음 다른 방으로 이동하여 그 숫자를 보고하는 과제를 내주었다. 이동 도중 복도 진열대에 초콜릿 케이크와 과일 샐러드가 준비되어 있어서 아무거나 좋아하는 것을 선택할 수 있게 했다. 재미있는 것은 두 자리 숫자를 기억한 학생들은 샐러드를, 일곱 자리 숫자를 기억한 학생들은 케이크를 많이 선택했다.

　설문 조사에서 학생들은 모두 샐러드가 케이크보다 건강에 좋다고 인식하고 있었다. 즉 일곱 자리 숫자를 기억해야 하는, 인지적인 부하가 높은 작업을 하고 있는 때에는 감정이 우세하여 평소에 더 맛있다고 느끼는 케이크를 선택하였고, 두 자리 숫자를 기억해야 하는 학생들은 인지 자원이 충분히 남아 있어서 사고에 의해 샐러드를 선택했다고 여겨진다.

해결 수단으로 작용하는 감정

경제학자 로버트 프랭크는 사람들이 의사 결정을 감정에 맡김에 따라 합리적으로 생각할 때보다 더 좋은 결과를 낳는 경우가 있다는 것을 관여 문제의 틀로 나타냈다.

'커밋먼트'(commitment)는 사전적 용어로 표현하면 전력을 다하는 일이나 적극적인 관여를 의미하지만 경제학에서 사용될 때에는 그 의미가 훨씬 더 강하다. 경제학에서 커밋먼트는 하나 또는 여럿인 선택 대안을 포기하는 것 또는 그렇게 하겠다는 사인이며, 그에 따라 자신이나 타인의 인센티브나 기대를 바꾸고, 행동에 영향을 끼치는 것을 의미한다. 즉 몇 가지 선택 대안을 포기함으로써 장래의 자신 또는 타인의 행동에 영향을 끼치려는 것이다.

커밋먼트로 해결할 수 있는 문제를 커밋먼트 문제라고 한다. 예를 들면 금연하고 싶으면 친구나 가족에게 금연을 선언하고 재떨이를 버리고, 금연에 실패할 경우 크게 한턱내겠다는 약속을 친구와 하는 행동, 다이어트를 위해 간식을 끊고 싶으면 크기가 한 치수 작은 옷을 사서 방에 걸어두고 매일 보면서 파티에서 그 옷을 입은 자신감 넘치는 자신의 모습을 상상하는 행동 따위다. 저축을 잘하지 못하는 사람이 급료를 받기 전에 일정액을 공제하여 재형저축을 들거나 도중에 해약하면 비싼 위약금을 내야 하는 정기적금을 하는 것도 커밋먼트에 속한다.

커밋먼트는 장래 자신의 행동을 구속하기 때문에 제7장에서 다룬 다른 시점 간의 선택 중 하나이며, 자신의 의지가 약하다는 것을 자각하고 있는 사람들은 스스로 커밋먼트를 함으로써 선호가 역전되는 것을 예방하기도 한다. 앞에서 예로 든 금연이나 다이어트 결심 같은 사례는 자기 자신의 행동을 구속하는 커밋먼트들이다.

호메로스가 트로이 전쟁을 그린 2대 서사시 중 하나인 《오디세이아》에서 주인공 오디세우스가 노래하는 마녀 세이레네스의 요염한 노래에 유혹되어 자신의 배가 난파되지 않게 하기 위해 취한 행동을 살펴보자. 오디세우스는 밀랍으로 선원들의 귀를 막아 세이레네스의 소리를 듣지 못하게 하고, 자신은 선원에게 명령하여 온몸을 배에 묶게 해서 세이레네스의 소리는 들을 수 있지만 배를 움직일 수 없도록 했다. 이것이 바로 커밋먼트의 대표적인 예로서 존 엘스터처럼 커밋먼트를 주장하는 사람들이 자주 이용하는 예기도 하다.

셰링은 전혀 다른 사례로 궁지에 몰린 유괴범 이야기를 제시하고 있다. 유괴범이 겁이 나서 인질을 풀어주고 싶지만, 인질이 경찰에 신고할까 봐 쉽게 풀어줄 수 없다. 인질은 신고하지 않겠다고 약속하지만, 입으로만 하는 약속일지도 모른다. 여기서 유괴범은 어쩔 수 없이 인질을 죽일지도 모른다. 그러면 인질은 어떻게 하는 게 좋을까?

셰링의 제안은 언뜻 보기에 기발하다. 숨겨야 할 정도로 깊은 비밀이 있으면 그것을 유괴범에게 고백하면 된다. 없다면 유괴범 앞에서 부끄러운 행동을 해서 그 장면을 사진으로 촬영하면 된다. 그렇게 하면 설혹 인질이 경찰에 고발하여 유괴범이 잡히더라도 자기 자신의 비밀이나 부끄러운 행동이 밝혀지기 때문에 '경찰에 고발하지 않겠다'는 약속의 신뢰성이 높아지게 된다.

프랭크는 커밋먼트 문제 중에서 합리적인 계산으로 결코 해결되지 않지만, 감정으로는 잘 해결되는 것이 있다고 주장한다. 프랭크가 제시한 다음 커밋먼트 문제에서는 감정이 강력한 해결 수단이 된다.

당신이 20만 원짜리 가방을 가지고 있고, 지인이 그 가방을 강렬히 원한다고 하자. 지인이 가방을 훔치면 당신은 고소할지 말지를 결정해야 한다. 만일 고소하면 변호사 비용이 들고, 일을 하루 쉬어야 하기 때문에 비용이 20만 원 이상 든다. 이는 가방 가격보다 비싸기 때문에 당신 입장에서 경제적으로 이익이 없다.

여기서 당신이 경제적인 이익만을 추구하는 인간이며 지인이 그 사실을 알고 있다면 지인은 가방을 훔칠지도 모른다. 훔치면 고소하겠다고 협박해도 효과는 없다. 그런데 당신이 경제적인 이익만을 위해 행동하지 않는, 주류 경제학식으로 말하면 비합리적인 인간이라 하자. 즉 지인이 가방을 훔치면 당신은 화가 나서 다소 경제적인 희생을 치르더라도 지인을 고소할 것 같은 인간이라고 하자. 당신이 그런 감정적인 인간이라는 사실을 지인이 알고 있다면 가방을 탐내지는 않을 것이다. 이런 경우에는 합리적으로 금전적 이익만을 추구하는 것이 아니라, 화가 나는 감정에 몸을 맡기는 인간일 때가 오히려 좋은 결과를 낳는 것이다.

또 다른 예로, 당신이 지인과 레스토랑을 동업하고 있다고 하자. 지인은 뛰어난 요리사지만 경영에는 문외한이다. 반대로 당신은 경영에 관해서는 잘 알지만 인스턴트 라면조차 끓이지 못한다. 두 사람이 힘을 합치면 레스토랑을 잘 운영해갈 수 있지만, 두 사람에게는 모두 상대방을

속일 방법이 있다.

당신은 장부를 속여 자기 계좌로 돈을 넣을 수가 있고, 지인은 식품 납품업자와 결탁하여 비용을 부풀려 뒷돈을 받을 수가 있다. 어느 한쪽이 속임수를 쓴다면 그 사람은 큰 이익을 얻을 수 있고 상대편은 손해를 본다. 양쪽 모두 배신하면 최악이며, 반대로 양쪽 모두 정직하게 경영한다면 두 사람 모두 이익을 최대로 올릴 수 있다.

이는 앞에서 말한 죄수의 딜레마 그 자체다. 이처럼 공동경영에서는 사익 추구를 철저히 하면 양쪽 모두 배신의 유인이 있고, 반대로 강한 커밋먼트를 할 수 있으면 양쪽 모두에게 좋은 결과가 된다.

어떻게 하면 좋을까? 역시 배신한다면 절대로 용서하지 않을 인간이라는 사실을 평소에 강하게 믿게 해두면 좋다. 만일 배신한다면 적잖은 희생도 불사하고 상대를 추궁하겠다는 자세를 보여준다면 배신을 방지할 수 있다. 여기서도 합리적인 행동보다는 감정에 맡기는 비합리적인 행동이 좋은 결과를 가져오게 된다.

또한 부부 관계를 장기적으로 지속시키는 커밋먼트 문제에서는 애정이 강력한 해결 수단이라고 프랭크는 말한다. 배우자를 결정하는 일이나 결혼 생활을 지속하고 아이를 낳고 키우는 장기간에 걸친 사업을 합리적인 계산에 따른 계약이나 약속만 믿고 시행하는 것은 매우 어려운 일이다.

그러나 애정을 느끼는 상대를 배우자로 만나면 당사자에게 장기적으로 이익이 된다. 이처럼 애정에 의지하는 쪽이 합리적인 결정보다 결국 유리하게 된다. 이것이 커밋먼트 수단으로 작용하는 애정 활동이다.

피니스 게이지 사건

1848년 9월 13일 오후 4시 30분, 미국 버몬트 주에서 비극이 일어났다. 그 순간 우수한 철도 공사 감독관인 피니스 게이지(Phineas Gage)가 그의 일생을 바꿀 일생일대의 사고를 당했다.

게이지가 하는 일은 철도 공사 현장에서 공사에 방해가 되는 암석 따위를 폭파하여 제거하는 일이었다. 그는 그 방면에서 매우 유능한 사람이었고 상사에게 신뢰도 높았다. 그날도 여느 때처럼 발파 준비를 하고 있었다. 작업은 바위에 구멍을 파 화약을 넣은 다음 도화선을 삽입하고 그곳을 모래로 채우는 순서로 진행된다. 마지막으로 쇠막대기로 모래를 가볍게 두드려 구멍을 메운다. 게이지는 여느 때와 마찬가지로 화약과 도화선을 구멍에 넣고 조수에게 모래를 채우도록 지시했다. 그때 누군가 등 뒤에서 그를 불렀고, 그 때문에 주의가 산만해졌다. 그리고 조수가 구멍에 모래를 넣기 전에 쇠막대기로 바로 화약을 두드려버렸다. 그 순간 길이 190cm, 무게 6.2kg인, 끝이 약간 가는 쇠막대기가 날카로운 소리를 내면서 게이지를 향해 날아왔다. 쇠막대기는 게이지의 왼쪽 뺨에서 대뇌의 전두부를 관통하여 30m 떨어진 곳까지 튀어나갔다.

즉사하지는 않았다. 그러기는커녕 의식도 있었고 지켜보고 있는 사람에게 자신의 상처에 대해 설명도 할 수 있었다. 병원으로 옮겨져 치료를 받고 염증과 싸워 2개월도 되지 않아 퇴원할 수 있을 정도로 회복되었다. 이것만으로 이야기가 끝난다면 비극이라기보다는 좀처럼 보기 드물게 운이 좋은 생환 이야기가 될지도 모른다.

게이지의 진짜 비극은 이때부터 시작되었다. 게이지의 인격이 완전히 변해버린 것이다. 이전에는 온화하고 에너지 넘치고 정서적으로 균형

행동경제학

잡힌 유능한 현장 주임이었는데, 그 이후로는 무례하고 고집 세고 변덕스럽고 우유부단한 사람이 되어버렸다. 왼쪽 눈은 실명했지만 오른쪽은 멀쩡해서 걸을 수도 있었고 양손을 잘 사용할 수 있었다. 대화나 언어 사용에도 문제는 없었다. 육체적이 아닌 인격적인 측면만이 문제가 되었다. 그 후 그는 당연한 일이지만 정상적인 일을 얻지 못하고 여러 곳을 전전하면서 그럭저럭 살아가다가 사고가 난 지 13년 후에 사망하였다.

전두엽 손상 환자 엘리엇

미국의 신경학자이며 신경과 의사인 안토니오 다마지오가 자신의 책 《데카르트의 오류》에 자세히 기술한 내용은 그가 직접 진찰하고 치료한, 현대판 게이지라 할 만한 환자들에 관한 이야기다.

그 가운데 한 사람이 엘리엇이라는 환자다. 엘리엇은 무역회사에서 일하는, 유능하고 동료들의 본보기였으며 개인적으로나 사회적으로 성공한 인물이었다. 그러나 뇌종양이 그의 인생을 바꿔놓았다. 종양 그 자체는 외과 수술로 제거할 수 있었다. 그렇지만 종양의 압박으로 손상된 뇌의 전두엽 조직 일부도 같이 제거되어야 했다.

수술은 성공적이었고 운동이나 언어능력, 지적 능력에도 문제를 일으키지 않았다. 지능지수는 높은 수준이었고, 논리력·주의력·기억력에도 아무런 문제가 없었다. 학습·언어·계산 능력도 완전히 정상이었다. 요컨대 지적 측면에서는 아무런 장애가 없었던 것이다. 다음으로 인격 테스트를 받았다. 그것도 문제가 없었다.

그런데 엘리엇은 업무에 복귀할 수 없었다. 문제는 엘리엇이 어떤 결정도 내릴 수 없다는 데 있었다. 다양한 일에 대해 업무상 필요한 결정을 도저히 내릴 수 없었다. 수준 높고 어려운 판단이 필요했기 때문이 아니었다. 단순히 파일을 정리한다든지, 순서대로 나열한다든지 하는 간단한 작업도 할 수 없었고, 아침에 일어나서 출근 준비까지 다른 사람의 지시가 없으면 혼자 힘으로 할 수가 없었다. 엘리엇은 완전히 정상적인 지성과 인격을 갖추고 있으면서도 적절한 결단을 전혀 내릴 수 없게 되어버렸다.

그리고 다마지오가 더욱 놀란 일이 있었다. 엘리엇이 감정이 없는 사람으로 변했다는 사실이다. 감정 표현이 없다고 해서 자기 감정을 무리하게 억제하고 있는 것도 아니었다. 그는 자신의 몸에 일어난 비극을 한탄하거나 괴로워하는 것처럼 보이지도 않았다. 다마지오는 엘리엇과 이야기를 하고 있으면 '언뜻 괴로워할 것 같은 엘리엇보다 내가 더 괴로워하고 있다고 느낄' 만큼 엘리엇은 무감정 상태였다. 슬픔도 불안감도 없었다. 항상 온화하고 그리고 놀랄 만큼 자기 자신의 감정이 예전과 달라졌다는 사실을 자각하고 있었다.

여기서 다마지오의 추측이 시작된다. '정서나 감정의 쇠퇴가 엘리엇의 의사 결정 불능에 한 부분을 담당하고 있는 것은 아닐까' 하는 가능성이다.

소매틱 마커 가설(Somatic Markers Hypothesis)

다마지오는 소매틱 마커 가설(somatic markers hypothesis)이라는, 감정이 맡는 특별한 기능을 중시한 가설을 제시했다. '소마'(soma)는 그리스어로 '신체', '육체'를 뜻하며 내장(內臟)감각, 신체감각이라는 어감을 주는 단어다. 소매틱 마커 가설을 대충 설명하면, 추론이나 의사 결정을 내릴 때는 일종의 '신체감각'이 중요한 기능을 한다는 뜻이다. 선택을 할 때 선택 대안에 관한 손익계산을 정확하게 하기 이전에 신체 반응이 먼저 생긴다는 말이다.

"특정 반응 옵션과 관련되어 나쁜 결과가 머리에 떠오르면 희미하게나마 어떤 불쾌한 '직감'을 경험하게 된다. 그 감정은 신체에 관한 것이기 때문에 나는 이 현상에 '소매틱한 상태'라는 전문 용어를 붙였다. 그리고 그 감정은 이미지 하나를 표시(mark)하기 때문에 그것을 '마커'라고 부르기로 했다."

다마지오는 어떤 사건이나 사물ㆍ장소 등이 나쁜 감정을 초래하거나 반대로 좋은 감정을 초래하는 것을 경험하면 그 사건 등이 감정과 함께 기억된다고 설명한다. 즉 같은 경험을 반복했을 때 예전의 경험 때문에 희미하게나마 유쾌하고 불쾌한 감정을 느낀다고 한다.

그리고 소매틱 마커의 활동에 따라 수많은 선택 대안 중에서 곧바로 배제될 것이 발생하고, 압축된 몇몇 선택 대안 중에서 합리적인 사고에 따라 마지막 대상이 선택된다고 한다.

도박 과제

다마지오 등은 소매틱 마커 가설을 검증하기 위해 모의 도박 실험을 실시했다. 다마지오가 소속된 아이오와 대학(현재는 남캘리포니아 대학 소속)에서 고안되었기 때문에 이 실험은 '아이오와 도박 과제'로 불리기도 한다.

이를 간단히 살펴보자. 실험 참가자 앞에 카드 묶음 A ㆍ B ㆍ C ㆍ D 네 개가 놓인다. 플레이어에게는 가짜 돈 2,000달러를 건네고 가능한 한 많은 돈을 따는 것이 이 게임의 목적이라고 알려준다. 플레이어는 카드를 넘길 때마다 일정 금액을 얻을 수 있지만, 카드 묶음에 몇 장 섞여 있는 특정 카드를 뽑게 되면 반대로 실험자에게 돈을 지불해야 한다. 실험 참가자에게 이 규칙을 알려주었다.

카드 묶음 A~D 네 가지 가운데 A와 B는 '위험한 카드 묶음'으로서 카드 1장의 이익은 100달러지만 종종 높은 '벌금'을 무는 카드가 들어 있다. 최종적인 기대치는 모두 마이너스 25달러다. 한편 C와 D는 '안전한 카드 묶음'이며, 카드 1장의 이익은 50달러로 적지만 벌금도 적고 최종적으로는 플러스 25달러를 기대치로 한다. 이런 이익 구조는 플레이어에게는 알려주지 않았다. 또한 카드를 100장 넘기면 게임이 종료되는데 그 사실도 알려주지 않았다.

이 게임을 실제로 시행한 형태는 다음과 같다. 정상인(전두엽 손상 환자가 아닌)은 우선 네 가지 카드 묶음 가운데 1개를 넘겨 보고 이익을 확인한다. 맨 처음에는 높은 이익을 얻을 수 있는 A나 B 카드를 선택하지만 점차 이 카드 묶음에서는 벌금도 높다는 것을 터득하여, C·D 카드 묶음으로 이동하고 그 전략을 유지한다. 정상인은 정확한 손익을 계산할 수는 없어도 A·B보다 C·D 쪽이 장기적으로는 이익이라는 것을 소매틱 마커 활동에 의해 직감적으로 깨달았다.

이에 견줘 전두엽 손상 환자의 행동은 정상인과는 전혀 반대였다. 시도는 하나, 그 후는 A·B 카드 묶음에 집착을 보이고 결국 게임 도중에 파산해버렸다. 환자인 엘리엇도 이 게임을 했다. 그는 자신이 보수적이고 위험을 좋아하지 않는다는 것을 알면서도 A·B를 선택했다. 더욱이 그는 게임 종료 후에 어느 카드 묶음이 좋고 나쁜지를 정확하게 파악하고 있었다.

"무엇을 해야 할지를 아는 것만으로는 불충분하다. 무엇을 해야 할지를 '느낄' 필요가 있다"고 다마지오는 주장한다.

2. 신경경제학

신경경제학이란 뇌의 활동을 다양한 방법으로 받아들이고, 행동의 결과만으로는 알 수 없는 뇌 활동을 이해함으로써 인간의 의사 결정 행동에 대한 이해를 높이려는 아주 새로운 연구 분야다.

　종래의 경제학은 뇌를 '블랙박스'로 취급해왔다. 무엇인가 입력되면 무엇인가가 출력되지만 그 과정에 대해서는 묻지 않는다는 의미다. 구세대인 우리들 대부분에게 컴퓨터가 정말 블랙박스인 것처럼.

　경제학에서는 개인의 인센티브, 선호, 신념이 입력(input)이며 행동이 출력(output)이지만 그런 결정 과정을 묻는 일은 없었다. 그러나 뇌라는 블랙박스를 열어 안을 볼 수 있는 것이 신경 과학이며, 그 수단과 방법에 의지한다는 것이 신경경제학의 특징이다.

　신경경제학은 상당히 새로운 연구 분야다. 아마 1999년에 플래트(M. L. Platt)와 글림셔(P. W. Glimcher)가 발표한 논문이 최초의 공헌이라고 생각된다(그들은 인간이 아닌 원숭이를 실험 대상으로 했지만). 그로부터 아직 10년도 되지 않은 새로운 영역이지만 진전 상황은 일취월장하며 무서운 속도로 발전하고 있다.

　행동경제학 진영 사람들도 신경경제학의 연구에 착수하고 있고, 그중에는 노벨 경제학상 수상자인 카너먼과 버넌 스미스를 비롯하여 카머러, 로엔스틴, 레입슨, 페르 등 행동경제학의 유력 멤버가 포함되어 있다. 행동경제학의 창시자 가운데 한 사람인 세일러와 라빈은 신경경제학과 거리를 두고 있는 것처럼 보이지만 이유는 명확하지 않다. 물론 많은 심리학자와 신경 과학자가 연구를 거듭하고 있고, 이 분야의 많은 연구는 경제학자, 심리학자, 신경 과학자의 공동 연구에 의해 이루어졌으며 진정한 학문 분야로서 영역을 구축하고 있다.

뇌의 구조와 활동

신경경제학에 대해 살펴보기 위해서는 대략적인 뇌의 구조를 파악해 둘 필요가 있다. 그림 9-1에는 인간의 대뇌 표면을 나타내고 있는 대뇌피

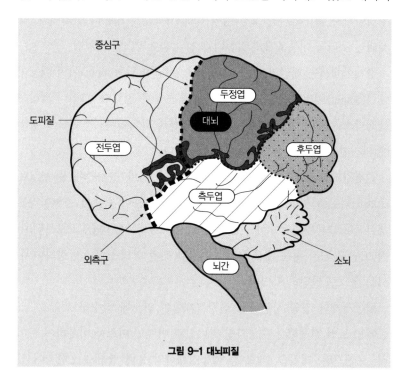

그림 9-1 대뇌피질

질이 그려져 있다. 왼쪽이 앞쪽(이마 쪽)이며, 그림처럼 순서대로 전두엽, 두정엽, 후두엽, 측두엽으로 나뉘어 있다. 거기에 외측구의 안쪽 심부에 있어서 실제로는 보이지 않는 부분으로 도피질이라는 대뇌피질이 있다.

또한 뇌의 중심부에는 소뇌와 뇌간이 있고, 그 주변에는 그림 9-2에 나타나 있는 대뇌변연계가 있다. 대뇌변연계 중에서 특히 신경경제학에서 중요한 구성 요소는 감정이나 좋고 싫음의 판단에 밀접한 관련이 있는 해마와 편도체, 대상회, 측좌핵이다. 대뇌변연계 속에 대뇌기저핵이 있고, 선조체 등이 포함된다.

뇌의 특징으로서 '모듈(module)성'이라는 분업 체제가 있다. 개략적

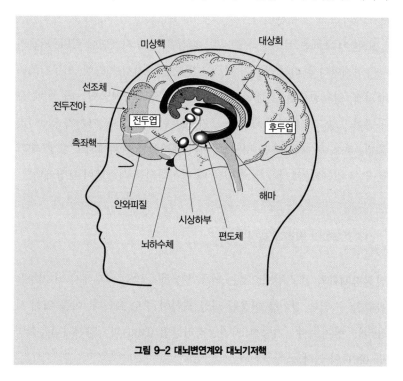

그림 9-2 대뇌변연계와 대뇌기저핵

으로 말하면 전두엽은 고차원적인 인지능력이나 계획 등을 실행하고, 두정엽은 신체감각을 담당한다.

후두엽은 시각에 관한 기능, 측두엽은 청각이나 기억 및 언어에 관한 기능을 담당한다. 단 분업이라고는 해도 각 부위가 각각 완전히 다른 일을 하고 있다는 의미는 아니며, 다양한 부위가 상호 조합하면서 시스템적인 기능을 맡고 있다.

신경경제학의 연구 대상으로서 특히 중요한 것은 의사 결정에 관여하는 부분이며, 사고와 감정 쌍방이 관여한다. 전두전야의 전방 및 배외측 부분은 문제 해결이나 계획 등 수준 높은 사고 프로세스에 깊이 관여하고 있다. 자동적인 프로세스, 특히 감정을 취급하는 것은 대뇌변연계, 편도체와 도피질 부분이다.

또한 뇌 내에는 보상계라 불리는, 쾌감을 낳는 시스템이 있다. 뇌간의 복측피개야라 불리는 부위가 자극을 받으면 여기서 측좌핵, 전두전복내측피질, 안와전피질, 전대상회피질 등으로 정보가 전달되는데, 이때 도파민이 방출·수용되어 쾌감을 느낀다고 한다. 인간은 가치가 있는 것, 음식, 섹스, 돈, 아름다운 것, 마약이나 재미있는 만화에서도 보상(쾌락)을 얻고 있는데, 보상을 얻고 있을 때 활성화되는 시스템이 보상계다.

신경경제학의 방법과 대상

신경경제학의 연구 방법으로는 뇌를 손상하지 않고 외부에서 뇌 기능을 관찰할 수 있는 장치를 이용한 화상 해석이 주로 쓰인다. 이를 위해 사용되는 장치로서 '기능성 자기공명영상법'(fMRI)과 '양전자단층촬영법'(PET)이 있다.

이들 장치는 뇌의 혈중산소량이나 혈류량 변화를 조사하여 사람이 어떤 행동—예를 들면 계산이나 게임 등—을 할 때 뇌의 어느 부분에서 혈중산소량이나 혈류량이 증가하는지를 조사한다. 뇌는 활동과 더불어 특정 부분의 혈중산소량이나 혈류량이 증가하기 때문에 이 장치들을 이용하면 어떤 행동을 했을 때 뇌의 어느 부분이 활발히 활동하고 있는지 알 수 있다. 즉 어떤 행동을 할 경우에 합리적인 계산이 우세한지, 감정이 지배적인지, 또는 양쪽의 갈등이 조정되고 있는지 하는 뇌의 활동 실태를 더욱 상세히 알 수 있다.

또한 다마지오가 실시했듯이 특정한 뇌 부위 손상자의 행동을 정상인의 행동과 비교, 대조함으로써 뇌의 부위별 움직임을 알 수 있기도 하다. 이외에 호르몬의 양, 피부의 전기 저항, 심박 수 측정 등을 단독으로 혹은 조합하여 이용하고 있다.

신경경제학이 밝혀내고 있는 문제 영역은 주로 효용(보상), 불확실성 하에서의 선택, 시간선호, 협력 행동 등 행동경제학이 가장 힘을 쏟아온 분야다. 이들 분야에서 얻고 있는 신경경제학의 성과에 대해 순서대로 간단히 살펴보자.

뇌와 효용

보상, 즉 효용은 뇌에서는 어떻게 다루어지고 있을까? 신경 과학에서 말하는 '보상'이라는 용어는 경제학의 '효용'이라는 개념과 거의 동의어다.

경제학의 기본 개념인 효용은 '측정한다'는 것을 목표로 하는데, 제러미 벤담이나 제본스(S. Jevons) 등 고전파 경제학자가 불가능하다고 판단한 영역에 도전하여 효용의 유래나 강도를 근원적으로 조사하려고 한 것에서 비롯했다. 이 경우에 효용의 획득이나 예상이 뇌의 어느 부분에서 행해지고 있는지는 합리성과 감정의 기능과 관련해서도 중요하다.

이익의 기대도 쾌감

제7장에서 사람이 실제로 경험한 것에서 느끼는 경험 효용과 장래의 행동을 결정하기 위해 예측하는 결정 효용은 다르지 않을까 하는 카너먼의 시사를 문제 삼았다. 이 두 가지 효용은 뇌의 다른 부위에서 생겨나는 것일지도 모른다.

크넛슨(B. Knutson)과 피터슨(R. Peterson)은 경험 효용과 결정 효용을 비교해본 결과, 서로 다른 부위가 활성화되는 것을 확인했다. 결정 효용이란 장래의 효용에 대한 예측이지만 화폐적인 이익을 기대할 때에는 복측선조체의 주요 부분인 측좌핵이 특히 활성화되고, 실제로 이익을 얻을 때에는 전두전내측피질이 활성화된다. 그들은 전두엽이 장래의 이익에 관하여 별로 관여하지 않을지도 모르며, 실제로 얻은 이익의 평가만을 담당하는 것은 아닐까 하고 추측한다.

측좌핵은 이익이 기대될 때는 활성화되지만 손실이 예측될 때는 그렇지 않다. 따라서 사람은 이익과 손실에 관하여 같은 반응을 하지 않는 것은 아닌가 하는 프로스펙트 이론의 중심적인 사고방식(손실 회피성)이 뇌의 활동에 의해 발생한다고 생각한다.

또 실제로 이익을 얻을 수 있는 경우뿐만 아니라 이익을 기대할 때에도 보상(쾌락)를 얻을 수 있다는 것을 알고 있다. 이른바 효용의 예측이다. 결정 효용에 의해서도 보상을 얻을 수 있다는 것을 의미한다.

화폐도 효용을 초래한다

경제학에서는 보통 효용을 가져다주는 것은 재화의 소비며, 화폐 그 자체는 효용을 주지 않는다고 본다. 화폐가 가치 있는 것은 그것이 효용을 주어서가 아니라, 화폐를 이용하여 재화나 상품을 구입할 수 있기 때문이다. 또한 그 효용은 화폐를 어떻게 손에 넣는가 하는 문제와도 관계가 없다고 한다.

그러나 화폐의 입수 방법에 따라 효용이 달라진다는 것이 징크(C. F. Zink) 등의 실험으로 밝혀졌다. 그들은 실험 참가자가 자신이 노력해서 화폐를 얻었을 경우와 다른 사람에게 받았을 경우, 뇌 활동의 차이에 대해 보고하고 있다. 보고를 살펴보면, 자신이 획득한 경우가 다른 사람에게서 받았을 경우보다도 선조체가 훨씬 활발하게 활동하는 것을 알 수 있었다.

선조체는 보수계의 일부다. 자신이 획득한 화폐는 다른 사람에게서 받은 화폐보다 강한 쾌감을 준다는 것을 일상 경험에서도 알 수 있지만 신경 과학적인 증명이 부여되었다는 의미가 있다.

리스크와 모호성

앞으로 펼쳐질 상황이 리스크가 있는 경우와 모호한 경우(제4장)에 사람은 어떤 반응을 할까?

스(M. Hsu)와 카머러는 확률에 관하여 리스크 상황과 모호한 상황에서 실험 참가자가 선택을 할 때에 뇌의 어느 부분이 활성화되는지를 fMRI를 이용하여 측정했다.

우선 실험 참가자에게는 모호성 회피(제4장) 경향이 나타났다. 모호한 상황에서는 리스크 상황에 견줘 전두엽의 최하부에 해당하는 안와피질, 편도체, 전두전배내측피질이 활성화되었다.

안와전피질의 역할은 감정과 인지 자극을 통합하는 것이며, 편도체는 감정 중에서도 특히 불안 등의 감정을 발산시키고, 전두전배내측피질은 편도체의 활동을 조정한다. 따라서 모호성이 있을 때에 이들 영역이 활성화되었다는 것은 모호한 상태가 불안감을 불러오고, 그 감정과 인지적인 판단이 갈등하고 있다는 것을 의미한다.

한편 모호한 상황보다도 리스크 상황에서 훨씬 더 활성화되는 것이 복측선조체 중의 미상핵이었다. 특히 복측선조체는 기대치가 커지면 더욱 강하게 활성화되었다. 모호성이 있으면 그만큼 이익을 얻을 수 있다는 기대가 낮아지고, 쾌감이 작아지는 것을 시사한다.

또한 스 등은 안와전피질에 손상을 입은 사람에게 동일한 선택 실험을 실시했는데, 그들은 모호한 상황과 리스크 상황에서 다른 행동을 보이지 않았다. 얄궂게도 그들의 행동이 주류 경제학이 전제로 하는 기대효용이론의 예측과 가장 잘 합치된 것이다.

다마지오 등이 엘리엇에게 실시한 도박 과제는 바로 모호성하에서의 선택 문제다. 전두엽 손상 환자인 엘리엇이 좋은 선택을 할 수 없었던 것은 모호성을 회피할 수 없었기 때문이 아닐까 추측할 수 있다.

| 다른 시점 간의 선택 |

제7장에서 살펴본 다른 시점 간 선택의 경우처럼 가까운 장래의 작은 이익과 먼 장래의 큰 이익 사이에서 선호 역전 현상이 왜 발생하는지에

대한 뇌신경적 접근이 이루어졌고, 이 두 가지를 판단하는 뇌 부위가 서로 다르다는 것을 발견하였다.

매클루어(S. M. McClure)와 레입슨 등은 실험 참가자가 가까운 장래의 작은 이익과 먼 장래의 큰 이익 사이에서 선택하려 할 때 뇌가 어떻게 활동하는지 fMRI를 이용하여 조사했다.

그들은 가까운 장래의 작은 이익에 대해서는 복측선조체, 안와전내측피질, 전두전내측피질이 더 활성화되는 것을 관찰했다. 이것들은 보수계의 도파민에 자극되는 부위다. 코앞의 이익에 대해 반응했다고 말할 수 있다. 이에 반해 모든 선택 대안에 대해 활성화된 것은 전두전외측피질과 두정엽으로서 수준 높은 지식이나 인지, 계산이 이루어지는 것을 뜻한다.

결국 가까운 장래의 작은 이익과 먼 장래의 큰 이익에 대해 간단히 말하면 감정과 인지의 대립이 발생한다는 뜻이며, 감정이 이기면 전자가, 인지가 승리하면 후자가 선택되는 것이다. 의지의 힘이 감정적인 욕구를 억누른다는 말이 사실로 증명된 것이다.

협력, 처벌과 쾌감의 감정

제8장에서 살펴보았듯이 협력 행동은 이해(利害) 계산과 공평 혹은 분노의 감정 양쪽의 지배를 받고 있다. 이것을 명확히 증명하는 것이 뇌를 화상 해석 방법으로 분석하는 신경경제학적 연구다.

산페이(A. G. Sanfey)와 릴링(J. K. Rilling) 등은 최종 제안 게임을 하고 있는 실험 참가자의 뇌 화상을 fMRI를 이용하여 알아보았다. 조사 결과 초기 금액의 10~20% 정도로 매우 불공정하고 불평등한 제안을 했을 때, 답변자는 전두엽의 일부인 전두전배외측피질, 대뇌변연계의 일부인 전대상회피질과 도피질이 특히 활성화되는 것이 관찰되었다. 이 중 도피질은 통증, 증오, 공복, 갈증 같은 불쾌한 감정을 경험할 때 활성화되는 부위다. 전대상회피질은 '관리 제어 능력'을 담당하는 뇌 부위며, 뇌의 기타 다양한 부위에서 온 신호를 받아들여 그들간의 대립을 조정하는 곳이다. 필시 분배를 요구하는 전두전배외측피질과 불공평한 것을 싫어하는 도피질 사이에서 생기는 갈등을 전대상회피질이 조정하는 것은 아닐까 하고 추측한다.

또한 실험 참가자 중에 특히 도피질이 강하게 활성화된 사람은 거부하는 횟수가 더 많았다. 게다가 제안을 컴퓨터가 했을 때보다 사람이 했을 때 불공정한 제안에 대해 더욱더 도피질이 활성화되는 경향을 보였다. 이 결과는 도피질의 활성화가 사회적 문맥에서 이루어진다는 사실을 시사한다.

또한 전두전배외측피질에 견줘 도피질이 더 활성화되었을 때 제안은 거부되었고, 반대로 전두전배외측피질이 도피질보다 활성화했을 때에는 불공정한 제안이라도 받아들이는 경향이 나타났다. 이와 같은 사실은 의사 결정을 할 때 감정과 인지가 상호 작용을 해 결정을 내린다는 틀림없는 증거다.

릴링 등은 반복성이 있는 죄수의 딜레마 실험을 실시하고, 협력 행동에서의 신경 활동에 대해 조사했다. 실험 참가자의 상대는 사람인 경우와 컴퓨터인 경우 두 가지였다. 자신이 협력을 선택했을 때 상대도 협력을 선택하면 선조체, 전대상회피질, 전두엽의 일부인 안와전피질이 활성화되는 것을 알 수 있었다. 보수, 갈등의 조정, 감정을 담당하는 부위가 기능하는 것이라는 뜻이다. 특히 보수계에 포함되는 부위(선조체와 안와전피질)가 활성화된다는 것은 상호적인 협력 행동이 보상(쾌락)을 가져다준다는 것을 가리킨다.

또한 협력을 선택한 상대가 인간인 경우와 상대가 컴퓨터인 경우, 보상액이 동일해도 상대가 인간일 때가 활성화 정도가 강했다.

만일 금전적인 이익만을 기준으로 뇌가 쾌감을 느낀다면 상대가 인간인지 컴퓨터인지는 문제 삼지 않을 것이다. 전자의 경우가 상대적으로 더 강한 쾌감을 느꼈다는 것은 단순히 협력 행동으로 보상을 얻는다는 것에 머물지 않고, 사회적 관계 속에서 유대감 등에 바탕을 둔 협력 행동으로 사람들은 보상을 얻을 수 있으며 쾌감을 얻게 되는 것이라고 추측할 수 있다. 그러나 이에 관한 명확하고 실증적인 연구는 아직 시행되지 않고 있다.

도크베인 등은 PET 영상을 이용하여 신뢰 게임을 할 때 처벌에 대해 뇌가 어떻게 활동하는지 조사했다. 플레이어 A는 실험자에게서 초기 금액을 받고 그 중에서 투자액을 결정한다. 실험자는 투자 금액을 4배 하여 플레이어 B에게 건네고, B는 그 중 일부를 A에게 돌려줄지 말지를 결정한다. A가 B를 신뢰하는데, B가 신뢰에 응하지 않고 A를 배신했을 때에는 A에게 B를 처벌할 기회를 준다. 처벌 방법은, A가 B의 이익을 실제로 감소시키는 방법과 A가 처벌 의사는 있지만 실제로 B의 이익을 삭감하지 않는 형식적인 처벌 방법, 두 가지가 있다.

실험 결과, 처벌을 할 때에는 어느 조건에서나 배측선조체의 미상핵이 활성화되었다. 이 부위는 보상을 예측하고 의사 결정이나 행동을 할 때 활성화된다는 사실이 알려져 있다. 미상핵이 더 활성화된 실험 참가자의 경우는 상대에게 더 많은 이익 감소가 되도록 처벌했다. 즉 윤리나 규범을 깨는 사람에 대해 처벌을 주는 것 자체가 쾌감을 초래한다는 사실이 증명된 것이다.

옥시토신(Oxytocin)과 신뢰

마지막으로 옥시토신(oxytocin)이라는 호르몬이 협력 행동에 미치는 영향을 조사한 자크(P. J. Zak) 등의 연구에 대해 살펴보자.

자크는 신뢰나 신뢰할 만한 가치가 있는 일에 관한 생리학적인 연구를 실시했다. 실험 참가자에게 신뢰 게임을 시행토록 하고, 투자액을 결정한 후에 별실에서 혈액을 채취해 혈액 중의 호르몬 양을 조사했다. 그 결과 흥미로운 사실이 나타났다.

신뢰를 받고, 반환할지 말지를 결정하는 쪽인 플레이어 B가 플레이어 A에게 더 많은 금액을 돌려줄수록, 즉 더 많은 신뢰를 받은 사람일수록 옥시토신의 혈중 농도가 높았다. 기타 호르몬에서는 의미 있는 변화를 찾아볼 수 없었다.

옥시토신은 시상하부에 있는 신경핵세포가 만들고 뇌하수체 후엽에 축적되는 호르몬이며, 일반적으로 얼굴 손질에서부터 운동, 성적 행동, 모성적 행동에 이르기까지 다양한 것에 영향을 끼치고 있다. 그것이 사회적인 상호 작용을 촉진하고 배우자 간의 유대를 환기시킨다. 옥시토신은 부교감신경을 자극하고 도파민 방출을 촉진시키는 활동을 한다. 작크는 이것이 협력 행동의 생리학적인 동기가 된다는 결론을 내렸다.

코스펠트(M. Kosfeld)와 하인리히(J. Heirichs)는 옥시토신의 역할을 확인하기 위해 재미있는 실험을 실시했다. 그들은 실험 참가자에게 옥시토신을 코에 주입한 후 신뢰 게임을 하도록 하고, 위약(僞藥, placebo, 어떤 약 속에 특정한 유효 성분이 들어 있는 것처럼 위장하여 환자에게 투여하는

약 : 역주)을 주입한 실험 참가자의 행동과 비교했다.

그 결과 옥시토신을 주입한 실험 참가자 플레이어 A는, 상대를 신뢰할 입장인 경우에는 신뢰 행동이 증가했다. 그런데 신뢰를 받는 또는 신뢰에 응해야 할 입장인 플레이어 B의 경우에는 행동의 차이를 볼 수 없었다.

옥시토신을 주입한 사람은 플레이어 B를 특히 신뢰할 만하다고 생각한 것은 아니었다. 상대에 대한 신뢰도는 위약을 주입한 사람과 큰 차이가 없었다. 그러나 행동에는 차이가 있었다. 따라서 코스펠트는 옥시토신이 다른 사람을 더 신뢰하도록 작용하는 것이 아니라, 상대에게 배신당할 리스크를 쉽게 감지하게 하는 것은 아닌가 추측하고 있다.

3. 진화의 힘

마지막으로 진화와 인간 행동의 연관성에 대해 생각해보자. 우리들이 지니고 있는 성질 중에는 오랫동안 가혹한 환경에서 연명해온 진화적인 성질이 있다. 예를 들면 왜 우리에게는 감정이라는 것이 있을까?

공포라는 감정은, 눈앞에 뱀이 나타난 것처럼 차분히 논리적으로 생각하는 것과는 맞지 않는, 생명과 관련된 상황일 때에 우리에게 순식간에 '도망친다'는 행동을 취하게 하는 뛰어난 장치다.

원래 그런 공포를 느낄 수 있는 사람들과 느낄 수 없는 사람들이 있다고 가정하자. 공포라는 감정을 느낄 수 있는 사람들이 그렇지 않은 사람보다도 오래 살 수 있고 더 많은 자손을 남길 수 있다고 한다면, 그리고 공포심이 유전 또는 학습이라는 수단으로 후세에 전달할 수 있는 것이라면, 공포라는 감정을 지니고 있는 사람들이 점점 많아지게 된다.

뱀처럼 사람의 생명과 관련된 동물이나 타인을 공격하는 인간도 없고 또는 재해도 없는 평온한 자연환경이었다면, 공포라는 감정을 느낄 수 있을지 없을지 모르지만 생사에는 별 영향이 없을 것 같다. 여기서 성질의 중요성은 환경과의 연관성으로 결정된다.

우리들을 둘러싼 환경에서 살아가기에 적합한 성질과 그렇지 않은 성질이 있을 경우에 적합한, 즉 적응하는 성질을 지니고 있는 사람이 살아남고, 그 성질을 자손에게 전달할 수 있다고 한다면 그 성질을 지니고 있는 사람들이 증가하게 된다. 이것이 진화의 코스다.

제7장에서 서술한 근시안성은 예전에는 필시 자연에 적응한 결과였을 것이다. 음식 등 중요한 자원을 아무 때나 구할 수도 없고, 보존이 어려워 부패하기 쉽거나, 소유권 같은 법적 제도가 정비되어 있지 않은 경우에는 눈앞에 있는 자원을 곧바로 획득하는 일은 긴급한 과제이며, 뒤로 미룰 수 없는 것이다. 따라서 근시안성은 인간으로서 선천적으로 타고난 성질일지도 모른다.

그러나 현재의 환경에서는 그렇지 않다. 이와 같은 사례는 당분에 대한 욕구로도 설명할 수 있다. 가혹한 환경에서 살아가는 데 필요한 당분을 섭취할 수 있는 작은 기회가 있다면 그 기회를 놓치지 않고 당분을 섭취하는 것이 더 잘 적응하는 방법이었을 것이다. 그러나 현대에는 당분에 대한 치열한 욕구를 똑같이 해석할 수 없게 되었다.

제8장에서는 협력 행동을 발생·유지시키기 위해서 감정이 강력한 힘을 발휘하는 것을 보았다. 여기서는 협력 행동을 유지하는 감정이 어떻게 진화해왔는지를 중심으로 하여 진화가 인간의 협력 행동에 미치는 영향에 대해 살펴보겠다.

인간의 마음이나 행동도 진화의 영향을 받고 있다. 또한 적응해야 할 환경이란 자연뿐만이 아니라 문화적 · 사회적인 환경도 포함된다.

협력 행동이 각각의 사회 문화에 큰 영향을 받는다는 것은 분명하지만, 이때 감정이 중요한 역할을 한다는 것은 별로 주목받지 못하고 있다. 지금부터 인간의 환경을 형성하는 요소로서 가장 중요한 것 중 하나인 문화가 어떻게 협력을 이끌어내고 그것을 유지하게 하는지에 대해 생각해본다.

열쇠가 되는 것은 협력 관계를 형성하기 위해 필요한 다양한 능력이 후세에 유전적으로 전해진다는 점과 협력 행동이라는 문화가 진화한다는 점이다. 여기서 유전적인 진화뿐 아니라 사회에서 문화의 진화라는 측면을 고려하는 것이 중요하다.

진화라는 논리는 유전자에 의지하지 않고서도 정보를 전하고 복제하는 시스템에서 발생할 수 있는 것이다. 더욱이 유전적인 진화와 문화적인 진화가 서로 상대편을 촉진하는 관계를 형성하고 있다는 점에서 유전자와 문화의 공진화(共進化)라고 할 수 있다. 협력 행동의 진화도 유전자와 문화의 공진화 사례다.

이 테마는 제8장에서 이미 친숙해진 에른스트 페르, 새뮤얼 볼스, 허버트 긴티스, 산타페연구소에 속한 정예 행동경제학자를 비롯해 피터 리처슨(Peter Richerson), 로버트 보이드, 조셉 헨리치 같은 진화생물학자나 인류학자 등이 의욕적으로 전개하고 있는 최신의 화두다.

생물학적 적응도와 경제적 이익

제8장에서 서술했듯이 협력 행동 또는 이타성이란, 자기의 이익이 줄어드는 것을 감수하고 타인 또는 자기가 속한 집단의 평균 이익을 증가시키려는 행동 또는 성질을 말한다.

여기서 이익을 어떻게 생각하는지가 중요하다. 진화생물학에서는 이익이란 적응도(適應度)를 말한다. 간단히 말하면, 개인이 남길 자손의 수다. 이는 경제학적으로 바꿔 말하면 이익이 된다.

경제학에서 의미하는 이익과 진화생물학에서 의미하는 적응도가 같지는 않다. 그리고 인간이 적응도를 의식하며 행동하기보다는 물질적 이익이나 사회적 지위, 평판 등 다양한 만족을 추구하며 행동하기 때문에 대체로 양자는 일치하지 않는다. 그러나 인류가 진화하며 많은 시간을 보낸 홍적세(洪積世, Pleistocene Epoch, 신생대 제4기의 전반 : 역주) 때는 틀림없이 경제학에서 쓰이는 이익이라는 말과 생물학에서 뜻하는 적응도라는 말이 높은 플러스 상관관계에 있었다고 추측할 수 있다. 그렇지만 지금은 경제적 이익과 생물학적 적응도가 반드시 플러스 상관관계에 있다고는 말할 수 없는 상황이 되었다. 인간이라는 생물은 진화하는데 매우 긴 시간이 필요해 현재의 인간은 당시와 견주어 거의 변한 것이 없지만, 인간이 적응해 온 자연 · 사회 환경은 크게 바뀌었기 때문이다.

인간의 신체 · 뇌 · 마음처럼 진화에 의해 형성된 부분은 홍적세의 환경에 적응한 상태라고 말할 수 있다. 따라서 현재는 경제적 이익을 최대화하려는 행위가 생물학적 적응도를 최대화한다고 단정할 수 없다. 협력 행동을 분석할 때 진화론에 크게 의존한다고 해도 적응도 최대화의 관점만으로는 이해하기 어려운 점이 있으므로 경제적 만족 추구 시각으로 분석해보는 것도 의미 있는 일이다.

혈연관계와 호혜적 이타성

진화생물학에서 협력 행동을 설명하는 두 가지 논리는 혈연관계와 호혜적 이타성이다. 전자는 혈연관계에 있는 사람에게 이타적으로 행동한다는 뜻이다. 후자는 제8장에서 서술한 바와 같이 양의 상호성을 의미하고, 자신에게 물질적 이익이 있기 때문에 타인에게 이타적으로 행동한다는 의미다.

이는 인간의 협력 행동에 관한 설명으로는 타당한 부분도 있지만 여전히 불충분하다. 세습제나 동족(同族) 경영, 또는 유산상속 같은 관습이 현재 더욱 두드러지고 비판을 받으면서도 사라지지 않는 것은 혈연관계에 있는 사람에 대한 일종의 이타적 행동이라 말할 수 있다. 그러나 이 모델로는 인간에게 폭넓게 나타나는 타인과의 협력 행동을 설명할 수 없다.

한편 호혜적 이타성에 따라 이기적인 인간들이라 해도 협력이 발생하는 것이 설명되었고, 반복되는 죄수의 딜레마에서는 '보복'이라는 전략이 성공하는 것을 알 수 있었다.

그러나 협력 행동을 이끌어내는 호혜적 이타성으로는, 죄수의 딜레마를 1회 한정해 실험할 때, 또는 죄수의 딜레마를 반복해서 실험할 때 마지막 회에 나타나는 협력 행동을 설명할 수 없다. 뿐만 아니라 당사자가 두 명 이상 여러 명이 참가한 공공재 게임에서 나타나는 협력 행동을 설명할 수 없다는 난점이 있다. 이것은 제8장에서 살펴본 대로다.

혈연이나 호혜적 이타성 같은, 진화생물학에서 설명하는 협력 행동 모 델과는 달리 인간의 환경을 형성하는 요소 가운데 인간 사회에 가장 큰 영향을 주고 있는 문화가 어떻게 협력을 유발시키는지에 대해 우선 생 각해보자.

문화의 정확한 정의에 대해서는 다른 전문가에게 맡겨두고, 여기서는 진화론을 기초로 하여 문화나 사회를 연구하는 진화생물학자인 리처슨 과 보이드의 주장을 따른다.

그들이 말하는 문화란 '개체의 행동에 영향을 끼칠 수 있는 정보이 며, 교육이나 모방, 기타 사회적인 전달에 의해 같은 종 안에 있는 다른 개체에게서 획득한 정보' 라고 생각하면 된다.

문화적으로 전달된 정보에는 아이디어, 지식, 신념, 가치, 기술, 태도 는 물론 기술도 포함된다. 문화가 진화하기 위해서는 유전자에 의한 진 화와 마찬가지로 적응, 변이(차이), 전달 3가지 조건이 필요하다. 이것 들을 고려한 문화적 진화의 대략적인 코스는 다음과 같다.

우선 문화의 변이에 대해서는 인간의 사회집단이 지역이나 시대 등에 따라 문화적 · 행동적으로 큰 차이를 보이는 것에 비춰볼 때 많은 인류 학이나 민족 연구를 통해 보고되고 있는 것처럼 집단 간의 문화 변이는 크다고 할 수 있다.

문화는 통상적인 진화 코스와 달리 유전에 의지하지 않고, 동시대 속 에서 인위적으로 전달된다. 문화는 학습 · 교육 · 모방 등을 수단으로 삼 아 부모가 자식에게, 또는 형제, 혈연자, 친구, 동료 간으로 전달된다.

집단의 도태

다음은 집단의 도태에 대해 생각해보자. 비혈연적인 사람들을 포함하는 그다지 크지 않은 두 집단을 가정해서 한쪽 집단에는 어떤 원인으로 집단의 이익이 될 협력적인 행동을 취하는 사람이 많이 존재하지만, 다른 한쪽 집단에는 이기적인 행동을 하는 사람이 다수라고 하자. 그리고 전자(협력적 집단)와 후자(비협력적 집단)가 식료품 등의 자원을 둘러싸고 투쟁하기에 이르렀다고 하자.

협력적 집단은 투쟁할 때 구성원들이 협력적 행동을 하기 때문에 투쟁에서 승리하는 데 필요한 충성심·결속력·용기 등이 충분하다. 바로 이 점 때문에 결과적으로 비협력적 집단에게 승리할 수 있는 요소가 많을 것이다. 이것은 협력하는 문화가 강한 집단이 싸움에서 승리를 거두고 승리자가 되고, 비협력적 문화가 강한 집단이 도태되고 소멸하는 것을 의미한다. 이것은 집단의 소멸을 뜻하지만 개개인은 목숨을 부지할 수 있다.

이처럼 집단 사이에 일어난 투쟁으로, 19세기부터 20세기 초 아프리카 수단에서 누아족과 딩카족이 벌인 투쟁을 들 수 있다. 또한 뉴기니에서도 투쟁에 의한 다수 부족의 성쇠를 볼 수 있다고 한다.

협력적 집단은 투쟁이라는 도태 압력에 대해 비협력적 집단보다 더 잘 적응한 것이며, 협력할지 말지 하는 문화적 변이(차이)에 의한 적응 차이가 한쪽 집단(무리)을 도태시킨 것이다. 이와 같은 도태 가능성에 대해서는 다윈 스스로가 명확히 지적하고 있다. 좀 길지만 인용한다.

도덕성의 깊이가 어느 개인이나 그 자손들을 같은 부족의 다른 멤버에 비

해 아주 유리하게 해주는 것은 아니지만 도덕 수준이 올라가고 도덕성을 갖춘 인간이 늘어나면, 그 부족이 다른 부족에 비해 상황이 매우 유리해진 다는 사실을 잊어서는 안 된다. 애국심, 충성, 순종, 용기, 그리고 서로 공감하는 감정을 잘 보존하고 있고, 상호 협력하거나 모든 구성원의 이익을 위해 자신을 희생할 준비가 되어 있는 사람이 많은 부족이 다른 부족에게 승리할 것은 틀림없다. 그리고 이것은 자연도태다. 어느 시대, 세계 어느 곳에서건 어느 한 부족이 다른 부족으로 옮겨왔다. 그리고 도덕은 그들의 성공 요인 중 하나이기 때문에 세계 어느 곳에서도 도덕의 표준은 향상되었고, 훌륭한 도덕성을 몸에 익힌 인간이 증가한 것이다.

이것은 집단 수준인 '군(群) 도태'가 문화를 진화시킨다는 것을 의미한다. 군 도태 사고방식은 유전자에 의한 개체 진화인 경우에 이론적으로는 성립하지 않는다고 한다. 집단 내의 비협력적인 개인은 협력자에게 무임승차할 수 있고, 집단 내의 협력적인 개인은 비용을 들여 협력행동을 하므로 비협력자의 이익이 커져서, 협력자에 비해 상대적인 적응도가 높아지기 때문이다.

예전에 인기가 있던 '종의 보존을 위해 자기희생을 아끼지 않는 아름다운 레밍(lemming : 나그네쥐) 무리'라는 식의 사고방식은 잘못된 것이다. 왜냐하면 종의 보존을 위해 자기를 희생하는 개체 집단 중에 종의 보존을 하지 않는 개체가 발생하거나 다른 집단에서 이주해오면, 그 개체는 적응도가 높아 자손을 많이 남기기 때문이다. 즉 집단 보존을 하지 않는 개체 수가 점점 증가하는 것이다.

따라서 군 도태는 문화적 환경에서만 발생하는 것이기 때문에 이 도태는 '문화적 군 도태'로 불리는 경우가 많다.

행 동 경 제 학

문화의 변이(차이) 유지

문화적 군 도태가 발생하려면 집단 간 문화의 변이(차이)와 유지가 결정적으로 중요하다. 변이(차이)를 유지하기 위한 중요한 활동으로 여겨지는 것은 두 가지가 있다. 하나는 문화 변이(차이)를 유지하는 특수한 방법이며, 다른 하나는 협력 행동을 하는 규범에 반하는 사람에 대한 이타적 처벌(제8장)이다.

이 두 가지가 문화적 변이(차이)를 유지하는 데 도움이 되는 이유를 살펴보자. 우선 문화의 전달에서 가장 중요한 것은 모방, 즉 흉내다.

사람은 판단이나 의사 결정을 할 때 합리적으로 결정하는 것이 아니라 종종 휴리스틱에 의지한다는 점을 누차 설명했다. 사회에서 타인의 행동을 흉내 낼 경우 '성공한 사람을 모방하고', '권력자를 모방하는' 휴리스틱을 이용하지만 가장 자주 사용하는 휴리스틱은 그 집단 내에서 가장 많은 사람들이 취하는 행동을 모방하는 '대세 순응 휴리스틱'이다. 즉 '다른 사람이 하고 있는 것을 나도 한다'는 뜻이다.

사이먼은 이 휴리스틱을 '순종성'이라 부른다. 타인의 행동을 비판적으로 검토하지 않고 고분고분 따른다는 것을 의미한다. 이런 휴리스틱으로 문화가 전달된다면 타 집단에서 옮겨오는 이민이나 새로 태어난 신규 집단 사람들이 있다고 해도 타 집단과 문화의 변이(차이)는 유지되고 집단 내 문화의 변이도 작은 상태로 남아 있게 된다. 문화로서의 협력 관계에 대해서도 마찬가지다.

둘째 요인은 협력이라는 규범 안에서 일탈자, 즉 배신자를 처벌하는 일이다. 처벌은 처벌받는 자에게 물질적인 손실을 줄 뿐 아니라 집단 내의 평판을 악화시키고, 배우자를 얻을 수 없게 되는 등 비용이 들게 하며, 나아가서는 적응도를 감소시킨다.

따라서 처벌을 피하려는 경향이 발생하고, 그것이 협력 행동을 이끌어낸다는 사실은 제8장에서 살펴봤다. 설령 처벌자에게 비용이 든다고 해도 처벌은 실행된다. 이런 처벌은 일단 도입되면 협력이라는 규범을 강화하는 기능을 다하고, 협력이라는 문화를 유지하게 한다.

규범의 내부화

협력이라는 규범이 성립하면 그것을 더욱 강화하고 집단의 협력 체제를 유지하는 기능을 하는 것이 '규범의 내부화'다.

규범의 내부화란 주로 사회학에서 이용되는 개념으로, '개인이 갖춘 재가(裁可) 행사 시스템을 말하며, 금지된 행위를 했을 때나, 지령받은 행위를 하지 않았을 때에 벌을 주는 시스템'〔콜먼(J. S. Coleman)〕이라 정의된다. 여기서 재가(sanction)란 규범을 지키는, 즉 옳다고 생각되는 행위를 시행한 것에 대해 보상을 주는 것, 또는 규범을 어기는, 즉 옳지 않다고 여겨지는 행위를 한 것에 대해 처벌하는 것이다.

규범의 내부화란, 이처럼 재가를 주는 시스템이 개인의 내부에 구축된 것이다. 예를 들면 협력이라는 규범을 준수하면 자기 자신에게 보상을 주고, 그것을 지키지 않으면 자기 자신에게 처벌을 주는 것이 된다. 규범의 내부화가 수립되어 있으면 규범을 지키는 일이 다른 목적—예를 들면 물질적인 만족 등—을 달성하기 위한 수단이 아니라 그 자체가 목적이 된다. 즉 규범을 지키는 일이 추구해야 할 목표 중의 하나가 되는 것이다. 이 같은 규범의 내부화는 어떻게 만들어지는 것일까? 사회학에서는 규범의 내부화가 만들어지는 과정을 '사회화'라 부르고, 사회화 과정은 경험이나 세대 간 전달에 의해 형성된다고 한다. 그러나 규범을 내부화하는 능력은 유전적으로나 천성적으로 타고날 가능성이 있다. 규범의 내부화가 천성적이라는 간접적인 증거로서 규범을 따르는 일은 인간의 보편적인 특성의 하나로 교육받았고, 거의 모든 문화에서 공통적으로 나타난다.

또 긴티스는 만일 어떤 규범이 내부화되어 그것이 사적인 적응도를 증대시킨다면, 그러한 내부화를 촉진하는 유전자가 진화할 수 있다는 것을 수리 모델을 이용하여 나타냈다.

│ 사회적 감정 │

그러면 규범은 내부화된 후 어떻게 자기 자신에게 처벌이나 보상을 주는 것일까?

여기서 중요한 것이 사회적 감정이다. 주체의 협력 행동을 유발하는 감정을 특히 '순사회적 감정'이라 한다. 순사회적 감정에는 수치심, 죄악감, 회한, 분노 등이 있다. 이것들은 자기 자신이나 사회 규범에 비춰볼 때 부정한 행위를 했을 때 경험하는 불쾌한 감각이다. 반대로 규범을 준수했을 때 느끼는 쾌감도 있다. 이 같은 감정을 느낄 경우에는 당연히 자기 자신의 행동에 영향을 끼치게 될 것이다.

규범이 내부화되면 규범을 준수했을 경우에는 내적 보상으로서 쾌감을 얻고, 규범을 위반했을 때에는 내적 처벌로서 불쾌한 감정이 일어난다. 이런 감정은 사람의 효용 함수의 변수로서, 물질적 이익과 함께 효용을 낳고, 이것의 최대화가 목표가 된다. 따라서 간단히 말하면 규범을 지키지 않으면 불쾌감을 느끼기 때문에 그것을 피하기 위해 규범을 준수하는, 또는 규범을 지킴으로써 쾌감을 느끼기 때문에 규범을 지킨다는 결정이 아무런 자각 없이도 발생하는 것이다.

애덤 스미스는 내부화된 천성적인 감정이 협력 행동에 미치는 중요성을 이미 지적한 바 있다.

'정의를 지키는 일을 강제적으로 하기 위해 자연은 인간의 뇌 속에 정의를 침범했을 때 동반되는 처벌에 상당하는 의식, 상응적인 처벌에 대한 공포를 인류 결합의 위대한 보증으로서 심어둔 것이며, 이것이 약자를 보호하고 폭력을 누르고, 죄를 응징하게 하는 것이다.'

따라서 규범의 내부화와 그 규범에 동반하는 사회적 감정이 협력적 규범을 유지하는 강력한 힘이 될 수 있고, 동시에 집단 간 투쟁이라는 도태 압력이 약할 경우에도 협력 행동을 유지하는 일이 가능하게 된다. 제8장에 소개한 데이케어 센터 사례가 규범의 내부화와 그에 동반되는 사회적 감정이 행동에 영향을 끼치는 좋은 예다.

또한 매일 아침 기분 좋은 인사말을 빠뜨리지 않는 사람이나 사소한 일이라도 정중히 예를 차리는 사람에게 그렇게 하는 이유를 물으면, '그렇게 하지 않으면 기분이 안 좋다' 든지, '습관이 되어 있다' 는 답변을 자주 들을 수 있다. 즉 인사나 예를 갖춘다는 규범이 내부화되어 그렇게 하는 것으로 감정적인 보상을 얻을 수 있는 것이다. 내부화되기 위해서는 부모의 가르침이나 다른 사람을 모방하는 게 원인이지만, 일단 내부화되면 그것을 유지하기 위해서는 감정이 큰 역할을 하게 된다.

어떤 일에 대해 분노나 죄악감 등의 사회적인 감정을 느끼는지는 문화나 사회에 따라 다를지도 모른다. 그러나 사회적 감정을 느끼는 능력은 천성적인 것이다. 핀커(Steven Pinker)나 촘스키(Avram Noam Chomsky)가 주장하듯 언어를 사용하는 능력은 타고나는 것이지만, 구체적으로 어떤 언어를 몸에 익힐지는 부모나 주변 사람들의 영향에 의해 결정되는 것과 마찬가지다.

협력을 유지하는 천성적 능력

협력 관계를 유지하는 타고난 능력은 사회적 감정 이외에도 또 있다. 여러분은 제1장에 있는 문제 3을 기억하고 있는가. 다음과 같은 문제였다. 카드 4장이 있고, 카드 앞면에는 알파벳이, 뒷면에는 숫자가 적혀 있다. 지금 '모음이 적혀 있는 카드 뒤에는 짝수가 적혀 있어야 한다' 는 규칙이 성립한다는 것을 확인하기 위해서 어느 카드의 뒷면을 확인해야만 할까? 카드 4장에는 E, K, 4, 7이 적혀 있다. 정답은 E와 7이지만 이 문제에 대한 정답률은 10% 정도였다.

진화심리학자인 레다 코스미데스(Leda Cosmides)와 존 투비(John Tooby)는 사람이 이와 같은 일반적이고 추상적인 문제에 잘 답변할 수 있는 논리 능력을 갖추고 있지 않다고 말한다.

그리고 문제를 다음과 같이 바꾸면 정답률이 대폭 상승하는 것을 알수 있다. 그것은 문제를 '술을 마시고 있다면 20세 이상이다' 라고 하여 카드를 '맥주', '콜라', '16세', '24세' 로 하는 것이다. 맥주와 16세 카드를 확인해보면 된다. 이처럼 친숙한 문제로 바꾸면 정답률은 50% 정도까지 증가한다.

그러나 코스미데스는 이 문제에서 정답률이 올라가는 것은 문제 내용이 친숙하기 때문이 아니라 사람에게는 사회적인 규약(이 경우에는 '미성년자는 술을 마시면 안 된다')을 지키지 않은 사람을 간파하는 능력이 갖춰져 있기 때문이라고 주장한다. 이 능력을 코스미데스와 투비는 '배신자 검지 능력'이라 불렀다.

이 사실을 보여주기 위해 다음과 같이 일반인에게 친숙하지 않은 문제로 바꿔도 배신자 검지 능력 덕분에 정답률이 높아지는 것을 확인할 수 있었다. 문제는, 규칙을 '카사바(cassava) 뿌리를 먹고 있다면 얼굴에 문신이 없으면 안 된다'로, 카드를 '문신이 있다', '문신이 없다', '카사바 뿌리를 먹는다', '열매를 먹는다'라고 했다. 이 경우에서는 '문신이 없다'와 '카사바 뿌리를 먹는다'가 정답이지만 정답률은 꽤 상승했다.

코스미데스와 투비는 사람에게는 배신자 검지 능력이 갖춰져 있고, 그것이 사회에 협력을 추진하는 큰 힘이 된다고 주장한다. 이 능력은 무의식적으로 발동되지만 분노 등의 감정을 동반한다고 생각했으며, 사람이 진화 과정에서 몸에 익혀온 것이다. 두 사람은, '배신자 검지 모듈'이라 불리는 뇌의 일부가 이 기능을 분담하고 있고, 인간의 천성적인 성질이라고 주장한다.

더욱 재미있는 실험 결과를 홋카이도 대학 야마키시 토시오(山岸俊男) 교수 연구 그룹이 발표했다. 그것은 배신자는 보기만 해도 알 수 있다는 것이다. 그들의 실험에서는, 집단 행동의 딜레마 실험 종료 후에 또는 배신을 선택한 순간에 촬영한 참가자의 얼굴 사진을 다른 사람에게 보이고 판정하게 했더니 협력자인지 배신자인지 꽤 정확하게 판정했다. 특히 배신자에 대한 판정이 정확했다. 야마키시 팀은 배신자 검지 모듈에는 배신자의 얼굴을 구분하는 능력이 담겨 있는 것은 아닐까 추측하고 있다. 미국 속담에 '표지를 보고 책을 판단해서는 안 된다'는 말이 있지만 야마키시는 그것이 가능하지 않겠냐고 말하는 것이다.

타인의 마음을 추측하는 능력은 '마인드 리딩' 또는 '마음의 이론'이라 불리며, 선천적인 능력으로 보인다. 이 분야의 지도자 중 한 사람인

행 동 경 제 학

사이먼 바론 코엔은 이를 '마음을 읽는 본능'으로 표현하고 있다. 타인의 의도를 간파하거나 행동을 추측하는 능력은 자신이 협력 행동을 할지 말지를 결정하기 위해, 또는 상대가 배신자인지 아닌지를 간파하기 위해서도 필요하다.

마음을 읽는 능력 역시 협력을 유지하는 선천적인 능력 중 하나다. 예를 들면 제2장에 있는 그림 2-2를 떠올리기 바란다. 그 그림이 얼굴이라는 것, 특히 그 그림이 침울하고 고뇌하고 있는 얼굴이라고 생각할 수 있는 것은 마인드 리딩 덕분이다. 애덤 스미스나 데이비드 흄이 사회를 형성하는 기반으로서 중시한 '공감'하는 힘도 마인드 리딩이라는 능력이 있고서야 발휘된다. 자폐증 환자는 마인드 리딩을 잘하지 못한다고 하지만 그런 사람들의 행동이야말로 가장 경제적 인간다웠던 것은 제8장에서 살펴본 대로다.

진화심리학자인 로빈 던바는 언어도 배신자를 검지하는 장치로서 작동한다고 한다. 그는 지구에 수많은 언어와 방언이 있는 것은 타인을 적인지 아군인지 구별하는 데 필요하기 때문이라고 주장한다. 같은 집단에 속한 사람은 같은 언어를 사용하기 때문에 집단이 다른 사람이 다른 언어를 사용하면 구분하기가 쉽다.

일본 가고시마 사투리는 다른 지방 사람이 이해하기 어려운 방언으로 유명한데, 이는 타 지방 사람과 자신의 지방을 쉽게 구분하기 위해 일부러 어렵게 만들었다는 설이 있다. 이것이 사실이라면 던바의 주장을 증명하는 실례가 될 것이다.

사람이 언어를 획득하는 능력은 타고나기 때문에 언어 역시 협력을 촉진하는 선천적인 장치 가운데 하나라고 말할 수 있다.

협력 관계를 유지하기 위해서는 이처럼 다양한 능력이 필요하다는 것은 협력 관계가 인간 사회에, 그리고 그 사회에 속하는 개인에게 얼마나 이로움이 많은지, 그리고 협력 관계를 만드는 일이 얼마나 어려운 것인지를 시사한다.

유전자와 문화는 공진화한다

사회적인 감정이나 마인드 리딩 같은 협력 관계를 유지·촉진하는 능력은 자손에게 유전적으로 전달된다. 그리고 협력 행동은 문화적으로 진화한다. 즉 유전적·문화적 성질이 대대손손 이어져 협력 행동이 진화하고, 어느 한쪽의 성질이 결여되면 협력 행동은 진화하지 않는다. 이런 의미에서 협력 행동은 유전자와 문화의 공진화가 창조해낸 것 가운데 하나다.

'가문보다는 가정환경이 중요하다' 는 말이 있다. 타고난 유전적인 성질보다도 교육과 같은 후천적 환경이 인간 형성에 더 많은 영향을 끼친다는 것을 의미한다. 반대로 선천적인 성질이 대부분을 결정한다는 의견도 있다. 여기서 주장하는 유전자와 문화의 공진화란 '가문보다는 가정환경'을 말하는 것이다. 단순히 양쪽 모두 중요하다고 말하는 것이 아니라 양자가 상호보완됨으로써 적응하기 쉬운 성질이 된다는 것이다.

유전자와 문화의 공진화 사례로서 신체의 건강함이 있다. 현대인은 초기 인류에 견줘 신체가 건장하지 않은데 그것은 수렵을 위한 무기를 만드는 기술의 진보와 관련되어 있다고 한다. 무기가 발명되기 전에는 수렵을 하려면 튼튼한 신체조건이 필요했지만 무기가 발명된 후에는 튼튼하지 않은 신체도 적응할 수 있게 되었다. 때문에 신체는 이전에 비해 튼튼하지 않게 된 것이다. 무기를 만드는 기술이라는 문화와 튼튼한 신체를 만드는 유전자가 서로 영향을 끼쳐 현대인과 같은 신체로 진화한 것이다.

'유전자와 문화는 탄력이 있지만 부서지지 않는 사슬로 연결되어 있다' (램즈덴과 윌슨《정신의 기원에 대해》).

결국 사람은 합리적인가?

감정의 움직임은 크다. 물질과 마찬가지로 감정이 쾌감을 가져다주는 까닭에 사람은 행동하는 것이다.

그림셔와 도리스(M. D. Dorris)는, 인간은 생리적인 의미에서 효용 최대화를 목표로 하고 있는 것은 아닐까라고 말한다. 주류 경제학이 말하는 효용 최대화와는 달리 물질적 만족뿐만 아니라 감정이 주는 쾌감을 포함한 이른바 총효용을 최대로 하려는 것이 생리적 효용 최대화다. 필시 그것은 인간이 진화에 의해 얻은 성질이라고 생각된다. 그러나 생리적 효용 최대화가 성립한다는 확증은 아직 얻을 수 없었다.

이타적 행동은 타인에게 주는 그 자체, 즉 타인이 기뻐하는 것에 대해서 또는 '타인과 협력한다'는 규범을 지키는 것에서 기쁨을 느껴 이뤄진다.

이런 측면에서 자기만족을 추구하는 결과로서 이타적인 행동이 이뤄지는 것이기 때문에 엄밀한 의미에서는 이기적인 행동이라 할 수 있을 것이다.

자기 자신의 만족이 전혀 동반되지 않은 완전히 자기희생적인 이타적 행동은 아직 관찰되지 않았다. '평균적인 인간의 약 95%는 좁은 의미로 이기적'이라고 고든 털록(Gordon Tullock)은 서술했지만 나머지 5%가 존재한다는 증거는 없다.

　그러나 이렇게 말해도 사람의 이타적인 행동이 누리는 지위를 폄하하는 것은 아니다. 협력 행동이 사회 구성원에게 중요한 덕목이고, 협력 행동을 하는 사람이 칭찬받는다.

　'사욕은 모든 악의 근원으로서 비난받지만 선행의 기초로서 칭송받아 좋을 경우도 가끔 있다'〔라 로슈푸코(La Rochefoucauld, Francois, duc de)《잠언집》〕.

　요컨대 인간은 이기적으로 효용 최대화를 지향하게 된다. 그러나 이것은 표준적인 경제적 인간 가설에 맞지 않다는 것을 그동안 살펴봤다.

　결국 인간은 자신을 둘러싼 환경이나 생태에 적합한 결정을 한다는 의미에서 합리성을 지니고 있다고 말할 수 있다. 이런 뜻에서 버넌 스미스와 기거렌저는 합리성을 '생태적 합리성'이라 하고, 사이먼과 프랭크는 '적응적 합리성'이라 불렀다.

　이 같은 합리성을 지닌 인간 행동에 관해 더 심층 있는 연구가 필요하다. 행동경제학이 그것을 위해 확실한 방법을 제공할 수 있을 것이다.

행동경제학은 엄밀한 논리 전개나 모델 만들기가 어렵다는 비판을 받는다. 주류 경제학은 수리 모델화가 쉽고 정확성을 갖추고 있다. 따라서 주류 경제학이 우수하다는 주장도 있다. 그러나 잘못된 것보다는 어느 정도 올바른 쪽이 오히려 도움이 된다. 멈춰 있는 시계는 하루에 2번 정확한 시간을 가리키지만, 1분 빨리 가고 있는 시계는 한 번도 정확한 시간을 맞추지 못한다. 그러나 어느 쪽이 도움이 되는지는 확실하다.

이 책에서는 행동경제학의 정책적 의미에 대해서는 충분히 설명할 수 없었다. 정책이란 인간의 행동을 조절하고 희망하는 방향으로 움직이게 하는 것이기 때문에 효과적인 정책 입안을 위해서는 인간에 대한 이해가 필수 불가결하다.

영국의 경제학자 슈마허(Ernst Friedrich Schumacher)는 "나는 '구두가게'(Shoemaker)라는 이름으로 불리기도 한다. 이런 집안 배경 덕분에

솜씨 좋은 구두 가게에 대해 잘 알고 있다. 빼어난 구두 수선공이 되려면 구두를 잘 만드는 지식만으로는 부족하다. 그보다 먼저 발에 관한 지식이 필요하다"〔《작은 것이 아름답다》(Small is Beautiful) : 슈마허가 중간 기술의 중요성을 주장하며 출간한 경제 비평서. 중간 기술이라는 개념은, 근대 기술이 많은 에너지를 소비하는 데 비하여 자원 재생과 지역 에너지의 활용을 도모하는 동시에 지역의 고용 관계까지 배려하는 기술로서 1776년 애덤 스미스의 《국부론》이 출간된 이래 200년을 지배해온 '규모의 경제'(economy of scale)에 도전한 것임. 과학 기술의 발달에 따른 개발도상국과 선진국의 소득 불균형 심화 현상을 타개하기 위한 새로운 과학 기술을 말한다. : 역주〕고 서술했다. '구두'를 '정책'으로, '발'을 '인간'으로 바꿔 생각하면 된다. 정책에 대한 강론은 후일을 기하자.

지금까지 행동경제학에 관한 논의들을 음미하였는지 모르겠다. 이 책을 읽고 '행동경제학이 재미있다'고 느낀다면 필자로서는 실로 기쁜 일이다.

또한 이 책의 내용 가운데 잘못이 있거나 설명이 불충분한 부분에 대해서 지적해주면 고맙겠다.

본서의 집필에 도움을 주신 분들에게 진심으로 감사한다.

주요 참고 문헌

제1장

· Arrow, K. J., 1986, Rationality of Self and Others in an Economic System, *Journal of Business*, vol.59.
· Camerer, C. F., 1987, Do Biases in Probability Judgment Matter in Markets?, *American Economic Review*, vol.77, pp.981-997.
· Camerer, C., 2003, *Behavioral Game Theory: Experiments in Strategic Interaction*, Princeton University Press.
· Friedman, M., 1956, *Essays in Positive Economics*, University of Chicago Press. (佐藤 ・ 長谷川訳, 1977,『実証的経済学の方法と展開』, 富士書房)
· Gardner, H., 1985, *The Mind's New Science: A History of the Cognitive Revolution*, Basic Books. (佐伯 ・ 海保監訳, 1987,『認知革命 ：知の科学の誕生と展開』, 産業図書)
· Kahneman, D.l, 2003, Autobiography, Nobel e-Museum, http:www.nobel.se/economics/laureates/2002/kahneman-aoutobio.html
· Katona, G., *Psychological Analysis of Econmic Behaviour*, Greenwood. (社会行動研究所訳, 1964,『消費者行動 ：その経済心理学的研究』, ダイヤモンド社)
· Keynes, J. M., 1937, *The General Theory of Employment, Interest, and Money*. (塩野谷訳, 1941,『雇用 ・ 利子および貨幣の一般理論』, 東洋経済新報社)
· Rabin, M., 2002, A Perspective on Psychology and Economics, *European Economic Review*, vol.46, pp.657-685.
· Russell, T. and R. Thaler, 1985, The Relevance of Quasi Rationality in Competitive Markets, *American Economic Review*, vol.75, pp.1071-1082.
· Selten, Reinhard, 1990, Bounded Rationality, *Journal of Institutional and Theoretical Economics*, vol.146, pp.649-658.
· Sen, Amartya, 1987, *On Ethics and Economics*. (德永・松本・青山訳, 2002,『経済学の再生 ：道徳哲学への回帰』, 麗澤大学出版会)
· 塩沢由典, 1990,『市場の秩序学』, 筑摩書房
· Simon, H. A., 1983, *Reason in Human Affairs*, Stanford University Press. (佐佐木 ・ 吉原訳, 1987,『意思決定と合理性』, 文真堂)
· Simon, H. A., 1991., *Models of My Life*, Basic Books. (安西, 安西訳, 1998,『学者人生のモデル』岩波書店)
· Smith, Adam, 1759, *The Theory of Moral Sentiment*. (水田訳,『道徳感情論』, 岩波書店)
· Smith, Adam, 1776, The Wealth of Nations. (水田・杉山訳,『国富論』, 岩波書店)
· Tversky, A. and Daniel K., 1986, Rational Choice and the Framing of Decisions, *Journal of Business*, vol.59, pp.S251-S278.

· Veblen, T., 1899, *The Theory of the Leisure Class*. (高訳, 1998, 『有閑階級の理論』, 筑摩書房)

제2장
· Frank, R. H., 2004, *What Price the Moral High Ground?: Ethical Dilemmas in Competitive Environments*, Princeton University Press.
· Mckelvey, R. and T. Palfrey, 1992, An Experimental Study of the Centipede Game, *Econometrica*, vol.60, pp.803-836.
· 三浦俊彦, 2002, 『論理パドクス』, 二見書房
· Vos Savant, M., 1997, *The Power of Logical Thinking*, St Martins Press. (東方訳, 2002, 『気がつかった数字の罠』, 中央経済社)

제3장
· Bargh J. A., 2002, Losing Consciousness: Automatic Influences on Consumer Jodgment, Behavior, and Motivation, *Journal of Consumer Research*, vol.29, no.2, pp.280-285.
· Bargh, J. A. and T. L. Chartland, 1999, The Unbearable Automaticity of Being, *American Psychologist*, vol.54, no.7, pp.462-479.
· Camerer, C. and G. Loewenstein, 2004, Behavioral Economics: Past, Present, Future, in: Camerer, C., G. Loewenstein and M. Rabin(eds.), 2004, *Advances in Behavioral Economics*, Russell Sage Foundation and Princeton University Press, pp.3-51.
· Chapman, G. B. and E. J. Johnson, 2002, Incorporating the Irrelevant : Anchors in Judgments of Belief and Value, in: Gilovich, T., D. Griffin and D. Kaheneman(eds.), 2002, *Heuristics and Biases: The Psychology of Intuitive Judgment*, Cambiridge University Press, pp.120-138.
· デネット, ダニエル (信原訳, 1987, 「コグニティブ・ホイールー人工知能におけろフレーム問題」, 『現代思想』, 青土社, 15巻, 5号, 128-150p
· Fischhoff, B., 1975, Hindsight ≠ Foresight: The Effects of Outcome knowledge on Judgment under Uncertainty, *Journal of Experimental Psychology: Human Perception and Performance*, vol.1, pp.288-299.
· Gigeranzer, G., P. M. Todd and the ABC Research Group, 1999, *Simple Heuristics that Makes Us Smart*, Oxford University Press.
· Gilovich, T., 1991, *How We Know What Isn't So: The Fallivility of Human Reason in Everyday Life*, Macmillan. (守 ・ 守訳, 1993, 『人間 この信じやすきもの』, 新曜社)
· 稲田浩一, 松原仁, 1994, 「情報の部分性」, 松岡正剛他, 1994, 『複雑性の海へ』, NTT出版, 180-195p

· Kahneman, D., 2003, Maps of Bounded Rationality: Psychology for Behavioral Economics, *American Economic Review*, vol.93, No.5 pp.1449-1475.

· Kahneman, D. and S. Frederick, 2004, *Models of Man: Essays in Memory of herbert A.Simon*, MIT Press, pp.411-432.

· Kahneman, D. and A. Tversky, 1972, Subjective Proability: A Judgment of Representativeness, *Cognitive Psychology*, vol.3, pp.430-454.

· Kahneman, D. and A. Tversky, 1973, On the Psychology of Prediction, *Psychological Review*, vol.80, pp.237-251.

· Kahneman, D. and A. Tversky, 1983, Extensional versus Intuitive Reasoning: The Conjunction Fallacy in Probability Judgment, *Psychological Review*, vol.91, pp.293-315.

· Mussweiler, T., B. Englich and F. Strack, 2004, Anchoring Effect, in: Pohl, Rüdiger F.(ed.), 2004, *Cognitive Illusions: A Handbook on Fallacies and Biases in Thinking, Judgment and Memory*, Psychology Press, pp.183-200.

· Northcraft, G. B. and M. A.Neale, 1987, Experts, Amateurs, and Real Estate: an Anchoring-and-Adjustment Perspective on Property Pricing Decisions, *Organizational Behavior and Human Decision Processes*, vol.39, pp.84-87.

· Polay, G., 1945, *How to Solve It*. (柿内訳, 1954, 『いかにして問題をとくか』, 丸善)

· Rabin, M., 2003, The Nobel Memorial Prize for Daniel Kahneman, *Scandinavian Journal of Economics*, vol.105, no.2, pp.157-180.

· Rabin, M., 2004, Behavioral Economics, in: Szenberg, M. and L. Ramrattan(eds.), 2004, *New Frontiers in Economics*, Cambridge University Press, pp.68-102.

· Shafir, E., I. Simonson and A. Tversky, 1993, Reason-Based Choice, *Cognition*, vol.49, pp.11-36.

· Sherman, S. J., R. B. Cialdini, D. F. Schwartzman and K. D. Reynolds, 1985, Imaging Can Heighten or Lower the Perceived Likelihood of Contracting a Disease: The Mediating Effect of Ease of Imagery, *Personality and Social Psychology Bulletin*, vol.11, pp.118-127.

· Shiller, R. J., 2000, *Irrational Exuberance*, Princeton University Press. (植草監訳, 2001, 『根拠なき熱狂』, ダイヤモンド社)

· Sloman, S. A., 2002, Two Systems of Reasoning, in: Gilovich, T., D. Griffin and D. Kaheneman(eds.), 2002, *Heuristics and Biases: The Psychology of Intuitive Judgment*, Cambridge University Press, pp.379-396.

· Tversky, A. and D. Kahneman, 1971, Beliefs in the Law of Small Numbers, *Psychological Bulletin*, vol.2, pp.105-110.

· Tversky, A. and D. Kahneman, 1973, Availability: A Heuristic for Judging Frequency and Probability, *Cognitive Psychology*, vol.4, pp.207-232.

· Tversky, A. and D. Kahneman, 1974, Judgment under Uncertainty: Heuristics and Biases, *Science*, vol.185, pp.1124-1131.
· Tversky, A. and D. Kahneman, 1982, Judgments of and by Representativeness, in: Kahneman, D., P. Slovic and A. Tversky (eds.), 1982, *Judgment under Uncertainty: Heuristics and Biases*, Cambridge University Press, pp.84-98.

제4장
· Allais, M., 1952, Fondements d'une Theorie Positive des Chix Comportant un Risque et Critique des Postulats et Axiomes de L'Ecole Americaine, *Econometrie*, vol.15, pp.257-332. (English translation: The Foundations of a Positive Theory of Choice Involving Risk and a Criticism of the Postulates and Axioms of the American School, in: Allais, M. and O.Hagen(eds.), 1979, *Expected Utility Hypothesis and the Allais Paradox*, Reidel, pp.27-145.
· Baron, J., 2000, *Thinking and Deciding*(3rd edition), Cambridge University Press.
· Gonzalez, R. and G. Wu, 1999, On the Shape of the Probability Weighting Function, *Cognitive Psychology*, vol.38, pp.129-166.
· Hastie, R. and R. M.Dawes, 2001, *Rational Choice in an Uncertain World: The Psychology of Judgment and Decision Making*, Sage.
· Horowitz, J. K. and K. E. McConnell, 2002, A Review of WTA/WTP Studies, *Journal of Environmental Economics and Management*, vol.44, pp.426-447.
· Kahneman, D. and A. Tversky, 1979, Prospect Theory: An Analysis of Decision under Risk, *Econometrica*, vol.47, no.2, pp.263-291.
· Prelec, D., 2000, Compound Invariant Weighting Functions in Prospect Theory, in: Kahneman, D. and A. Tversky(eds.), 2000, *Choices, Values and Frames*, Cambridge University Press, pp.67-92.
· Thaler, R. H., 1980, Toward a Positive Theory of Consumer Choice, *Journal of Economic Behavior and Organization*, vol.1, pp.39-60.
· Thaler, R. H., 1987, The Psychology of Choice and Assumptions of Economics, in: Roth, A. E.(ed.), 1987, *Laboratory Experimentation in Economics: Six Points of View*, Cambridge University Press, pp.99-131.
· Tversky, A. and C. R. Fox, 1995, Weighing Risk and Uncertainty, *Psychological Review*, vol.102, no.2, pp.269-283.
· Tversky, A. and D. Kahneman, 1991, Loss Aversion in Riskless Choice: A Reference-Dependent Model, *Quarterly Journal of Economics*, vol.106, no.4, pp.1039-1061.
· Tversky, A. and D. Kahneman, 1992, Advances in Prospect Theory:Cumulative Representation of Uncertainty, *Journal of Risk and Uncertainty*, vol.5, no.4,

pp.297-323.

제5장

· Bewley, T. 1999, *Why Wages Don't Fall During a Recession*, Harvard University Press.
· Hartman, R. S., M. J. Doane and Chi-Keung Woo, 1991, Consumer Rationality and the Status Quo, *Quarterly Journal of Economics*, vol.106, pp.141-162.
· Kahneman, D., J. L. Knetsch and R. H. Thaler, 1986, Fairness as a Constraint on Profit Seeking: Entitlement in the Market, *American Economic Review*, vol.76, pp.728-741.
· Kahneman, D., J. L. Knestch and R. H. Thaler, 1990, Experimental Tests of the Endowment Effect and the Coase Theorem, *Journal of Political Economy*, vol.98, no.6, pp.1325-1348.
· Kahneman, D. and C. Varey, 1991, Notes on the Psychology of Utility, in: Elster, J. and J. E. Roemer(eds.), 1991, *Interpersonal Comparisons of Well-being*, Cambridge University Press, pp.127-163.
· Knetsch, J. L., 1989, The Endowment Effect and Evidence of Nonreversible Indifference Curves, *American Economic Review*, vol.79, pp.1277-1284.
· Knetsch, J. L. and J.A. Sinden, 1984, Willingness to Pay and Compensation Demanded: Experimental Evidence of an Unexpected Disparity in Measures of Value, *Quarterly Journal of Economics*, vol.99, pp.507-521.
· Novemsky, N. and D. Kahneman, 2005, The Boundaries of Loss Aversion, *Journal of Marketing*, vol.42, pp.119-128.
· Quattrone, G. A. and A. Tversky, 1988, Contrastiong Rational and Psychological Analysis of Political Choice, *American Political Science Review*, vol.82, pp.719-736.
· Samuelson, W. and R. Zeckhauser, 1988, Status Quo Bias in Decision Making, *Journal of Risk and Uncertainty*, vol.1, pp.7-59.
· Van Boven, Leaf, G. Loewenstein and D. Dunning, 2003, Mispredicting the Endowment Effect: Underestimation of Owner's Selling Prices by Buyer's Agent, *Journal of Economic Behavior and Organization*, vol.51, pp.351-365.

제6장

· Arkes, H. R. and P. Ayton, 1999, The Sunk Cost and Concorde Effects: Are Humans Less Rational Than Lower Animals?, *Psychological Bulletin*, vol.125, no.5, pp.591-600.
· Arkes, H. R. and c. Blumer, 1985, The Psychology of Sunk Cost, *Organizational Behavior and Human Decision Processes*, vol.35, pp.124-140.

· Benartzi, S. and R. H. Thaler, 1995, Myopic Loss Aversion and the Equity Premium Puzzle, *Quarterly Journal of Economics*, vol.110, pp.73-92.

· Iyengar, S. S. and M. Lepper, 2000, When Choice Is Demotivating: Can One Desire Too Much of a Good Thing?, *Journal of Personality and Social Psychology*, vol.76, pp.995-1006.

· Iyengar, S. S., W. Jiang and G. Huberman, 2003, How Much Choice Is Too Much?: Contributions to 401(k) Retirement Plans, Pension Research Council Working Paper 2003-10, Wharton School, University of Pennsylvania.

· Johnson, E. J. and D. Goldstein, 2004, Defaults and Donation Decisions, *Transplantation*, vol.78, no.12, pp.1713-1716.

· Kooreman, P., R. P. Faber and H. M.J. Hofmans, 2004, Charity Donations and the Euro Introduction: Some Quasi-Experimental Evidence on Money Illusion, *Journal of Money, Credit, and Banking*, vol.36, no.6 pp.1121-1124.

· Read, D., G. Loewenstein and M. Rabin, 1999, Choice Bracketing, *Journal of Risk and Uncertainty*, vol.19, no.1-3, pp.171-197.

· Schwartz, B., 2004, *The Paradox of Choice: Why More Is Less*, harper Collins.

· Schwartz, B., A. Ward, J. Monterosso, S. Lyubomirsky, K. White and D. R. Lehaman, 2002, Mazimizing versus Satisficing: Happiness Is a Matter of Choice, *Journal of Personality and Social Psychology*, vol.83, no.2, pp.1178-1197.

· Shafir, E., P. Diamond and A. Tversky, 1997, Money Illusion, *Quarterly Journal of Economics*, vol.112, pp.341-374.

· Shafir, E., I. Simonson and A. Tversky, 1993, Reason-Based Choice, *Cognition*, vol.49, pp.11-36.

· Simonson, I., 1989, Choice Based on Reason: The Case of Attraction and Compromise Effect, *Journal of Consumer Research*, vol.16, pp.158-174.

· Simonson, I. and A. Tversky, 1992, Choice in Context: Tradeoff Contrtast and Extremeness Aversion, *Journal of Marketing Research*, vol.29, pp.281-295.

· Soman, D. and A. Cheema, 2001, The Effect of Windfall Gains on the Sunk-Cost Effect, *Marketing Letters*, vol.12, no.3, pp.51-62.

· Stigler, G. J. and G. S. Becker, 1977, De Gustibus Non Est Disputandum, *American Economic Review*, vol.67, pp.76-90.

· Thaler, R. H., 1985, Mental Accounting and Consumer Choice, *Marketing Science*, vol.4, pp.199-214.

· Thaler, R. H., 1999, Mental Accounting Matters, *Journal of Behavioral Decision Making*, vol.12, pp.183-206.

· Thaler, R. H. and E. J. Johnson, 1990, Gambling with the House Money and Trying to Break Even: The Effects of Prior Outcomes on Risky Choice, *Management Science*, vol.36, no.6, pp.643-661.

· Tversky, A. and D. Kahneman, 1981, The Framing of Decisions and the Psychology of Choice, *Science*, vol.211, pp.453-458.

제7장

· Ainslie, G., 1992, Picoeconomics: *The Strategic Interaction of Successive Motivational States within the Person*, Cambridge University Press.
· Ainslie, G., 2001, *Breakdown of Will*, Cambridge University Press.
· Benzion, U., A. Rapoport and J. Yagel, 1989, discount Rates Inferred from Decisions: An Experimental Study, *Management Science*, vol.35, pp.270-284.
· Borghans, L. and B. H.H. Golsteyn, 2006, Time Discounting and the Body Mass Index: Evidence from the Netherlands, *Economics and Human Biology*, vol.4, pp.39-61.
· Frank, R. H., 2005, Does Absolute Income Matter?, in: Bruni, L. and P. L. Porta(eds.), 2005, *Economics and Happiness: Framing the Analysis*, Oxford University Press, pp.65-90.
· Frank, R. H. and R. M. Hutchens, 1993, Wages, Seniority, and the Demand for Rising Consumption Profiles, *Journal of Economic Behavior and Organization*, vol.21, pp.251-276.
· Frederick, S., G. Loewenstein and T. O'Donoghue, 2002, Time Discountiong and Time Preference: A Critical Review, *Journal of Economic Literature*, vol.40, pp.351-401.
· Hausman, J., 1979, Individual Discount Rates and the Purchase and Utilization of Energy-Using Durables, *Bell Journal of Economics*, vol.10, pp.33-54.
· Hsee, C. K., F. Yu, J. Zhang and Y. Zhang, 2003, Medium Maximization, *Journal of Consumer Research*, vol.30, pp.1-14.
· Hsee, C. K. and R. hastie, 2006, Decision and Experience: Why Don't We Choose What Makes Us Happy?, *Trends in Cognitive Sciences*, Vol.10, no.1 pp.31-37.
· Hsee, C. K. and J. Zhang, 2004, Dstinction Bias: Misprediction and Mischoice Due to Joint Evaluation, *Journal of Personality and Scoial Psychology*, vol.86, no.5, pp.680-695.
· Hsee, C. K., J. Zhang, F. Yu and Y. Xi, 2003, Lay Rationalism and Inconsistency between Predicted Experiece and Decision, *Journal of Behavioral Decision Making*, vol.16, pp.257-272.
· Kahneman, D., 1994, New Challenges to the Rationality Assumption, *Journal of Institutional and Theoretical Economics*, vol.150, no.1, pp.18-36.
· Kahneman, D., 2000, Experienced Utility and Objective happiness: A Moment-Based Approach, in: Kahneman, D. and A. Tversky (eds.), 2000, *Choices, Values*

and Frames, Cambridge University Press, pp.673-693.

· Kahneman, D., B. L. Fredrickson, C. A. Schreiber and D. A. Redelmeier, 1993, When More Pain is Preferred to Less: Adding a Better End, *Psychological Science*, vol.4, pp.401-405.

· Kahneman, D. and J. Snell, 1992, Predicting a Changing Taste: Do People Know What They Will Like?, *Journal of Behavioral Decision Making*, vol.5, pp.187-200.

· Kahneman, D., P. P. Wakker and R. Sarin, 1997, Back to Bentham? Explorations of Experienced Utility, *Quarterly Journal of Economics*, vol.112, pp.375-405.

· Laibson, D., 1997, Golden Eggs and Hyperbolic Discounting, *Quarterly Journal of Economics*, vol.112, pp.443-477.

· Langer, T., R. Sarin and M. Weber, 2005, The Retrospective Evaluation of Payment Sequences: Duration Neglect and Peak-and-End Effects, *Journal of Economic Behavior and Organization*, vol.58, pp.157-175.

· Liberman, N. and Y. Trope, 2003, Construal Level Theory of Intertemporal judgment and Decision, in: Loewenstein, G., D. Read and R. F. Baumeister(eds.), 2003, *Time and Decision: Economic and Psychological Perspectives on Intertemporal Choice*, Russell Sage, pp.245-276.

· Loewenstein, G., 1987, Anticipation and the Valuation of Delayed Consumption, *Economic Journal*, vol.97, pp.666-684.

· Loewenstein, G., 1996, Out of Control: Visceral Influences on Behavior, *Organizational Behavior and human Decision Processes*, vol.65, pp.272-292.

· Loewenstein, G. and D. Adler, 1995, A Bias in the Prediction of Tastes, *Economic Journal*, vol.105, pp.929-937.

· Loewenstein, G., T. O'Donoghue and M. Rabin, 2003, Projection Bias in Predicting Future Utility, *Quarterly Journal of Economics*, vol.118, pp.1209-1248.

· Loewenstein, G. and D. Prelec, 1991, Negative Time Preference, *American Economic Review*, vol.81, pp.347-352.

· Loewenstein, G. and D. Prelec, 1992, Anomailes in Intertemporal Choice: Evidence and an Interpretation, *Quarterly Journal of Economics*, vol.107, no.2, pp.573-597.

· Loewenstein, G. and D. Prelec, 1993, Preferences for Sequences of Outcomes, *Psychological Review*, vol.100, no.1, pp.91-108.

· Loewenstein, G., D. Read and R. F. Baumeister, 2003, Introduction, in: Loewenstein, G., D. Read and R. F. Baumeister(eds.), 2003, *Time and Decision: Economic and Psychological Perspectives on Intertemporal Choice*, Russell Sage, pp.1-11.

· Loewenstein, G. and N. Sicherman, 1991, Do Workers Prefer Increasing Wage Profiles?, *Journal of Labor Economics*, vol.9, no.1, pp.67-84.

- Parfit, D., 1984, *Reasons and Persons*, Clarendon. (森村訳, 1998,『理由と人格 ： 非人格性の論理へ』, 勁草書房)
- Redelmeier, D. A. and D. Kahneman, 1996, Patients' Memories of Painful Medical Treatments: Real-Time and Restropective Evaluations of Two Minimally Invasive Procedures, *pain*, vol.66, no.1, pp.3-8.
- Read, D., 2004, Intertemporal Choice, in: Koehler, D. J. and N. Harvey(eds.), 2004, *Blackwell handbook of Judgment and Decision Making*, Blackwell, pp.424-443.
- Read, D., S. Frederick, B. Orsel and J. Rahman, 2005, Four Scores and Seven Years from Now: The Date/Delay Effect in Temporal Discounting, *Management Science*, vol.51, no.9, pp.1326-1335.
- Rubinstein, A., 1998, *Modeling Bounded Rationality*, MIT Press.
- Rubinstein, A., 2003, "Economics and Psychology"? The Case of Hyperbolic Discounting, *International Economic Review*, vol.44, no.4, pp.1207-1216.
- Sagristano, M. D., Y. Trope and N. Liberman, 2002, Time Dependent Gambling: Odds Now, Money Later, *Journal of Experimental Psychology: General*, vol.131, no.3, pp.364-376.
- Samuelson, P., 1937, A Note on Measurement of Utility, *Review of Economic Studies*, vol.4, pp.155-161.
- Simonson, I., 1990, The Effect of Purchase Quantity and Timing on Variety Seeking Behavior, *Journal of Marketing Research*, vol.27, no.2, pp.150-162.
- Strotz, R.H., 1955-56, Myopia and Inconsistency in Dynamic Utility Maximization, *Review of Economic Studies*, vol.23, pp.165-180.
- Thaler, R., 1981, Some Empirical Evidence on Dynamic Inconsistency, *Economics Letters*, vol.8, pp.201-207.
- Thaler, R. H., 1992, *The Winner's Curse*, Free Press. (篠原訳, 1998,『市長と感情 の経済学』, ダイヤモンド社)
- Thaler, R. H. and H. M. Shefrin, 1981, An Economic Theory of Self-Control, *Journal of Political Economy*, vol.89, no.2 pp.392-406.
- Trope, Y. and N. Liberman, 2000, Temporal Construal and Time-Dependent Change in Preference, *Journal of Personality and Social Psychology*, vol.79, no.6, pp.876-889.
- Trope, Y. and N. Liberman, 2003, Temporal Construal, *Psychological Review*, vol.110, no.3, pp.403-421.
- Trope, Y. and N. Liberman, 2003, Temporal Construal Theory of Time-Dependent Preference, in: Brocas, I. and J. D. Carrillo (eds.), 2003, *The Psychology of Economic Decisions Volume I: Rationality and Well-being*, Oxford University Press, pp.235-252.

· 山田英世, 1967, 『ベンサム』, 清水書院

제8장

· Abbink, K., B. Irlenbusch and E. Renner, 2000, The Moonlighting Game: An Experimental Study on Reciprocity and Retribution, *Journal of Economic Behavior and Organization*, vol.42, pp.265-277.
· Alexander, R. D., 1987, *The Biology of Moral Systems*, Gruyter.
· Anderson, C. M. and L. Putterman, 2006, Do Non-Strategic Sanctions Obey the Law of Demand? The Demand for Punishment in the Voluntary Contribution Mechanism, *Games and Economic Behavior*, vol.54, pp.1-24.
· Andreoni, J., 1988, Why Free Ride? Strategies and Learning in Public Goods Experiments, *Journal of Public Economics*, vol.37, pp.291-304.
· Arrow, K. J., 1972, Gifts and Exchange, *Philosophy and Public Affairs*, vol.1, pp.343-362.
· Berg, J., J. Dickhaut and K. McCabe, 1995, Trust, Reciprocity, and Social History, *Games and Economic Behavior*, vol.10, pp.122-142.
· Blount, S., 1995, When Social Outcomes Aren't Fair: The Effect of Causal Attributions on Preferences, *Organizational Behavior and Human Decision Processes*, vol.63, no.2, pp.131-144.
· Bolton, G. E. and Axel Ockenfels, 2000, ERC: A Theory of Equity, Reciprocity, and Competition, *American Economic Review*, vol.90, no.1, 99.166-193.
· Camerer, C. F. and E. Fehr, 2006, When Does "Economic Man" Dominate Social Behavior?, *Science*, vol.311, pp.47-52.
· Carlsmith, K. M., J. M. Darley and P. K. Robinson, 2002, Why Do We Punish?: Deterrence and Just Desert as motives for Punishment, *Journal of Personality and Social Psychology*, vol.83, no.2, pp.284-299.
· Dufwenberg, M. and G. Kirchsteiger, 2004, A Theory of Sequential Reciprocity, *Games and Economic Behavior*, vol.47, pp.268-298.
· Falk, A., E. Fehr and U. Fischbacher, 2000, Testing Theories of Fairness: Intentions Matter, Working Paper No.63, Institute for Empirical Research in Economics, University of Zurich.
· Falk, A., E. Fehr and U. Fischbacher, 2003, On the Nature of Fair Behavior, *Economic Inquiry*, vol.41, no.1, pp.20-26.
· Falk, A., E. Fehr and U. Fischbacher, 2005, Driving Forces Behind Informal Sachions, *Econometrica*, vol.73, no.6, pp.2017-2030.
· Fehr, E. and A. Falk, 2002, Psychological Foundations of Incentives, *European Economic Review*, vol.46, pp.687-724.
· Fehr, E. and U. Fischbacher, 2002, Why Social Preferences matter: The Impact of

Non-Selfish Motives on Competition, Cooperation and Incentives, *Economic journal*, vol. 112, pp.C1-C33.

· Fehr, E. and U. Fischbacher, 2003, The Nature of Human Altruism, *Nature*, vol.423, pp.785-791.

· Fehr, E. and U. Fischbacher, 2004, Third-Party Punishment and Social Norms, *Evolution and Human Behavior*, vol.25, pp.63-87.

· Fehr, E. and U. Fischbacher, 2004, Social Norms and Human Cooperation, *Trends in Cognitive Sciences*, vol.8, No.4, pp.185-190.

· Fehr, E. and U. Fischbacher, 2005, The Economics of Strong Reciprocity, in: Gintis, H., S. Bowles, R. Boyd and E. Fehr(eds.), 2005, *Moral Sentiments and Material Interests: The Foundations of Cooperation in Economic Life*, MIT Press, pp.151-192.

· Fehr, E. and U. Fischbacher, 2005, Human Altruism: Proximate Patterns and Evolutionary Origins, *Analyse & Kritik*, vol.27, pp.6-47.

· Fehr, E., U. Fischbacher and E. Tougareva, 2002, Do High Stakes and Competition Undermine Fairness? Evidence from Russia, Working Paper Series No.120, Institute for Empirical Research in Economics, University of Zurich.

· Fehr, E. and S. Gächter, 2000, Cooperation and Punishment in Public Goods Experiments, *American Economic Review*, vol.90, No.4, pp.980-994.

· Fehr, E. and S. Gächter, 2000, Fairness and Retaliation: The Economics of Reciprocity, *Journal of Economic Perspectives*, vol.14, No.3, pp.159-181.

· Fehr, E. and S. Gächter, 2002, Altruistic Punishment in Humans *Nature*, No.415, 10 Jan, pp.137-140.

· Fehr, E. and B. Rockenbach, 2003, Detrimental Effects of Sanctions on Human Altruism, *Nature*, vol.422, 13 March, pp.137-140.

· Fehr, E. and B. Rockenbach, 2004, Human Altruism: Economic, Neural, and Evolutionary Perspectives, *Current Opinion in Neurobiology*, vol.14, pp.784-790.

· Fehr, E. and K. M. Schmidt, 1999, A Theory of Fairness, Competition, and Cooperation, *Quarterly Journal of Economics*, vol.114, pp.817-868.

· Fischbacher, U., S. Gächter and E. Fehr, 2001, Are People Conditionally Cooperative? Evidence from a Public Goods Experiment, *Economics Letters*, vol.71, pp.394-404.

· Frank, R. H., T. D. Gilovich. and D. T. Regan, 1993, Does Studying Economics Inhibit Cooperation? *Journal of Economic Perspectives*, vol.7, no.2, pp.159-171.

· Frank, R. H., T. D. Gilovich. and D. T. Regan, 1996, Do Economists Make Bad Citizens?, *Journal of Economic Perspectives*, vol.10, no.1, pp.187-192.

· Frey, B. S. and S. Meier, 2003, Are Political Economists Selfish and Indoctrinated? Evidence from A Natural Experiment, *Economic Inquiry*, vol.41, no.3, pp.448-

462.

· Gintis, H., 2003, Solving the Puzzle of Prosociality, *Rationality and Society*, vol.15, no.2, pp.155-187.

· Gintis, H., S. Bowles, R. Boyd and E. Fehr, 2005, Moral Sentiments and Material Interests: Origins, Evidence, and Consequences, in: Gintis, H., S. Bowles, R. Boyd and E. Fehr(eds.), 2005, *Moral Sentiments and Material Interests: The Foundations of Cooperation in Economic Life*, MIT Press, pp.3-39.

· Gneezy, U. and A. Rustichini, 2000, A Fine is a Price, *Journal of Legal Studies*, vol.29, pp.1-17.

· Gu̎ th, W., R. Schmittberger and B. Schwarze, 1982, An Experimental Analysis of Ultimatum Bargaining, *Journal of Economic Behavior and Organization*, vol.3, pp.367-388.

· Henrich, J., R. Boyd, S. Bowles, C. Camerer, E. Fehr and H. Gintis(eds.), 2004, *Foundations of Human Sociality: Economic Experiments and Ethnographic Evidence form Fifteen Small- Scale Societies*, Oxford University Press.

· Hill, E. L. and D. Sally, 2003, Dilemmas and Bargains: Autism, Theory-of-Mind, Cooperation and Fairness, Working Paper, University College London.

· Marwell, G. and R. Ames, 1981, Economists Free Ride, Does Anyone Else?: Experiments on the Provision of Public Goods, *Journal of Public Economics*, vol.15, no.3, pp.295-310.

· McCabe, K. A., M. L. Rigdon and V. L. Smith, 2003, Positive Reciprocity and Intentions in Trust Games, *Journal of Economic Behavior and Organization*, vol.52, pp.267-275.

· Milinsky, M., D. Semmann and H.-j. Krambeck, 2002, Donors to Charity Gain in Both Indirect Reciprocity and Political Requtation, *Proceedings of the Royal Society of London B*, vol.269, pp.881-883.

· Milinski, M., D. Semmann and H.-J. Krambeck, 2002, Requtation Helps Solve the 'Tragedy of the Commons', *Nature*, vol.415, pp.424-426.

· Nowak, M. A. and K. Sigmund, 2005, Evolution of Indirect Reciprocity, *Nature*, vol.437, pp.1291-1298.

· Roth, A. E., V. preasnikar, M. Okuno-Fujuwara and S. Zamir, 1991, Bargaining and Market Behavior in Jerusalem, ljublijana, Pittsburgh and Tokyo: An Experimental Study, *American Economic Review*, vol.81, pp.1068-1095.

· Wedekind, C. and M. Milinski, 2000, Cooperation Through Image Scoring in Humans, *Science*, vol.288, no.5467, pp.850-852.

· Xiao, E. and D. Houser, 2005, Emotion Expression in Human Punishment Behavior, *Proceedings of the National Academy of Sciences of the USA*, vol.102, no.20, pp.7398-7401.

제9장
9.1

· Damasio, A. R., 1994, *Descartes' Error: Emotion, Reason, and the Human Brain*, Putnam. (田中訳, 2000,『生存する脳 : 心と脳と身体の神秘』, 講談社)
· Frank, R. H., 1988, *Passions within Reason*, Norton (山岸監訳, 1995,『オデッセウスの鎖一適応プログラムとしての感情』, サイエンス社)
· Frank, R. H., 2006, *Microeconomics and Behavior*(Sixth Edition), McGraw-Hill.
· Finucane, M. L., E. Peters and P. Slovic, 2003, Judgment and Decision Making: The Dance of Affect and Reason, in: Schneider, S. L. and J. Shanteau(eds.), 2003, *Emerging Perspectives on Judgment and Decision Research*, Cambridge university Press, p.327-364.
· Finucane, M. L., A. Alhakami, P. Slovic and S. M. Johnson, 2000, The Affect Heuristic in Judgments of Risks and Benefits, *Journal of Behavioral Decision Mking*, vol.13, pp.1-17.
· Gazzaniga, M. S., R. B. Ivry. and G. R. Mangun, 2002, *Cognitive Neuroscience: The Biology of the Mind*(Second Edition), Norton.
· Haidt, J., 2001, The Emotional Dog and Its Rational Tail: A Social Intuitionist Approach to Moral Judgment, *Psychological Review*, vol.108, no.4, pp.814-834.
· Nesse, R. M., 2001, Natural Selection and the Capacity for Subjective Commitment, in: Nesse, R. M.(ed.), 2001, *Evolution and the Capacity for Commitment*, Russell Sage, pp.1-44.
· Pinel. J. P. J., 2003, *Biopsychology*(5th edition), University of British Columbia Press. (佐藤他訳, 2005,『バイオサイコロジー』, 西村書店)
· Shiv, B. and A. Fedorikhin, 1999, Heart and Mind in Conflict: The Interplay of Affect and Cognition in Consumer Decision Making, *Journal of Consumer Research*, vol.26, pp.278-292.
· Slovic, P., M. Finucane, E. Peters and D. G. MacGregor, 2002, Rational Actors or Rational Fools: Implications of the Affect Heuristics for Behavioral Economics, *Journal of Socio-Economics*, vol.31, pp.329-342.
· 友野典男, 2005, 「感情と協力行動」, 『情報コミュニケーション学研究』 創刊号, 3-25p
· Zajonc, R. B., 1980, Feeling and Thinking: Rreferences Need No Inferences, *American Psychologist*, vol.35, pp.151-175.

9.2

· Bechara, A. and A. R. Damasio, 2005, The Somatic Marker hypothesis: A Neural Theory of Economic Decision, *Games and Economic Behavior*, vol.52, pp.336-

372.

· Camerer, C. F., G. Loewenstein and Drazen Prelec, 2004, Neuroeconomics: Why Economics Needs Brains, *Scandinavian Journal of Economics*, vol.106, no.3, pp.555-579.

· Camerer, C., G. Loewenstein and D. Prelec, 2005, Neuroeconomics: How Neuroscience Can Inform Economics, *Journal of Economic Literature*, vol.43, pp.9-64.

· Cohen, J. D., 2005, The Vulcanization of the Human Brain: A Neural Perspective on Interactions between Cognition and Emotion, *Journal of Economic Perspectives*, vol.19, no.4, pp.3-24.

· de Quervain, D. J.-F., U. Fischbacher, V. Treyer, M. Schellhammer, U. Schnyder, A. Buck and E. Fehr, 2004, The Neural Basis of Altruistic Punishment, *Science*, vol.305, pp.1254-1258.

· Glimcher, P. W. and A. Rustichini, 2004, Neuroeconomics: The Consilience of Brain and Decision, *Science*, vol.306, pp.447-452.

· Hsu, M., M. Bhatt, R. Adolphs, D. Tranel and C. F. Camerer, 2005, Neural Systems Responding to Degrees of Uncertainty in Hyman Decision-Making, *Science*, vol.310, pp.1680-1683.

· Knutson, B. and R. Peterson, 2005, neurally Reconstrucing Expected Utility, *Games and Economic Behavior*, vol.52, pp.305-315.

· Kosfeld, m., M. Heinrichs, P. J. Zak, U. Fischbacher and E. Fehr, 2005, Oxytocin Increases Trust in Humans, *Nature*, vol.435, pp.673-676.

· McClure, S. M., D. I. Laibson, G. Loewenstein and J. D. Cohen, 2004, Separate neural Systems Value Immediate and Delayed monetary Rewards, *Science*, vol.306, pp.503-507.

· Platt, M. L. and P. W. Glimcher, 1999, Neural Correlates of Decision Variables in Parietal Cortex, *Nature*, vol.400, pp.233-238.

· Rilling, J. K., D. A. Gutman, T. R. Zeh, G. Pagnoni, G. S. Berns and C. D. Kilts, 2002, A Neural Basis for Social Cooperation, *Neuron*, vol.35, pp.395-405.

· Sanfey, A. G., G. Loewenstein, S. M. McClure and J. D. Cohen, 2006, Neuroeconomics: Cross-Currents in Research on Decision-Making, *Trends in Cognitive Sciences*, vol.10, no.3, pp.108-116.

· Sanfey, A. G., J. K. Rilling, J. A. Aronson, L. E. Nystrom and J. D. Cohen, 2003, The Neural Basis of Economic Decision-Making in the Ultimatum Game, *Science*, vol.300, pp.1755-1758.

· Trepel. C., C. R. Fox and R. A. Poldrack, 2005, Prospect Theory on the Brain? Toward a Cognitive Nueroscience of Decision under Risk, *Cognitive brain Research*, vol.23, pp.34-50.

· Zak, P. J., 2003, Trust, *Journal of Financial Transformation*, vol.7, pp.17-24.

· Zak, P. J., 2004, Neuroeconomics, *Philosophical Transactions of the Royal Society of London: B.*, vol.359, pp.1737-1748.

· Zink, C. F., G. Pagnoni, M. E. Martin-Skurski, J. C. Chappelow and G. S. Berns, 2004, Human Striatal Responses to Monetary Reward Depend on Saliency, *Neuron*, vol.42, pp.509-517.

9.3

· Baron-Cohen, Simon, 1995, *Mind Blindness: An Essay on Autism and Theory of Mind*, MIT Press. (長野他訳, 2002, 『自閉症とマインド ・ ブラインドネス』, 青土社)

· Bowles, S. and H. Gintis, 2006, Prosocial Emotions, in: Blume, L. E. and S. N. Durlauf(eds.), 2006, *The Economy as an Evolving Complex System, Ⅲ: Current Perspectives and Future Directions*, Oxford University Press, pp.339-366.

· Brown, D. E., 1991, *Human Universals*, McGraw-Hill. (鈴木 ・ 中村訳, 2002, 『ヒューマン ・ ユニヴァーサルズ：文化相対主義から普遍性の認識へ』, 新曜社)

· Coleman, J. S., 1990, *Foundations of Social Theory*, Harvard University Press. (久慈監訳, 2004/2006, 『社会理論の基礎』, 青木書店)

· Cosmides, L. and J. Toody, 1992, Cognitive Adaptation for Social Exchange, in: Barkow, Jerome H., L. Cosmides and J. Tooby (eds.), 1992, *The Adaptive Mind: Evolutionary Psychology and the Generation of Culture*, Oxford University Press, pp.163-228.

· Darwin, C., 1871, *The Descent of Man and Selection in Relation to Sex*. (長谷川訳, 1999/2000, 『人間の進化と性淘汰Ⅰ, Ⅱ』, 文一総合出版)

· Gintis, H., 2003, The Hitchhiker's Guide to Altruism: Gene-Culture Coevolution, and the Internalization of Norms, *Journal of Theoretical Biology*, vol.220, pp.407-418.

· Gintis, H., 2004, The Genetic Side of Gene-culture Coevolution: Internalization of Norms and Prosocial Emotions, *Journal of Economic Behavior and Organization*, vol.53, pp.57-67.

· Gintis, H., S. Bowles, R. Boyd and E. Fehr, 2003, Explaining Altruistic Behavior in Humans, *Evolution and Human Behavior*, vol.24, pp.153-172.

· Glimcher, P. W., M. C. Dorris and H. M. Bayer, 2005, Physiological Utility Thoery and the Neuroeconomics of Choice, *Games and Economic Behavior,* vol.52, pp.213-256.

· 長谷川寿一, 長谷川真理子, 2000, 『進化と人間行動』, 東京大学出版会 Henrich, J. and R. Boyd, 1998, The Evolution of Conformist Transmission and the

Emergence of Between-Group Differences, *Evolution and Human Behavior*, vol.19, pp.215-241.

· Richerson, P. J. and R. Boyd, 2005, *Not by Genes Alone: How Culture Transformed Human Evolution*, University of Chicago Press.

· Richerson, P. J., R. T. Boyd and J. Henrich, 2003, Cultural Evolution of Human Cooperation, in: Hammerstein, Peter(ed.), 2003, *Genetic and Cultural Evolution of Cooperation*, MIT Press, pp.357-388.

· Simon, H. A., 1990, A Mechanism for Social Selection and Successful Altruism, *Science*, vol.250, pp.1665-1668.

· Simon, V. L., 2003, Constructivist and Ecological Rationality in Economics, *American Economic Review*, vol.93, no.3, pp.465-508.

· 友野典男, 2005,「文化的進化と協力行動の源泉」,『明治大学社会科学研究所紀要』, 第 44 巻, 1号, 229-239p

· Yamagishi, T., S. Tanida, R. Mashima, E. Shimoma and S. Kanazawa, 2003, You Can Judge a Book by its Cover: Evidence that Cheaters May Look Different from Cooperators, *Evolution and Human Behavior*, vol.24, pp.290-301.

저자 도모노 노리오(友野典男)

1954년 사이타마 현 출생. 와세다 대학 상학부 졸업. 동대학원 경제학 연구과 박사 과정 수료. 메이지 대학 단기대학교수를 거쳐, 2004년부터 메이지 대학 정보 커뮤니케이션 학부 교수, 동대학원 글로벌 비즈니스 연구과 강사를 역임했다. 전공은 행동경제학, 미시경제학이다. 주요 저서로《경제학의 제상》,《경제학의 이론과 수리》,《경제학의 세계》가 있다.

옮긴이 이명희

단국 대학교 일어일문학과 졸업하고 10년 이상 출판사에 근무하면서 해외 저작권 업무, 국내외 도서 기획 및 일본어 교재 개발 업무를 담당했다. 현재 프리랜서 출판 기획 업무 및 일본어 번역을 하고 있다.《행동경제학》은 경영학을 전공한 남편과 함께 번역했다.

감수 이진용

서울 대학교 국어국문학과를 졸업. 워싱턴 대학교(University of Washington)에서 경영학 석사과정을 마쳤고, 버클리 대학교(University of California, Berkeley)에서 마케팅을 전공하여 경영학 박사 학위(Ph.D.)를 취득했다. 현재 서울산업 대학교 경영학과 교수로 재직하고 있다. 저서로는《브랜드의 힘을 읽는다》(2006),《소비자행동론》(2005),《브랜드경영》(2004),《브랜드파워》(1997)가 있고, 역서로는《브랜드 자산의 전략적 관리》(1992)가 있다. 2006년 한국마케팅과학회로부터 최우수 논문상 수상.

감수 안서원

연세 대학교 심리학과를 졸업. 시카고 대학교(The University of Chicago)에서 심리학 석·박사 학위를 받았다. 서강 대학교 경영학과 BK21 연구교수를 역임하였고, 성균관 대학교 심리학과 책임 연구원을 거쳐 현재 고려 대학교 의과대학 의학교육학교실 연구강사로 재직하고 있다. 저서로는《의사결정의 심리학》(2000),《사이먼 & 카너먼: 노벨 경제학상을 수상한 심리학자들》(2006)이 있고, 역서로는《21세기를 위한 가속학습》(2002)이 있다.

행동경제학

2007년 01월 02일 초판   1쇄 발행
2019년 02월 28일 개정판 1쇄 발행

지은이 도모노 노리오 ㅣ 옮긴이 이명희 ㅣ 펴낸이 여승구
펴낸곳 지형 ㅣ 출판등록 2003년 3월 4일 제 13-811호
주소 서울시 마포구 와우산로15길 10, 201호 (서교동) (04049)
전화 02-333-3953 ㅣ 전송 02-333-3954 ㅣ 이메일 jhpub@naver.com

ISBN 89-93111-38-5 (03320)

값은 뒤표지에 있습니다. 잘못된 책은 바꾸어 드립니다.